NANFANG MEDIA RESEARCH

南方传媒研究

南方报业传媒集团新闻研究所　主编

第八辑

地　址 广州市广州大道中289号
电　话 020-87373998-3364
传　真 020-87363753
邮政编码 510601
电子邮箱 nfcmyj@mail.nanfangdaily.com.cn
nfcmyj@vip.163.com

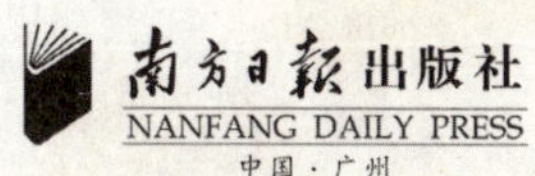

图书在版编目（CIP）数据

南方传媒研究·第八辑：深度报道 / 南方报业传媒集团新闻研究所编.—广州：南方日报出版社，2007.6
ISBN 978-7-80652-639-2

Ⅰ.南…　Ⅱ.南…　Ⅲ.新闻报道—研究　Ⅳ.G212

中国版本图书馆 CIP 数据核字（2007）第 075883 号

南方传媒研究·第八辑：深度报道
南方报业传媒集团新闻研究所 编

出版发行：南方日报出版社
地　　址：广州市广州大道中 289 号
电　　话：（020）87373998-8502
经　　销：全国新华书店
印　　刷：佛山市浩文彩色印刷有限公司
开　　本：787mm×1092mm　1/16
印　　张：14.75
字　　数：250 千字
版　　次：2007 年 6 月第 1 版
印　　次：2007 年 6 月第 1 次印刷
定　　价：28.00 元

投稿热线：（020）87373998-8503　读者热线：（020）87373998-8502
网址：http://www.nanfangdaily.com.cn/press　http://www.southcn.com/ebook
发现印装质量问题，影响阅读，请与承印厂联系调换。

卷首 PREFACE

机关的机和机关的官

□曹　轲

官方的消息太重要了。中国的股市这么牛，也牛不过财政部5月30日的一纸通知。

官方的决定太重要了。厦门PX项目这么大，百万短信抗议后，5月30日宣布缓建。

一切来得突然，显得不可思议。弄不清这些政府机关从头到尾是怎么想的，决策的过程是怎么样的，改变决策的决策过程又是怎么样的，里面藏的什么玄机，卖的什么关子。

局中有局，套中有套，这些机关的机关，连机关报也找不到摸不着。可怜一帮敬业的编辑记者，坐在拥挤封闭的办公室里，望着天花板找高度，对着地板找深度。说什么纸上风云，道什么纸上财富，都不过是纸上谈兵。连纸上谈兵都谈不上，统统免谈。

读者不需要官方新闻吗？不是。读者不想看的，成筐成堆，读者想知道的，片言只语。报纸上的官方新闻太多了吗？不是。看似多多，很不解渴，范围开拓得远远不够，深度挖掘得远远不够。

所有的新闻报道，八成以上的新闻源自官方发布。这一点，国内国外都差不多。但是，新闻源不等于新闻本身，官方新闻不等于官方会议和官员讲话。这是两个概念。报纸上会议消息多领导讲话多，并不等于官方新闻多。这是两回事。

翻开我们的报纸，八成是一锤定音的决定，是言之凿凿的数字，是信誓旦旦的表态，是中规中距的会议，是照抄照录的讲话。很少有报道能告诉读者，为什么要开这个会，为什么是这个机关发布，为什么这个时候会这么做，有没有不同的考虑、不同的声音……

重庆市委书记汪洋很有魄力，要求领导活动的稿子一律放到二版。重庆日报的老总高兴地说，一版好编了，好看了。机关领导与机关报老总的潜台词一样：官方新闻没人爱看。两位都忽略了内在的关键："领导"与"群众"的角度不变，报道的思路不变，官样文章照旧，放到哪个版都一样。

相比之下，我们的娱乐报道那么放荡，我们的体育报道那么放肆，什么"机关"、"内幕"、"炒作"都瞒不住。累死那些"狗仔队"，烦死跑机关的记者。

NANFANG MEDIA RESEARCH

南方传媒研究

南方报业传媒集团新闻研究所 主编

NO.8

解读“深度” 解码“南方”

□南方报业传媒集团副总编辑 江艺平

“南方式”的“深度”到底有多深？这是一个看似无解的问题。

正如人们无法穷尽所有未知的事物，传媒也难以把握一切正在发生的新闻，做深度报道尤其不易。毕竟，现阶段的媒体不仅有自身的羁绊，还受到周遭的掣肘。

也正因为看似无解，那些被努力解开的“深度”，就彰显了一种高度，让公众可以从中丈量出媒体及其从业者的职业水准、专业精神和新闻品质。

在这个意义上，“南方式”的深度报道，不啻就是南方报业的“解码器”之一。

作为南方报业的出品，不管是综合性日报，还是全国性周报；不管是大众媒体，还是财经媒体；不管是生活周刊，还是人物周刊，它们的“深度”既可谓各胜擅场，同时又异曲同工——

《南方都市报》的占领先机，《南方周末》的后发制人，《21世纪经济报道》凸显理性力量，《南方人物周刊》着力人性发掘……南方报业“多品牌战略”的布局之令人称道，就在于每一个品牌都有它不可替代的位置，都有它不容漠视的价值，而它们一点一滴的努力，都在诠释着南方报业的办报理念和新闻价值观。

“南方式深度”到底有多深，就像追问“永远有多远”。既然无解，求索也将无涯。如同那句诗意的话：“我们永远在路上，鲜花永远在前方。”

南方日报

2008奥科会将展现“广东风采”

印花税率上调拽住“疯牛”

深圳：建设世界级“深港大都会”

南方周末

股市疯了？

寻找“血肉”钢板的下落

上海下岗女工免费换心肺死亡悬疑

家属怀疑死者被做人体试验状告东方医院

深度报道的中国式探索

□伍小峰

南方周末是国内最早进行深度报道的报纸之一。以其客观、深入的报道风格获得读者尊敬。2005 年，时任普利策新闻奖秘书长西格 · 吉斯勒在和南方周末记者会谈时说，任何一家报纸，获得长期尊重的首要条件是对公众保持诚实客观的态度，遵守准确、公正的原则。以下总结的是近几年来南方周末在深度报道方面进行的一系列探索。

拼接碎片——深度报道的生命力

这是一个使舆论倾向发生巨大转变的新闻事件。

2005 年 4 月，江苏南通市的主刀医生王晨毅成了当月“最倒霉的人”。因为他应当地福利院的要求，给两个智障少女切除了子宫。众多媒体当时用“禽兽行为”、“令人发指”等词描绘这次手术，还有网民愤怒发帖声称“要阉了他”。

听起来似乎是个“板上钉钉”的道德事件。

南方周末

关键时刻，中国为何说“不”

福利院切智障少女子宫之

人道伦理争议

导读

方舟评论

“十大污染城市”再度出炉 为政“耻感文化”亟待光大

但南方周末记者经过深入调查后，发现此事存在巨大争议——作为监护人，福利院该如何使智障少女免于性侵害？智障人的生育权在中国没有法律明文规定，该怎么办？类似情况在民间是如何处理？国外是否有判例？

而调查证明，此事在中国民间并不罕见，在美国、澳大利亚和巴西等国早有“经监护人同意切除智障女子子宫”的法规或判例。

南方周末刊发《福利院切智障少女子宫之人道伦理争议》（记者鞠靖）后，坊间声音逐渐转向，凤凰卫视等媒体也称此文发出“理智而独立的声音”。

这是南方周末多年来所做的众多深度报道之一，并非最轰动的，但仍可总结出这篇深度报道相对于一般信息的优势：1.通过调查发掘出主体新闻的背后原因；2.在调查基础上做出解释性报道；3.颠覆了部分受众对此事的固有观念；4.引发了司法制度思考。

这个例子涉及南方周末经常被问及的问题——“在都市报和网络提供了海量信息后，深度报道的优势和市场在哪里？”

20世纪初，深度报道（In-depth reports）应运而生。20世纪30年代，《时代》周刊通过对重大新闻事件的深入报道得到了世界性声誉。到了70年代，以美国《华盛顿邮报》的“水门事件调查”、《纽约时报》的“美国越战绝密文件”等报道让深度报道走向顶峰。

美国哈钦斯委员会在其著名的报告《自由而负责的新闻界》中有这样的论述，即“深度报道就是围绕社会发展的现实问题，把新闻事件呈现在一种可以表现真正意义的脉络中”。

这里的关键词是“真正意义的脉络”。以往新闻是“随机”的，而深度报道是被“选择”过，然后被“深度表现”，最后在客观上呈现“解释”功能。

中国媒体所面临的社会环境大致相当于西方社会的60、70年代：社会转型正在进行之中，政治、经济和文化制度都发生着变化，人们在层出不穷的社会现象面前变得无所适从，因而更需要一种附带过程和“有意义”的深度报道。

上个世纪90年代，南方周末在国内率先推出深度报道，以其深刻性和批判性在国内“一纸风行”，打破中国报业的沉闷局面，虽在操作上不能与西方成熟媒体相比，但正如梁启超形容清初文化的一句话“在淆乱粗糙中，自有一种元气淋漓之象”。

的确，当前中国传统媒体承受着网络媒体的冲击。但相对于日报消息而言，深度报道受到的影响相对要小一些，因为中国目前的主要门户网站还是以转载日报信息为主，与日报同质化很严重，但周报由于以原创性深度报道为主，与一般性信息有一定的差异性，因此尚有相当大的空间。举例来说，不少日报主动要求门户网站转载以扩大影响，而有些门户网站却主动向南方周末约稿，希望能增加其纵深力度。

深度报道的市场前景已被众多媒体所认识，目前众多都市类报纸纷纷开办深度报道版面即是明证。

老字号牛肉铺——核心竞争力必然是综合竞争力

深度报道的各种形态都已在国内业界呈现，单靠某一类操作手法通吃天下的时代已经过去了。媒体的核心竞争力必然是一个综合竞争力。而这些优势随着时间流转，将如老字号牛肉铺一样，愈久弥香。南方周末在深度报道方面拥有特殊的优势：对中国现实的真切了解，立足高远、公信力、职业化操作、人才和内部文化。

对中国现实的真切了解：中国的新闻环境之特殊，有别于任何一个国家；国民性之矛盾、社会转型之复杂、民意之多变、利益之流转，非有对中国现实的深切理解，不能深刻认识。南方周末创办20多年来，对中国现实极为熟悉，对其潜流了然于胸，这种理解最终是要反映到版面上的。

立足高远：南方周末能在纷纭信息中发现事关国脉民瘼的根目录性新闻题材。相对于日报，也许周报的编辑记者有更多空余时间，用于静心思考，晚明张潮说："能闲世人之所忙者，方能忙世人之闲"。

公信力：诸多统计证明中国受众对大众媒体信息的信任程度已经达到了历史最低点，对记者操守早就开始怀疑。但对南方周末的信任在历次民意调查中都是坚不可摧。作为市场类媒体，南方周末所拥有的公信力和权威性，是极其珍贵的资源。

职业新闻化：南方周末一直希望从职业精神和规范上与世界主流大报看齐。职业化，意味着更规范、更客观、更准确，少些煽情，不介入利益冲突。南方周末应该是国内最早自觉的媒体之一。

人才和内部文化：南方周末目前拥有一支非常优秀的新闻采编队伍，这是最宝贵的财产。同时，报社内也逐渐形成一套开明、宽容的企业文化。"以人为本”，尊重每个编辑记者的权利的氛围；以绝大多数人共识为基础的制度框架（包括不成文的基本规则）；平等、公开的交流机制；扁平式管理。在劳动密集型企业里，无需倾听工人在想什么，刚性原则就保证效率优先。而在南方周末这样的地方，惟有尊重、宽容和坦诚的内部气氛，才是报社活力和创造力的本源。

身在局部，胸怀全景——内容、叙述风格、脉络和方位感

在全国发行，南方周末的深度报道应该做什么？

第一类：深入地报道最新发生的重大新闻事件。这种报道的基本要求是，采访深入、语言生动、角度犀利、尽可能接近新闻核心。有的可以及时用专家评点、链接、权威部门解释来增加报道的深度和广度。由于这类题材往往是数家媒体同时报道，我们的原则是：不求最快，但务求最好。

打个比方，某个重大事件发生时，舆论就像一个广场，很多媒体都在敲锣，招徕路人来听演讲。我们等于和数个讲客同台竞争，看谁的锣敲得响、说得有道理，让人信服。以后让人形成心理定势，一到这个时候，都期待着南方周末在敲什么锣、说什么话。

第二类：开掘我们独特的报道对象，体现我们独特的报道视角。

独家新闻，永远是新闻媒体梦寐以求的目标。面对繁复的社会事件，南方周末要聚焦在真新闻、大新闻上。

还是打那个比方，在舆论广场一片嘈杂之声中，我们突然敲起锣来，开讲一个别人没听过的题材，而且我们必须把这个题材讲得有声有色。最好的效果是，让别的媒体跟着我们敲锣。

第三类：就是对重大的社会现象和社会变革做成扫描式的、宏观和有高度感的“大部头”作品。题材绝对重大而新颖，深深切入国计民生的“关键点”。这种题材重大而有力度，能够提升南方周末的品位和深度。

还打那个比喻，我们在舆论广场上用几个版面搭了个展览会，在这里摆放更有品位的展品，有一些人进去了，看了后赞叹不已，觉得这是个好东西。

第四类：我们独创的品味小品。直击人们的心灵深处，我们用自己独创的，有灵气的报道，来体现我们的价值取向，呼唤一些东西。在舆论广场的一个僻静角落坐下来，远离喧嚣，气定神闲地拉一段很优美的二胡，不一会，

就会来一堆人静静地听，还会有人落泪。

从关注领域上看，南方周末的深度报道关注：政府的决策行为对个人命运的影响、社会道德和法治的冲突、政府的改革、官场现象和运行规律、人心和利益格局、环保、城乡人群生存状况，与就业、保障、城建等公共产品相关的事件等等。

深度报道的叙事风格是冷峻、坦诚的，打动读者的是事实•本身的力量。稿子要尽量做到客观冷静。比如说记者采访到的事实非常恶劣，但记者还是要控制情绪，只能用事实说话，不能突然跳出来说，“记者怒不可遏”，“(他们)如此卑劣”。

记者不可有所谓的道德优越感。在处理事实与语言的关系、事实与情感的关系、事实与思想的关系时，事实必须被置于更高的地位。

深度报道的语言是在保持记者个人风格的前提下，提倡简洁、有力和生动。言之有物。不用煽情、轻佻和情绪化的语言。

深度报道需要记者提供尽可能多的图片、资料和采访路线，随文刊登，给人真实、直观的感觉。

记述方式：记者开始面临的是一个新闻由头所夹带着的大量复杂事实，扑朔迷离，但随着采访的深入，新闻事件的轮廓变得越来越清晰，越到后面将越归缩为一个点，这个点也许已经是事情的结论，也许是最接近结论的疑点。

这个过程很像在剥一棵大白菜，菜叶层层剥去，露出菜心。我们要做的是脉络清晰，层次分明。读者将从我们的调查里清楚地看到菜叶是怎样一片片剥去的，先剥哪一片，后剥哪一片。整个过程要简洁明快而适于欣赏。

不得不重点谈脉络问题。在深度报道中，要记录的是复杂的事实，还需要交代必要的背景，很容易堆砌一大堆事实，读者读起来吃力，甚至一头雾水。为此，记者一定要尽可能干净利落地处理事实，要有调查推进的轨迹，要体现前后事实间的逻辑关系。让读者产生阅读快感。

方位感的把握：我们的深度报道要关注哪一类社会宏观现象？关注这些现象的理由又是什么？这些可以不写出来，但编辑和记者头脑里要清楚，要真实得像一块石头。

我们采访的素材，只是冰山露出水面的那一部分，对水下更坚实的部分要有更丰满的把握。指向明确了，我们在调查中才不易发生方向偏差——直指事件的本质和核心，解释事件的背景和走向。比如我们去做一个小村子征收税费情况调查，记者如果对中国农村的“三农”问题的大背景缺乏了解，就很容易陷入具体的、非关键性的矛盾中。

记者尽可能要做到身在局部，胸怀全景。

平视权力——时政类深度报道

深度报道发展至今，比较常用的几种形式是“解释型”、“调查型”和“预测型”，而南方周末在国内比较早地发掘了时政类解释型深度报道。

南方周末做时政报道有一个合理推论——中国人对政治新闻是感兴趣的，但我们有的党报党刊受定位所限，不能提供更多公众感兴趣的新闻。南方周末要做的就是要占有这块市场。我们每走一步，都会在政治新闻的白纸上划出新的印记。

2002 年的《二十余省部级官员履新》（记者林楚方）是在南方周末早期的时政报道。现在看，官员履新，媒体都会做报道，但当时，几乎没有多少人敢于分析中南海的

南方周末

A

B13

C17

二十余省部级高官履新

三峡

在不稳定的国际环境下发展中国

这些政治安排，但在当时来说，这样一篇报道就可能是领风气之先的。这里面比较清晰地提出来，原有的官员调整一般是系统内调整，搞电信就一直做下去，直到做信息产业部长，你搞电力，一直到电力部长。而这次基本上都是从系统外调入，所谓“外行领导内行”。这是非常有意思的政治现象，但没人向公众来解释、归纳这样的政治现象，也没有人提供这些新任官员的个性。

另一个大胆的尝试也是在2002年。记者邓科做了一个南方周末历史上的一个标志性时政报道——《他们眼中的胡锦涛》。报道讲了胡锦涛的家世，绩溪胡氏经历。还有一个标题叫“胡锦涛舅奶奶的回忆”。

南方周末

他们眼中的胡锦涛

特别报道

解读新一届中央委员会 【2版】

未来20年的中国之路 【3版】

但想一想，国内其他新闻媒体什么时候能对国家领导人进行这么生动的刻画和描述呢？邓科后来讲了一个很值得思考的问题。胡锦涛先生当总书记实际上是很长时间就确定了的，但到了当地他才发现，很多外国记者已经在一个月前就在那里了，他们要报道这个新的世界级领袖。但中国媒体在现场的，只有一个人，那就是南方周末的邓科。

这样的报道和南方周末传统价值观是符合的，邓科说，中国要产生最高领导人，但我们对这样一个决定未来国家命运的领导人知道多少呢，他的性格、脾气、原则、观念，我们知道吗？作为一个有公信力、责任感的媒体，应该去挖掘更多的信息。

过去的半年多里，南方周末时政报道加大了对官员群体的直接报道。更多地加大了对体制内信息的解释和传递，我们经常会约请中国高层官员，包括退休的省部级官员，来谈中国问题。

我们这些高级官员、省部级官员，通过我们的报道，达成了他们和普通公众的良性沟通，这样的报道一方面可以叫做建设性报道；另一方面，南方周末在构建这样一个平台时，仍坚持定位和媒体属性，增进政治透明度。

南方周末的受众很重要的一部分是中国党政系统的公务员、高级官员。对时政报道来说，要精确打击这一群体，我以前做时政报道的时候，接触副局级官员，就很了不起了，但现在我们的记者，可以经常和中国的部长、省委书记这样一个层次的官员进行对话。这对双方来说，都是良性的。

比如南方周末做前文化部长、前中宣部副部长刘忠德的报道。我们所做的工作是揭示他的内心世界、思维逻辑，所以做了好几个月准备，进行了十几个小时的对话。通过报道，让读者知道，中国的意识形态管理者是怎么工作的。

南方周末平视权力的使命，这么多年都没有进入这些地带——纪委、组织、公安、统战，包括之前说的宣传，这些执政党核心部门的运作逻辑、特点，也包括新闻性很强的东西。

对于观察中国社会的人来讲，这些信息都是很好的参考。我们还做了很多这样的尝试，我们采访过海南省委书记卫留成，采访过山西省长于幼军，他们都曾以很普通的姿态来到我们的版面上，被我们记者追问。

这是个很好的现象。

大洋彼岸的蝴蝶——深度报道的国际视野

一只蝴蝶在巴西扇动翅膀，有可能会在美国的德克萨斯引起一场龙卷风。

南方周末的深度报道应该具有国际视野，而立足点，应该还是落在中国的发展和中国人的角度。以前南方周末国际类深度报道面临两个困境：第一，国内陈旧的对国际新闻的理解和报道方式；第二，西方左右的新闻选择的强大话语权。南方周末的国际报道通过努力，逐渐突破这两个困境。

南方周末的“日本报道”，可以说是突破第一种困境的尝试。众所周知，由于历史和现实因素的纠葛，中日关系前些年江河日下，出现了恶性循环，裹挟了民间情绪。这对于摆脱目前中日关系的低谷，可以说是一个非常威胁的迹象。这种时候，媒体的作用应该是适时舒缓极端情绪，提供更为全面、理性的声音，促进沟通与了解。外交纠纷陷入僵局时时常会通过“换位思考”来协调彼此的立场。今年3月的《换个角度看日本》（记者郭力）正是在这种情况下出台的。

南方周末
首份信访调查报告获高层重视
中国官员学者
零距离目击
美国大选
方舟评论
美国大选：我们观摩什么 【详见第2版】

除此之外，2006年关于《共产党在日本》（记者朱红军）的报道，则基于对中国国情的思考。可以说，这个题目完全处于中国的语境之下，日本共产党的现状、他们对社会主义的理解、他们在一个先进发达的资本主义民主国家中的奋斗、他们对民主规则的适应等等，显然对中国读者有一种天然的接近性。

2004年11月刊发的《中国官员目击美国大选》是一次成功的尝试。美国大选每四年一次，南方周末要做的是突破西方话语权，做出自己的东西。南方周末记者全程陪同中国政府观摩团，记录下他们处于一个完全不同的政治制度和选举文化中的感悟和反应。这组报道中，对美国大选的观察是完全的中国视角，不仅仅是记者的，还有中国官员的，而后者更弥足珍贵。

像“巴基斯坦地震”与“泰国政变”的报道同样属于由南方周末自己来决定话语权的情况。首先，其选题是基于随着中国崛起，与世界交往的渠道和机会增多，国人迫切需要增加对世界的了解。周边国家历来是中国的外交重点，也是中国人了解世界的起点之一。事实上，对于这些国家，国人并不了解。

“巴基斯坦地震”是典型的灾难报道。尽可能准确告诉人们发生的一切，本身就是媒体的社会责任之一。更何况，灾难报道本身就是非常重要的一种新闻形态，而国内偏偏在这方面历来就比较欠缺。

至于“泰国政变”，泰国与中国超乎寻常的国家关系尚在其次。通过政变主角——前总理他信的浮沉，读者看到的不是某个国家的某个人，而是能充分体验到处于社会转型大潮中的个人奋斗、追求与幻灭，能体验到共通的人性。必须承认这是一个非常好的故事，作为亚洲四小龙，泰国在许多方面比中国先行一步，反映在他信、反映在泰国身上的许多问题，对于中国来说同样具有警醒的意义。

从实践来看，南方周末的国际类深度报道在尽可能地向读者传递新闻的核心信息和核心价值，努力接近国际成熟媒体的水平。

结语：

这些年来，许多媒体开始在深度报道发力，这将深刻改变此类报道在中国的成长格局，南方周末愿与他们共同发展。英国新闻界有着合作的优良传统——上世纪60、70年代，英国迎来调查性报道的热潮。英国广播公司(BBC)的受众大约1200万人，而戈拉那达公司（Granada）的受众高达4500万。但BBC和Granada之间有个君子协定——从不进行任何的恶性竞争。从公众的利益角度来说，它们形成了行之有效的合作，从不拆台。

（作者为南方周末副主编）

即时新闻时代，周报何以应对？

——以“最牛钉子户”为例的一点感想

□李红平

一

3月底，在重庆采访最牛钉子户事件的张悦在电话里说：“每天都有采访和新发现，但亦有不少采到的料陆续被其他日报类媒体报道出来，眼睁睁地看着手中的新闻变旧闻，真是郁闷啊。”

其时，已有上百家媒体的记者云集重庆，血拼这一自2007年开年以来最令人瞩目的新闻。那栋极具象征性意义的小楼前的工地上，俨然已演变成一场媒体嘉年华。各种戏剧性的元素依次出现：杨武居然是散打冠军、全国各地纷纷赶来的钉子户、法院强拆令到期后并无动静，所有人都在猜测政府会不会强拆、何时动手……

然而，对于一个以周为出版形态的媒体而言，所有这些令人兴奋的场景，却构成了一场大挑战。在几十家日报每天狂轰滥炸（何况还有像南都这样的日报，除了每日及时报道之外，还可根据记者采访情况与事态进展，适时推出深度报道）、电视与网络类媒体随时更新、甚至推出实况直播的情况下，周报记者到底该如何应对？所以完全可以想象，记者当时面临的压力和内心的焦虑。

南周介入这一新闻的时机虽不算最佳，但也不算太迟。决定让记者飞赴重庆的时机是3月20下午，也就是3月19日重庆九龙坡区法院做出裁决，限令户主3月22日前搬迁的第二天，当时，尚只有两三家传统媒体在报道此事。而杨武以双截棍独上危楼、把事件戏剧性地推上高潮，则是在21日的事。

真正糟糕的是，20日已是星期二，我们在22日推出报道的可能性基本上不存在。而下一个出报日是29日。天知道，9天后事情已是什么样？可能最后期限一过，这栋小楼就已被强拆、几天后新闻就已平息了呢！

所以，当时派出记者的动机其实很简单，在物权法刚通过的大背景下，对于这件事情，南周应给予关注。至于如何报，只能视情况再说了。

就在我们记者去后的第二天，这一新闻的热度急速升温。全国媒体都在注视着最后期限日，事态会怎样发展。但对于22日当期报纸已出的南周而言，却只能眼睁睁看着这一新闻被爆炒，惟一的期待是，但愿该新闻的热度能持续得久一些，等下周四到来时，还能给我们剩点什么。

二

22日夜间，众媒体记者都在工地现场彻夜守候。然而政府居然一直到23日都没有任何动静。

这一出乎媒体意料的变化，对南周来说显然是个机会。只要政府越迟"动手"，南周在这一新闻上就还有作为的空间。更出人意料的是，一直到南周记者写稿前的28日，官方都保持了沉默。

显然，事件的焦点已逐渐变成：到底该怎么看待钉子户事件？在各方看来，这场危机可能会如何收场？事后想来，或许这应迅速成为南周此时报道的主题。实际上，3月29日南周头条标题最初就曾定为"僵局持续，最牛钉子户事件如何收场"。但按照当时的设想，这一主题主要是由北京站记者苏

方舟评论

把偶然事件变成历史进步的契机

□郭光东

4月2日，"最牛钉子户"事件终以和解"妥善解决"。人们欢呼，最牛钉子户堪称具有维护物权意识的现代公民，抗争获胜昭示私人产权阳光时代的来临，是中国法治上的一座里程碑。

果真如此吗？

显然是过誉了。或许它不过是一个偶然的个案而已，很难具有可复制性。

最牛钉子户的小楼能以四面皆坑、孤然耸立的姿态残存半年之久，最令人惊叹的或许不是"最牛钉子户"本身，而是其背后的地方政府。

众所周知，在中国，城市的土地归国家所有。而现实中，也就归城市所在的政府所有。为了显示政绩和实现土地利益最大化，政府无疑会热衷城市旧区改造。尽管表面上政府并不直接组织拆迁，但政府和开发商却有着直接的利益关联。可以说，拆迁背后的巨大推手就是地方政府。

于是，当人们听惯了"谁影响我一阵子，我就影响他一辈子"的拆迁宣言后，又怎能不为容忍最牛钉子户在眼前长期不倒的重庆地方政府，尤其是汪洋书记的雅量、客气而惊叹？人们不免发问，这钉子户要是在别的城市，将会遭遇怎样的命运？套用韩愈的一句名言，世有"最不牛政府"，然后有"最牛钉子户"。钉子户常有，而让其最牛的政府却不常有。

待到最牛钉子户3月起引起中外媒体关注，成为重大公共事件之后，拆迁双方的力量对比更发生逆转。舆论压力之下，政府、开发商不得不更加"怀柔"，更为"投鼠忌器"，于其有利的《城市房屋拆迁管理条例》也不便径自适用，以至法院将已判决生效的强制拆迁日期一推再推，反复组织双方协商，区委书记也出面协调，开发商最终做出巨大让步也就不难理解了。

更关键的是，哪个钉子户能像杨武吴平夫妇这般幸运，不经意地成为中外媒体的焦点？以四面悬空的孤岛形象横空出世，又恰逢命运多舛的物权法颁布之时，万众瞩目的十七大将至前夜，这样的天时地利人和，后来者只怕再难企及。

如果仅仅不能复制也就罢了，毕竟个案达到了公正，可问题是，这种个案的"公正"或许隐含着更大范围的不公正。最牛钉子户所在的旧井巷有最牛钉子户一家，共有281户需统一拆迁，钉子户一家因抗争得到利益，那些"积极配合政府旧区改造"、早已搬走的拆迁户心理未必不会失衡。所以，相比于个别结果的公正，起点的公正是更重要的。

总之，我们不仅不应过高估计最牛拆迁户的所谓法治示范意义，问题尚多，征程尚远，我们应更多忧患意识。好在，"所有历史的必然趋势大多都是通过一些偶然而突兀的事件得以彰显"。孙志刚事件就是一个最好的范例。社会并不满足于惩罚直接导致孙志刚死亡的人，而是一鼓作气，直到废除了可能导致无数孙志刚不幸命运的收容遣送制度的废止。

偶发的"最牛钉子户"事件，同样隐含着必然的拆迁不公因素。长期以来，拆迁程序的不透明、不完备，政府在拆迁中既当裁判员又当运动员，第三方仲裁机构的公信力丧失，法律对居民房屋土地使用权的保障不力等等法律缺憾，早已广受诟病。如果我们能以"最牛钉子户"风波、物权法颁行为契机，全面检讨现行拆迁法律环境，完善物权保护体系，也不枉亿万人民关注"最牛钉子户"一次。

（责任编辑 陈敏）

永通通过采访法学、社会学、政治学等多方面的专家来完成。在媒体和公众对此事的情绪性亢奋过后，作为一个负责任的媒体，我们希望辨析清楚：重庆钉子户事件的本质到底是什么？从法理和现行法律法规的角度，钉子户是否拥有只要不满意拆迁协议，就可以坚持不搬迁的权利？政府是否拥有强拆的权力？应不应该动用强拆权？法院裁定限期强拆、过期却未执行，法律的信用是否又一次被透支？该如何处置这场公共治理危机？

应该说，对专家的采访中，这些点大都涉及到了，但由于时间仓促，加之专家们并不了解详情，而只能从大体上做出判断，所以虽时有闪光点，但大多未能予以充分展开。这便是3月29日南方周末4版的稿件《僵局持续，最牛钉子户事件如何收场——众专家激辩重庆钉子户事件》。

而在重庆现场的主稿操作难度更大。尽管拿料能力是张悦的强项，但因“眼睁睁看着手中的新闻变旧闻”，等到写稿时，记者掌握的新料已不多：包括吴苹个人的充分信息、吴苹所面对的开发商到底是何背景、吴苹与开发商的历次谈判细节等。

纵深

僵局持续，最牛“钉子户”事件如何收场

——众专家激辩重庆“钉子户”事件

平心而论，在上百家媒体拼抢下，等我们发稿时仍有这些新料，已属难得了。但单靠这些料，毕竟无法构成对这一事件的全新阐释。所以，张悦在前线说，这篇稿子可能无法按调查稿的思路去做，只能做成特稿。我当时也表示认同，并建议这篇特稿能否就以这几天作为一个横切面，写出在这一危机面前，各个方面（包括钉子户、地产商、法院、政府等）的代表人物的所作所为所想。

不过，张悦根据实际情况写来的稿子，没有完全按这个思路去做，而是将事件的演变过程进行了一番勾勒，并把记者调查获得的那些新料融入在其中，这就是 3 月 29 日南方周末的头版报道《重庆钉子户事件内幕调查》。

这篇稿子还是不错的，文章前半部分关于杨武、吴苹的一番描述看似闲笔，却相当精彩地呈现出了置身舞台之上的杨武和吴苹复杂而丰富的一面。接下来，还有关于双方背景调查的一些新料。但从结构上看，因为仍属于其他媒体已着墨甚多的对事件过程的讲述，且从体例上看，亦是在特稿与调查稿之间游移。所以，自然会给人以下述印象：这篇后发稿的增量信息，似乎还不太够。

在后期包装时，曾以《僵局持续，最牛钉子户事件如何收场》作为头版主标题。但这个标题受到同事质疑：这不是一个新闻的标题啊，另外，稿子的主体内容也不是围绕着这来写的啊？所以最后只得拟了《内幕调查》

南方周末

为什么是
习近平

重庆“钉子户”事件内幕调查

最牛“钉子户”事件如何收场
僵局持续，

导读

方舟评论

重庆“钉子户”事件给法律一个机会

这个传统标题。实际上，因为它不是一篇纯粹的调查稿，这样命名虽然抓人眼球，但仍有文不对题之嫌。

命名上的困惑，其本质是我们思路上的犹疑。也就是对于一份周报而言，当一起热点事件进展到一定程度后，我们该如何进行报道？如果对3月29日南周关于钉子户事件的第一次报道打分，苛刻点说：合格线上。

写完稿后，张悦在电话里疲惫地说：南周还是要利用它的优势，多搞点独家报道吧。这种同题竞争，对周报来说越来越难了。

三

做独家新闻，当然是媒体人的梦想。不过作为一份周报，同题竞争我们该不该参与，该如何参与？这是今天的南周日益面临的一个挑战。

显然，独家新闻与同题竞争新闻各有优劣，独家新闻因其独家、新鲜而令人耳目一新，但如果没踩准受众的接受点，则有变成自说自话的危险。同题竞争新闻因属同题，至少在议题上为受众所关注，但如无新的发现，也容易变成人云亦云，乏善可陈。

根据目前的媒体环境与周报线索来源的现状，要回避同题竞争，完全搞独家新闻，显然不现实。真正需要思考的是，我们如何参与同题竞争，并力争能够胜出一筹？

回到钉子户事件的进程中来。就在当期见报的第二天（3月30日），重庆市政府终于打破沉默，再次强硬地设定了一个最后强拆日期（4月10日）。看来，僵局有进一步持续的可能。然而仅仅两天后就传来消息，称双方已达成协议，4月2日当晚就会拆除。

在又一次出人意料的同时，人们亦感到强烈的好奇：这几天到底发生了什么？以至于一场举世关注的僵局却突然和平收场？

当时便跟编辑林楚方说：能否派记者去搞清楚，重庆市政府的决策过程、逻辑以及与杨武的谈判过程？林表示非常认同，不过我们考虑到出报时间，亦担心本周四可能搞不到什么料。但关键是在下周四能否搞到一些核心信息。虽然没有把握，但觉得应该试试。

于是，已在湖北采访另外一个题的张悦通过电话采访，在当期（4月5日）先发了一个简短的后续报道后，在周四再赴重庆。

最开始非常艰难，政府方面表示不接受采访，就连吴苹，在达成协议后也消失在人海里，不再接受任何采访。一直到周日晚我与张悦通电话时，采访都没有任何进展。看来这次尝试成功的可能性已非常小了。

然而，突破往往就在最令人绝望的时候发生。经过持续努力，在周一和周二两天时间里，重庆钉子户事件的核心人物、之前一直隐藏在媒体后面的九龙坡区委书记郑洪、区法院院长张立，还有钉子户吴苹，在该事件结束后均接受了南周记者的独家专访。这便是 4 月 12 日南周头版的《那十五天发生了什么——一场举世瞩目的公共治理危机化解内幕》。

如果说，3 月 29 日南周的第一次报道尚属合格，那么凭借本篇报道，南周在本次事件上的表现至少达到良好了。

四

实际上，《那十五天发生了什么》也是典型的独家新闻。在这一重大新闻事件的相关方中，我们采到了其他媒体均未曾采到的政府和法院两方的核心人物，且谈的都是公众关注的他们面对钉子户事件时的决策过程与感想。这不是独家新闻是什么?

谈到这篇稿子的价值，自然会涉及到近年来被不少媒体人认同的一个概念:

南方周末

一个走向封闭的家庭 一段暗淡复杂的心路 杨丽娟"心理报告"

官方审计揭示"中国母亲"真相

本报独家采访重庆九龙坡区委书记郑洪、九龙坡区法院院长张立、达成协议后"消失"的"钉子户"吴苹，透视一场公共治理危机是如何通过妥协得到解决，各方从这场公共危机中收获了些什么

3月19日—4月2日，重庆"钉子户"事件

那十五天发生了什么

——一场举国瞩目的公共治理危机化解内幕

善待媒体，就是善待从政者自己

核心信息源。如果把媒体的本质看成是传递信息，报道者的主要职能就是去寻找更多信息源，以尽可能逼近事情真相。而在关于一个新闻事件或人物的诸多信息源中，肯定有一两个是最核心、掌握信息最全面最丰富的，这就是所谓核心信息源。从某种程度上说，记者找到的信息源越核心，他就离事实或真相越接近。

如果我们把关于重庆钉子户事件的信息源作个分类，那么最了解事件真相的，显然是下面几类人：其一是钉子户吴苹和杨武本人，其二是处置钉子户事件的政府代表，也就是重庆市九龙坡区的负责人，其三是裁决钉子户事件的法院代表，也就是九龙坡区法院的负责人，其四是负责钉子户所在地区拆迁的开发商。

经过分析，自然可以发现《那十五天发生了什么》的价值所在。这篇报道记者找到了关于重庆钉子户事件四类主要信息源中的三类（另一类开发商部分，上篇报道已在一定程度上涉及），且都是最核心的信息源——达成协议后不再露面的钉子户吴苹、负责处理这一事件的九龙坡区委书记郑洪、负责裁决的九龙坡区法院院长张立。可以说，南周记者找到了关于这一事件最核心的信息源。

这，至少决定了一篇稿件新闻价值的一半。

事实上，通过南周记者对上述核心信息源的采访，公众获得了大量未曾披露的信息，比如：在表面上的僵局背后，相关各方其实一直在进行紧张的谈判；媒体都把 22 日视作强拆日期，其实政府和法院方面并不这么认为；在 3 月 30 日政府召开新闻发布会，宣布 4 月 10 日这又一个强拆期限时，实际上双方已经接近达成协议了；以及在面对这一事件时，政府和法院方的真实心态与反应，他们的冲动与紧张、对媒体态度的变化、经验的缺乏和面临的压力、他们对相关得失的总结……而所有这些，都构成了转型期中国在面对矛盾与冲突时，一个真实而全面的样本。

当然，决定稿件新闻价值的还有另一半，即记者找到核心信息源之后，是否充分具备与这些核心信息源对话、对相关信息进行甄别与挖掘的能力。否则，也有可能导致被信息源“牵着鼻子走”的局面。而记者对话能力的高低，则取决于事先所做的准备、对相关背景信息的掌握程度、以及记者的人生阅历与经验等多方面的因素。

苛刻点来看，这篇报道如果说有不足，那就是在面对核心信息源时，对于信息源说辞背后所潜藏信息的挖掘方面，还有进一步提升的空间。

这包括，对一些梗概信息还可以进行更充分的阐释。比如，对“汪书记和王市长多次作出指示，而我除了书面汇报，一般每天还要给书记、市长汇报两次，最多的一天要跟汪洋书记汇报5次，此外还要给建设部等相关部委汇报情况”这段话，以及“政府内部讨论时，很多人主张强拆，因为这样也符合法律规定。但我们觉得强拆付出的行政成本比较高，仍寄希望于通过司法渠道使双方达成和解”等这些关键性的节点，还可以请对方做出更细致的解释，提供更多的细节。从而使信息的提供更饱满更具象，也更有可传播性。

此外，我们现在是更多地听决策者讲述他们思考与处理的过程，但没有把这些过程与他们平时的惯例来进行一番对比，从而呈现出是因为哪些因素的改变，导致了这场非常态事件的发生。换句话说，对方的表演，缺乏一个日常运作的舞台作为背景或参照，从而稍显得单线条了些。

当然，限于事先突破采访对象之艰难与写稿时间之仓促，这些遗憾都属于事后总结。事实上，仅凭记者在短短一两天时间里突破核心信息源的能力与付出，怎么赞美都不为过。

五

如同重庆钉子户事件之于转型期之中国一样，我之所以对南周在面对重庆钉子户事件时的全过程，作如此细致之描绘，是因为和记者一样，自己心中也有一丝困惑：在即时新闻时代，在面临越来越激烈的同题竞争时，一份新闻性周报该如何应对？而这次报道的全过程，实际上是提供了一个可供分析的真实样本。我的几点基本感受是：

其一：虽然我们仍然期望能够操作传统意义上的独家报道，但在现在的传媒格局之下，同题竞争将越来越不可避免，并必将成为常态。尤其是对于像重庆钉子户这样的重大事件，南方周末不能，也不应缺席。

南方周末在1990年代后期的一骑绝尘因素很多，但因素之一是当时国内从事深度新闻报道的媒体较少，且技术含量与南周比有明显差距。随着2000年后新闻类周刊的持续发育，以及日报类媒体对深度报道的重视和技术含量的迅速提升，竞争变得日趋激烈实属自然。

其二：对于南周这样的周报而言，从某种程度上说，其存在的价值，就在于在同题竞争中必须经常性地高人一筹，经常性地有比较稳定的、高质量的表现，从而能始终给读者以阅读期待：一项重大新闻事件发生后，尽管网络和其他日报类媒体有铺天盖地的报道，但读者也得留意，南周即便作为后来者，它是怎么进行报道的。它是以它的权威、深度与见识取胜。

其三：要做到始终高人一筹，最关键的是记者在前方的突破能力、认知能力，以及获得材料后的驾驭能力与写作能力。而在后方，编辑也必须提供及时的判断、对选题方向的抉择，以及足够的智力支持。

比如，就以像重庆钉子户这样的突发新闻事件而言，如何更及时地对新闻事件的价值作出判断，从而尽早派出记者到达现场？随着事态的进展，如何适时对选题的方向与侧重点进行调整？如何在众声喧哗中寻找到其他媒体尚未触及的、但又是比较重要的视角或领域？如何通过平时的资源积累和重点培育，从而能在需要的时候，找到尽可能核心的信息源（比如张悦在短时间内的突破，就有赖于之前跟重庆市市长秘书建立的联系）？如何用更恰当的文本和语态去表达？等等，所有这些可能面临的情况，都是对编辑、记者的能力、以及我们平时的新闻生产方式是否合理有效的充分检验。

简而言之，在现有媒体格局下，新闻的技术含量变得越来越重要了。仅仅靠勇气或者冲动或价值观，已不能构成核心竞争力。在即时新闻时代，在日报类媒体越来越重视深度报道、从而逐渐缩小了技术差距的情况下，不具备时效性优势的周报存在的价值，可能在很大程度上就直接取决于其记者与编辑的综合实力，在于能否进一步更新我们的新闻观、进一步拓展视野、积累资源，从而再次建立、或进一步拉大相对的技术优势。舍此，似别无他途。

（作者为南方周末新闻总监）

故事、心理战、伦理挣扎

——对调查性报道的三点体会

□张立

在周末4年的工作经历中，所接触的新闻题材颇多，而调查性的报道，是其中感受最深的一类，希望能结合我这几年采访经历中的一些具体感受，谈几点业务体会，以抛砖引玉。

别让逻辑成了故事的敌人

一篇好的调查性报道，应当像层层剥笋一样，在不断地激起和回答读者的疑问过程中，不断逼近事情的真相，豪无疑问，记者对事情发展逻辑的清晰了解与呈现，是调查性报道的基本要求。

但最初进入调查类报道时，记者面对的难关却往往并不是“讲逻辑”，是“讲故事”。

为啥这样说，因为即便作为一个初入者，也明白逻辑对调查性报道的重要性，所以最初尝试此类题材时，往往对逻辑十分重视，在采访后把逻辑理得很清楚，但写作时却发现，表达出来的东西缺少具体承载物，显得平淡干枯，缺乏可读性。

不过我最初并不明白这个道理，初入周末，3篇稿件都犯了这个错误，武汉的吴鹤声含冤入狱18年的案件，我侧重了解制造冤案的原理，泉州两座收费大桥争夺客源以致故意修改规划的事件，我采访的重点放在了利益的争夺，甚至最有故事性的河南平顶山市“一场集体决定的谋杀案”，我却忽略了大量的过程和细节。

现在想来，在作几个调查类新闻时，犯错就在于，总在力求立意的高远，惟恐读者不知自己的意图，惟恐逻辑线索讲得不清楚，却忘记了新闻的本来面目，在于传播事实。

在明白这个道理后，会讲故事和将故事讲得精彩，却又是两重境界。从我的体会来看，要让故事讲得精彩，关键在于对阅读心理的把握，找到读者对一件事情发生兴趣，进而持续关注的逻辑链，在这方面，希区柯克的悬念小说（剧本），实在是新闻写作可以参考的经典。他对悬念的设计，用最精短的字句勾勒场景的能力，均让人佩服。

我对这个原理的探索，从河南《偷牛贼出没的村庄》始，到写作《何安竞选》时，才心有所得，在这篇稿件中，文章的主旨在于探讨人大代表的选举制度现状，我通过调查一个近于偏执的小人物竞选，并最终被扼杀的经历，来揭示基层民主的虚假和做秀，在冲突中展示观察，并无一字议论，所感所想，却都通过故事已经表达。可惜的是，这篇稿件最终因涉及国家安全部门这一因素，未能发表，至今引为遗憾。

在这一探索过程中，我发现后期容易走入一个极端，即新闻太过故事化、细节化。用细节来写作，以故事为载体，无疑是正确的，但如果文章的线条隐藏过深，则往往会导致阅读的疲劳，对新闻所想表达的主旨，需努力揣摩才能得知。

纯事实纯细节化的写作，或许也是新闻写作"原教旨主义"的一种？我曾与同事作过探讨，最后得出的结论是，写作中应该"有出有入"，如果将故事置于"观察"的角度，则有时要跳出故事的逻辑，站在思考的立场去叙述，适当穿插及变换叙事模式，才能避免这一问题。

不是采访，而是让采访对象倾诉

调查性报道的第二个难关是采访中如何突破，我的体会是采访会经历三种功力境界，最初是不知道问什么，其后是不知道如何问，最后是怎样让他自己倾诉。

采访的目的，是从采访对象那里得到他关于新闻事件的真实行为和想法，从人的天性来看，每个人都会趋利避害，保守对自己不利的秘密，所以我认为，采访的本质，实际上就是一场心理攻关，只有分析清楚了采访对象的心理，他期望什么、他害怕什么，你才可能对症下药，问出你想要的东西。

从心理上来分析，每个人其实都有倾诉的潜在心理冲动，关键在于用什么去诱发，我常用的一个方式，是画一个事件的"利益相关方图解"，在这个图解中，可以看出事件不同当事人的利益点，从而找出不同当事人的心理需求，那么在随后的采访中，就得见不同的人，说不同的话，其实话不在多，而在于是否能击中他的心脏。

举一个例子，当年轰动一时的佘祥林杀妻冤案，佘祥林妻子的家人，由于对制造冤案起过一定的推动作用，因而对记者十分排斥，不愿接受采访，在几拨记者一无所获之后，我却只用一句话，就叩开了他们紧闭的嘴唇。我告诉他们，“我刚到公安局采访，他们讲到，当初要不是你们认定女尸身份，也就不会有这起冤案了。”这句话其实是分析了他们与公安局两方的心理——双方都想推卸责任——从而一语中的。

在各种采访中，我曾经有机会一一试过不同的方法，来撬开采访对象的嘴，有时候是死缠硬磨，有时候是虚心热情，有时候是仗势凌人，有时候拍马屁，有时候故意激怒对方，所有的手段都来源于一个基础，分析他的心理需求，最终让他倾诉。

在这种尝试中，我个人认为，最难撬开的采访对象，往往是政府官员，他们是所有调查记者爱恨交加的对象——在事件调查过程中，我们往往必须得到官方说法，甚至很多的调查新闻，矛头本来就直指某级政府或相关部门。

在我看来，要让官员们倾诉起来，需从其矛盾的心理特质入手，在“矛盾”二字上下功夫，用好“菊与刀”才能真正跟这些人周旋，才能让我们的“险恶”用心一一得逞。

官员集团是这样一个群体：在傲慢中有卑微，顽梗不化而又柔弱善变；驯服而又不愿受人摆布，无耻中又有良心，心怀天下之忧，却又不惮余力腐败，既想时刻提醒别人自己是“主人翁”，但同时也十足有奴才之心。在目前中国的各个社会群体中，没有哪个群体的性格构成如此复杂，将各种矛盾性格交织在一起，甚至在一个人身上都可集中体现。

我曾写过一篇小文《与官员打交道，用好菊与刀》，讲到4个小方法的使用：即以诚待之，以马屁拍之，以利（报道对他可能产生的正面效果）诱之，以威吓之。具体用法不在此重述了，有兴趣者可参阅南方周末新出的《后台》一书。

不要成为良心的罪人

如果你是一名优秀的调查记者，在上述的两个问题上都已游刃有余，那

"聂树斌冤杀案"：复查结果"很快出来"

愚人节这天，他"无罪出狱"

南方周末

将要"飞"的飞机场

西安高考惊爆造假丑闻

期许中国违宪审查大步前行

么我相信，最后毫无疑问都要遇到"新闻伦理"这个终极标靶。

一个调查新闻，必然要深入事件的真相，揭开人性的层层伪装，介入利益的奥妙格局，而你身怀舆论利器，你会怎样来使用这把利刃，既达到采访报道的目的，却又能事后不会良心不安，问心有愧？

我曾做过一个"西安高考惊曝造假丑闻"的采访，最初的线索只有一个可能造假的学生名字，此后，通过努力我们找到了学生家长的电话，然后约其见面，称可能曝光他孩子的事情，要求他协助我们调查，交代出帮他们做假的一位官员朋友的名字。

尽管从一开始，我们就没打算公开他孩子的姓名，但这样去"威胁"他时，仍然让我们感到道德上的愧疚，因为我和他家人一个小时的谈话，他们全家30多个小时没有合眼，并且夫妻两人反目吵了起来——是为了孩子出卖朋友，还是为了朋友，不管孩子的将来？我把他们逼到人性的悬崖边，作一个残酷的选择。

到最后，他终于拒绝了我的要求，我们通过其他方式和渠道完成了采访，报道最终也并未披露他孩子的姓名，报道出来后，我和他通了一次饶有意味的电话，互相都欣慰可以无愧于良心——他经受了考验，没有出卖朋友，而我们也不致于真的因为逼他出卖，而产生道德的负疚。而如果真的我们披露了他孩子的姓名，我想我会背上更沉重的罪恶感。

但这个过程中，双方无疑都是挣扎的，我不知道这样一种采访手段，是否违背了新闻的伦理，我该忠于我的职业，还是首先忠于自己的做人原则，我该以职业的原因来逼使人性图穷匕现吗？我有权力这样做吗？

我相信每个记者最后都会遇到类似的问题，可能每个人的答案会不同，我后来给自己的原则是：首先忠于做人，然后忠于新闻。

从新闻的采写到最后的发表，我以为这一原则都需坚持，或许我不是一个狂热的新闻信徒，如果我发现一个颇具震撼力的细节的发表，将给我的消息来源带来巨大的麻烦时，我会宁愿文章少点华彩，而自己将它枪毙，如果我发现一些采访的进行，需要跨越我为人的基本原则，我会放弃。

我们需要谨记一点：在中国，媒体手握话语权，而又缺乏具体的伦理道德公约来约束，无疑随时会有滥权的现象，我们无力从整体上去予以规范，但可以先作好自律。

（作者原为南方周末高级记者，现为《名牌》杂志主编助理）

“打”出来的公安厅长

——《四川：铁腕治警》采访经过

□曹勇

让我们回到2004年3月中旬的一个下午吧。

四川省公安厅政治部宣传处办公室里，我声色俱厉，冲那个姓王的宣传科长大吼大叫。

我这个样子完全是被他逼出来的。一个星期前，我要采访公安厅长吕卓，按照程序拜访了宣传处，这家伙接待了我。我说明来意，请他和厅领导联系。这家伙盘问了我半天，最后拍胸脯说，包在他身上，两天后就有回音，叫我等他的电话。

然而一直没接到他的电话，期间我三次按耐不住打电话询问，第一次，他说他已经联系好了，过两天就回话；第二次再问，他说领导在开会，等安排好了时间再通知；第三次，他就不吭声了，问急了，他就说，这事不归他管，叫我另外想办法。

我大怒。是的，身为记者，我应该不卑不亢，应该尊重被采访对象，应该……然而此刻，我顾不得这些了。我来到他的桌前，用斥责的口吻说：“一、既然不归你管，那你干吗接这档子事、还盘问我半天？二、你宣传处不管，谁来管？公安厅养着你们吃闲饭啊？三、你们厅长很忙，难道我就是个游手好闲的人？我的时间……你们整整浪费了我一个星期的时间！”

那家伙被我骂懵了，陷在椅子里一句话说不出来。公安厅可是个厉害的部门，平日里都是他们对媒体颐指气使，很少有媒体的记者敢对他们如此说话。

最后他很委屈地、又像是赌气般地说：“你别冲我发火，我给你个号码，有本事你冲我们党委办宋主任发。”党委办在公安厅是个实权部门，以他的经验，一提党委办，再牛的媒体、记者都要掂量三分。然而他错了，因为这次站在他面前的，是南方周末的记者。我手一摊：“拿来！”

我拨通了党委办公室主任的号码。当然，对待党委办主任决不能像对待宣传处的小官僚那样，我得保持起码的礼貌，我不能失去大报记者的风范。我语气平和地说，这次四川省率先实施公安经费保障，具有极其重要的战略意义，南方周末对这样的事态非常关注，我们希望让大众了解公安厅在其中所作的努力，同时也给各级党政（甚至党中央、国务院）提供一个决策参考，而据我所知，这项政策的发布与吕厅长的努力是分不开的，同时，这项政策如何实施，也只有吕厅长才能够高屋建瓴地说清楚，任何人不能代替他，所以我们希望采访吕厅长。同时，我也表达了对公安厅人员态度及其效率的严重不满。

白描吕卓

四川：铁腕治警

■ 严厉整肃公安队伍，建立警察经费保障机制，四川领中国治警风气之先

■ 公安部部长周永康：在经济并不发达的情况下能做到这点，四川干了一件大事；这个做法要在全国范围内推广

■ 在整个过程中，警察失去的只是不正之风，得到的将是崭新的形象与整个社会的支持和爱护

宁可背骂名，也不当罪人

四川省公安厅"八条严禁"

我这么说，是事前已经想好的。2003 年是个多事之秋，四川的公安系统连出了李思怡事件、高考试卷被盗、李昭远事件三件大事，引起刚上任的省委书记张学忠的严重不满，张学忠借势肃吏，而整治的发端和重点对象，就是公安系统；而吕卓也是个充满智慧和传奇色彩的学者型官员，他 39 岁就当上了公安厅长，多年来深知警察系统的弊端所在，也想励精图治大干一番，然而中国，尤其是四川这样一个地方，要实现政治理想、抱负又何其艰难！所以这次省委书记借势整肃，对吕卓来说，既危机重重又机遇多多。吕卓毕竟是吕卓，他也借势而上，指出这些事件的发生是现有制度使然的，若不解决制度问题，整肃只能止一时之痛，而众多制度问题中，最重要也是最迫切需要解决的，就是建立警察经费保障制度。这个切中要害的建议得到了初到四川、雄心勃勃“有信心在四川搞好”的张学忠的高度赞赏，很快就作为政策发布下来。吕卓四两拨千斤，在看似危机的关头，实现了多年来未能实现的一件大事，也就是说，他很技巧地把一场坏事变成了有利于整个四川警察的好事，也扭转了自己不利局面（作为公安厅一把手，对三个事件的发生负有不可推卸的领导责任）。南方周末在此时机作出报道，对吕卓，对四川警方，对张学忠，都有一定的好处，按理，他是会接受我的采访的。

这里有必要说一下我们的报道设想。率先实行经费保障的问题，看起来是个正面报道，但也可以做成一个十足的揭露性报道，因为充斥期间的，是无数大众从不知晓的很“黑”的事实。而做揭露性报道，正是南周的拿手好戏。我们可以做一个震撼的揭露性报道吗？

那时候，距南方周末 2003 年 3 月受到重创刚好一周年，中宣部已经下达命令不准跨省做负面报道；南周贯彻这一命令，不仅不能跨省做负面报道，甚至有凡负面报道都不能做的感觉。

但若做成一个十足的正面报道，又很令人心有不甘。我和编辑郭光东商量的结果是，明着作一正面的报道，但对那些黑暗的事实和现状，要作无情的揭露：咱们给他来个明褒暗贬。

党委办宋主任听了我的言辞后，首先表示道歉，说没有约束好下面的同志，而且像厅长接受采访这样的事情，也不该由下面的同志来联系云云（后来我知道，按照他们的规矩，应该由党委办和政治部的负责人来联系），然后说，得跟厅长商量一下才能决定。

这话也在情理之中，然而那时候我正愤怒着呢，我想他们这一研究不知又要多少天，就算最后同意了，万一厅长又有事（比如开会、出差什么的）……我哪跟他们耗得起?

我决定走强硬路线——后来的事实证明，我的这个决定是正确的。我对他说，其实我们也不是非采访厅长不可，所有的事实我们已经调查得很清楚了，采访厅长一是出于尊重，二来恪守新闻必须全面客观公正的原则；既然厅长这么忙，那我们就不打扰了，我们将按照自己的方式来报道。

那边一听，我的感觉是立马绷紧了神经。他很仔细地问了我来了多少天，到哪些部门采访了，准备什么时候报道等等，然后说请稍等，他跟厅长请示一下。过了会，他打来电话，也不说厅长同意还是不同意，只是请我跟政治部主任某某联系。

我给政治部主任某某打电话，把跟党委办的话重复了一遍。政治部主任非常客气地说，他马上就和厅长联系，叫我回去等通知。结果，两天后，公安厅打来电话，说厅长第二天专门安排了一个小时接受我的采访——这种深度报道，一个小时显然是不够的，事实上，我整整折磨了厅长一个上午，他还容许我录音,采访中也显得坦诚,也表现出了他的激情。我的采访顺利完成，不仅如此，我顺势提出，需要到采访中他提到的一个敏感事件发生地的公安局采访，希望他能安排一下，他也爽快地答应了（平时是绝无可能的）。

再后来，我们尊重了他的意见，按照约定，把编好的稿件给他们审查，也按照他们的意见对一些地方作了改动（我认为这是应该的，被采访对象的观点、陈述应该得到充分的展现），这种尊重赢得了他们的好感，我记得在一个下午，我赶到公安厅的时候，公安厅所有的高层官员都站起来和我握手，吕卓对他们说：今后南方周末、小曹记者就是我们的朋友。吕卓还笑称，我们是“不打不相识”。

发稿的过程还有一个小插曲，初稿我们的标题是“吕卓治警”，编辑部的同仁都认为这个标题不错，但吕卓一看就急了，再看内容，更急了，因为那些体现他个性、所思所想、所作努力的地方，很容易被人误认为是他故意用这样的方式，为自己造势，和上面打擂台，引起别人的不快，“等于把我放在火上烤啊！”他说。所以他第一个反应就是让党委办以公安厅党委的名义给南方周末发函，要求取消报道。

回想起来，吕卓其实还有一条路可走，就是在通常情况下，一方面不接受我的采访，一方面通过四川省委宣传部出面，同中宣部或者广东省委宣传部斡旋，截住我们的报道；但一来当时的情势，使他没法去找四川省委宣传部，更不好去找中宣部，二来南方周末强大的底气也让他很忌惮。

现时的外部环境，使我们做新闻非常艰难，特别是揭露性新闻调查，采访难度相当大，我们必须巧妙地运用各种采访技巧和手段，才能赢得采访机会，而“逼迫”——用情感逼、用道义逼、用情势逼、用权力逼、用威慑力量逼——在有些情况下不失为有效的手段。

（作者为南方周末记者）

日报深度报道的竞争力

□陆晖

四月下旬，英国威斯敏斯特大学传播学教授Sparks来广州，并到报社做了一个讲座。讲座前一天，我们部门的一些同事与Sparks教授有一个小范围的茶叙。我虽然没有去，但事后，好几个同事都向我提到同一件事，教授当天提出一个问题："为什么你们的主编可以让你们去做一些对发行量没有帮助的新闻？"

这也许是南方都市报"深度"栏目诞生以来，就一直悬挂于其头上的"天问"。我成为这个栏目的负责人也有两年多的时间了，无数个日子，当我打开当天报纸，看见位于A1叠正中间那些横跨两版（有时因为广告甚至是三版）密密实实的文字时，内心也不由得有些忐忑——真的有人会读这么长的新闻吗？会读的那些人又是谁？

看起来这并非没有道理，重庆的一个小公务员写了首打油诗讽刺县领导，结果被逮起来了；山西一个记者向黑煤矿主索钱不成反被打死；甘肃的一个贫困家庭供不起姐弟俩上大学，姐姐跳悬崖了；河南一些农民闲着无事拍起了电视剧，讲述自己的"村史"；湖北有个女孩坠楼，官方定性自杀，可家人非说她是被奸杀……等等等等，这些林林总总发生在千里之外的事，到底与一个广州的、深圳的、珠三角的读者，有多大的关联性？他们会有多大的兴趣，每天花上一两个小时，来阅读这些与他们自身并无瓜葛的长达6000字的故事？

然而还有另外一些故事，几个月前我去兰州开一个研讨会，车上与华商报的一位总编办副主任同行，他告诉我，华商报在去年底刚刚成立了深度报道部，记者12名，以调查性报道为主。在去年，我还先后接待了成都商报、华商晨报的来访以及潇湘晨报的电话咨询，他们都表示正在推出或想要推出全国性调查性报道的版面。而从现状看，目前活跃在全国性报道的日报媒体中，新闻晨报与大河报的机动部，人手不多但十分精悍，他们更强调速度，所做的报道介乎于常规消息与深度报道之间；新京报的核心报道是南都分家出去的兄弟，前两年可谓叱咤一时，近来因为内部环境变化略显沉寂，但仍是全国调查性报道中的一支重要力量。我们的主要竞争对手广州日报，去年也推出了“新闻蓝页”，向深度报道进军。

可以说目前在国内，做深度报道正在成为市场化日报的一个重要发展方向。由于市场化日报在全国报业市场越来越主流的地位，这一股浪潮，将给原有的深度报道以周报、杂志为主的格局以巨大冲击，使得中国的深度报道获得更大的，甚至是全新的空间，从而提升中国报业的整体新闻报道专业水准。

只有从这样的背景出发，才能更清晰地看清楚，南方都市报在 2003 年就推出“深度”栏目，并一直将其确立为重点品牌，具有何等样的前瞻性。而可以毫不夸张地说，正是因为南都深度的成功，才推动和造就了这样的一种趋势，为后来者所效仿。

但既然如此，为什么我每天打开报纸，仍然要忍受这样一种忐忑不安？不少记者都说，每打开几大门户网站的新闻主页，如果看见我们的报道被高高挂起，就兴奋不已，如果遍寻不觅，便失落难言，为何如此虚弱与不自信？为何仍然要面对许许多多这样的“天问”——来自读者、同行、以及内部同事。

说到底，日报深度报道的核心竞争力在哪里？日报的形态给予它什么样的优势，又与它有何不匹配之处？日报深度报道的发展，怎样与纸媒自身的

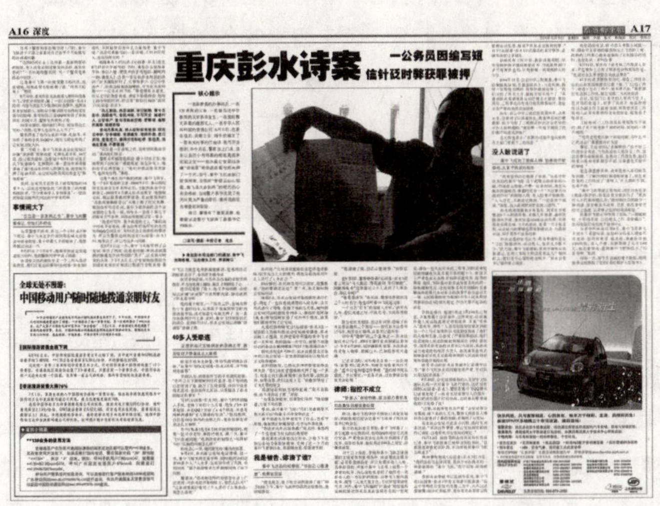
A16 深度 A17

重庆彭水诗案

一公务员因编写短信针砭时弊获罪被押

核心提示

事情闹大了

没人敢说话了

竞争环境变化、读者的阅读经验和期待、时代赋予媒体的使命和宿命，所有这些错综复杂而又难以切割地交织在一起？这些问题都过于庞大而深邃，我自觉对此的思考尚未得其要领，但作为一个局中人，将自身的心得与体验呈现出来与人分享，也不为无益。

电视逼出的新武器

我从业开始，就一直做深度报道，但六年来仍然不能给深度报道一个清晰的定义。

在国内报界，深度报道的概念也常常跟调查性报道相混淆，在许多读者以及媒体人看来，做深度就是做调查性报道，甚至是更为狭窄的监督性、揭黑性报道。然而在西方，更为常见的深度报道文体是解释性报道，带有很强烈的服务色彩。

按照美国哥伦比亚新闻学院的说法，新闻报道有三个层次，第一层是事实性的直截了当的报道，第二层是发掘背后表象背后实质的调查性报道，第三层是在前二者基础上所作的解释性和分析性报道。所谓的深度报道，主要就是指后面两层。这样的定义也仍然是个大杂烩。

国外的情况，以最有代表性的美国为例，深度报道起源于上世纪二三十年代，兴盛于五六十年代，而以七十年代的水门事件为标志性顶峰。深度报道兴起的原因可以从时代、行业、读者需求等各个方面解读，但究其根本，还是如最近走红的胡戈新片中那首翻唱歌曲所言："都是被逼的"。

二十世纪20年代，美国的报纸开始面临无线广播的挑战；二战后有了电视，并很快发展为彩电。现在受众不仅可以第一时间获取新闻信息，还可以亲眼目睹新闻现场，这在新闻传播的历史上具有开天辟地的意义。新闻学基本要素"5个W"中，基本上前4个W就没有报纸杂志什么事了。CBS、ABS等大的广播巨头顺应时势，摇身变为全国性的电视网。当时就有许多人断言了纸媒的消亡，也的确有一些媒体，其中包括因为二战而蜚声全球的《生活》周刊，顶不住新形势的冲击，关门大吉。

美国的报人们在此危境下，找到了杀开血路的利器，这就是深度报道。这是在常规消息报道无法与电视比拼的形势下，不得已而又顺理成章的选择。既然前4个W我们拚不过，那我们就把力量放在最后一个"WHY"上面好了，这个“WHY”主要就是调查性报道。后来5个W之外,新闻界又加了一个“H”,即“HOW”——怎样,这就主要是指解释性报道了,例如解释性报道的开山之作,普利策获奖名篇《让它飞起来》,就是讲波音757飞机是“怎样”制造出来的过程。

报纸以深度报道何以能够对抗电视?这可以从我的朋友,央视《社会记录》记者沈亚川的苦恼谈起。他每次做节目,最大的问题不是采访不到,而是如何说服采访对象出镜。从技术上而言,电视做深度报道的局限是明显的,除了上镜的顾虑,更重要的是,电视是靠画面的,而那些调查取证的过程往往难以用画面表达。如今有了针孔摄像机,电视还可以做做暗访,但放在三四十年前,你如何能设想一个美国的电视记者扛着笨重的摄像机,去采访一桩肮脏的黑幕交易过程?

除了技术,受众的需求也是另一大原因。电视的观众总体而言,年龄偏小、文化层次偏低、更欣赏快节奏的画面而非理论说教。相形之下,报纸读者的整体水准较高,也有足够的兴趣和认知力去了解新闻事件发生前前后后的背景、缘由、内幕和趋势,因而深度报道成为纸媒扬长避短的最佳战场。

事实上,正是依靠越战、五角大楼文件、水门事件等一系列重大的深度报道,以《纽约时报》、《华盛顿邮报》为代表的美国报业,度过了电视挑战的危机,达到了其影响力和商业的鼎盛阶段。

网络时代的权威扮演者

今天的中国报业,某种意义上面对着跟当年美国同行们同样的挑战与困境,而这一次的对手比当年还要远远强大得多,这就是互联网。

如果说广播与电视是以信息传播的即时性开创了传播史的新纪元,那么互联网则是以传播的无边际和互动性开创了又一个新纪元。

作为一个报纸的新闻人,我无时不在感觉到网络带来的巨大利益和更巨大的压力。可以毫不夸张地说,南都深度报道目前的选题资源,80%以上来自网络。而报道的影响力也有很大程度是依靠于网络的传播。如果没有互联网,很难想象南方都市报这样一张只在区域发行的地方都市类报纸,可以获得如此巨大的全国影响力。

然而压力是与日俱增的。如果说对于报社老总来说,压力主要是感受于不断被切走的广告蛋糕，那么对我这样的采编人员而言，压力更直接是在新闻的高度同质化和常常后人一步的无奈。

以中国新闻为例。现在每天打开各家报纸的中国新闻版，你会发现上面的内容不仅都差不多，而且都在前一天或者当天的新闻网站上挂出过。报纸作为第一手新闻传播的功能已经大大被削弱了。

报纸对抗互联网的第一利器不是别的，而是“国情”。在中国，报纸的功能除了传播，还有教化，包括政令法规的传达和意识形态的宣扬。在这一点上，由于互联网的难以控制，它暂时还代替不了报纸和电视，新闻网站不能独自采写和发布新闻就是其头上的一道“紧箍咒”。从这一点而言，报纸还可以坐享垄断利润若干年。

此外，在一个信息过剩乃至于信息爆炸的年代，受众最迫切需要的，已经不再是信息量的庞大和传播的快捷，而是一种信息的安全感。何谓信息的安全感？每天当你打开几大门户网站，海量的信息扑面而来，随之而起的便是一种焦虑感，如此众多的信息中，何者为真，何者为伪，何者为巧，何者为拙，何者为必需，何者为累赘？你会发现寻找和选择的时间远远高过获取。网络的传播实在是太庞杂也太轻易了，也就不可避免充满着谎言、垃圾和重复的内容，受众需要权威，需要有信得过的传播者替他作出解释、判断和选择。

而传统媒体将会是这个权威角色的最好扮演者，一方面有编辑记者的专业素养和职业规范作为公信力的保证，另一方面传统媒体可以对一个新闻事

A16 深度 A17

网文指控官药勾结 转帖者被捕受审

文章称海口康力元与国家药监局已落马高官关系特别，审批新药又多又快

企业良好形象受损

2006年 142家药厂停业整顿 86张GMP证书被收回

件投入高昂的人力物力进行长期深入调查，这是普通网友难以比拟的。可以想象，在不久后的信息市场上，网络是一个大卖场，充斥着品种繁多数量巨大的商品，而传统媒体则是其中的品牌专柜，给受众提供可信任、有价值的精品。

这样看来，我们就不难理解前述各家报纸纷纷加强深度报道力量背后的动机。大家也像昔年的美国同行一样，再一次将深度报道作为对抗新媒体的武器。

时代的使命与宿命

再回到Sparks教授，4月23日，他在南都做了题为“从大报时代到小报时代——英国报业百年长征”的演讲，主要谈到英国报业的衰落趋势，其中重要一点就是严肃新闻逐渐被猎奇新闻和娱乐新闻所取代。

对此教授归纳了若干原因，而我理解根本在于社会的过度成熟，制度完善和个人权利得到充分保障。在这样的社会里，人们逐渐丧失了对政治等重大公共话题的兴趣，娱乐和消费成为主流。这是几乎所有发达国家步入后现代社会共同面临的问题，包括美国，据前年来集团培训的密苏里新闻学院教授称，目前调查性报道也在萎缩。

然而在中国，别人的问题恰恰正是我们的优势。我时常在想，在当代中国，生而为一个新闻人，到底是我们的幸运还是不幸？我们是常常带着沉重的镣铐跳舞，然而这个舞台却是如此广阔和精彩。

相比后现代的西方而言，中国当下还处在前现代社会向现代化艰难转型的过程中。这个时期，旧有的秩序和价值观均已被颠覆，但新的秩序和主流价值观还未确立，在这样的断裂与碰撞中，整个社会心理呈现出一种混乱的彻底多元化的状态。这样的多元化与西方社会的多元化完全不同，在人家那里，虽然观念与想法千变万化，但那些最根本的、大是大非的问题都已经达成共识，多元化建立在一个稳固的根基之上。

这样一个时代，现实生活中发生的种种事情，甚至远超过最大胆最荒诞的文学艺术想象：处女卖淫、城管扒裤、夫妻在家看黄碟、千里背尸还乡、“跳楼秀”、最牛钉子户、“中央一套”、“双规”牌杀虫剂、“问题官员猎捕大队长”、硫酸泼熊、卖身救母……

这也正是新闻报道、尤其是调查性报道的黄金时代。一个优秀的调查记者，在西方可能只能空叹屠龙之术，在我们这里却正是如鱼得水。他不用担心找不到合适的调查题材，也不用担心报道发出来没有反响，他有高于一般公司白领的经济收入（在发达国家，新闻从业人员的收入是中等偏低的），更有着除强扶弱的道义感乃至于启蒙大众的优越。媒体的力量大到这个地步，成千上万的蒙冤者写来求助信，将其视为最后的救星。一些记者贵为地方官员、大公司老板的座上宾，甚至于只要下到小煤矿晃一晃证，就有几千几万的红包可拿。

在这样的背景下，我们方可以回到最初的问题上去，给出稍具逻辑性的解释。为什么一个广州的、深圳的、珠三角的读者，会有兴趣每天花上一两个小时，来阅读我们的深度报道？

南方都市报之所以以一张区域发行的都市报纸，成就目前巨大的全国影响力，原因无疑十分复杂。而其中我所理解的一个因素，是因为广东读者有更为强烈的现代意识和全国意识，而相对殊少囿于地域色彩。

中国30年改革开放的一个重要层面，是大批人员从中西部内地向沿海发达地区的流动，首当其冲就是珠三角。这其中有相对层次较低的农民工，也有层次较高的下海者、大学毕业生。经过近30年的奋斗荡涤，这些人中的大部分、尤其是后一部分人的绝大部分，都已扎根广东，构成了数以千万计的“新广东人”。

A14 深度

A15

奔驰“二次碾轧”男童事件调查

一起激发人们想象的车祸及它刺痛的社会神经

这样一群人，他们去乡已久，也不可能返回，家乡渐渐变得只有情感的象征意义而无实际关联。虽然事业与生活均已落在广东，但十几二十年时间，还难以让他们从文化、习俗和心理上，真正融入其间。他们时常会产生身份认同上的困惑：我到底是哪里人？为了摆脱这种困惑，许多人倾向于把自己看作是广义上的“中国人”，他们说并不标准的普通话，看中央电视台和有字幕的美国大片，关心国家的宏观政策和诸如“宝马撞人”这样的事件，超过关心自己小区里的业委会选举和宠物随地大小便。

然而更为重要的是，这些人基本上都是孑然一身来到广东，无亲无故、无凭无恃，靠白手打拼混饭吃。一方面，他们彻底摆脱了传统中国亲朋邻里的人情社会；另一方面，白手起家的生涯使他们对现有的权益极其珍惜甚至敏感，权利意识大大增强。

而珠三角的本地市民，也是我所知全中国最开放、最有现代意识的市民。他们最不排外，或者说“外”已经成了他们生活的重要部分。他们是中国最早富裕的居民，也最有条件和兴趣走出乡土，到全国乃至全世界去游历。他们也最有条件和兴趣，参与公益事业，充当志愿者。他们也是以粤语歌和影视为代表的香港文化的最早接收者，又推波助澜使得粤派文化以一种强势文化的姿态风行全国。

因而可以说，珠三角的市民是当代中国最靠近现代意义上的“公民”的人群，正是他们造就了南方周末、南方都市报这样的媒体，而二者的互动，又成为推动中国公民社会建设的重要力量之一。

正是这样的市民，他们阅读南都的深度报道，不是因为这其中的事跟他有关，而是因为这些报道常常揭示出制度不公正和公权力对个人的侵害，而

A14 国内

A15

高莺莺死因 再掀波澜

●高天虎诬告陷害案二审开庭，辩方指警方办案自相矛盾，高莺莺尸体发现前可能被移动

●高天虎放弃自我辩护，称“你们想咋判就咋判，我出狱后还是要接着告”

王淑军是否无辜，高天虎是否诬告？

法医鉴定与证人证言有明显矛盾

高莺莺之死迷雾

高莺莺死因成谜 辩方指警方渎职

这种不公正与被侵害，正是他常常在现实中所遭遇和在理性上所痛恨的。他阅读重庆彭水诗案，因为他也时常在饭桌上痛斥官员的腐败和社会的不公，在网络论坛上发贴跟贴，做这些的时候，他的心底仍然有着隐隐的恐惧，他需要有人（媒体）出来捍卫现有的这一点点言论空间。他阅读贫困大学生自杀的新闻，这让他想起他刚为上小学的子女交纳的数万元择校费（就是交这点钱也得费尽周折），而前方还有初中、高中、大学，那些数不尽的学费和难以计算名目的各种费用。

这样我们可以清楚地看到，中西方读者阅读新闻的心态，是怎样的大相径庭。在他们那里，新闻是消遣的娱乐的，在我们这里，新闻却关乎你作为人最根本的一些东西：自由、权利、恐惧和利益。

这也正是转型期国家共同的问题，媒体要承担超出它自身应承担的责任，也被罩上了它本不应该罩上的光环。当终有一日，中国走出转型期的“历史三峡”，那些根本问题不再成为问题，这些责任与光环也就自然消解，媒体将和整个社会一样变得平庸。那个时候的新闻人，就像经历了大战后安享宁静生活的老兵一样，不妨可以在养花钓鱼之余，做一些小区里猫猫狗狗丢失的新闻。那也许是新闻人的不幸，却是全社会全民族的大幸。

为什么是日报

然而，以上的细节和煽情仍然无法解答这样一个问题：为什么是日报？

在市场化激烈竞争的压力下，近几年都市类日报的新闻品质可以说进步神速。我们都还能记得若干年前《南方周末》、《三联生活周刊》等国内顶尖的周报杂志几乎每出一期,都能引起全国反响和业界惊叹的盛况。但最近两年，我几乎都想不起有哪一个轰动全国的重大报道是由周报和杂志率先引爆的了。

甚至于在南都内部，我们这个部门也能感受到这样的压力。每有本地的重大新闻事件发生，本地新闻部门的同事们，都会以他们更为快速的反应，深入透彻的背景分析，越来越精巧的新闻文本，尤其是不断跟进的系列追踪，几乎把可以发掘的空间都发掘尽了。某种意义上我们也是被这种压力所迫而更多地投入到全国性的报道。也就是说，日报的常规新闻也在越来越趋向于深度化。

做了四年周报深度报道和两年日报深度报道，我对于两者的差别有一些

重点 A05

最牛钉子户挺过"大限"

昨晚12时户主在屋中坚持，市民网友记者近千人聚集，截稿时强拆没有发生

国内 A13

记者下煤矿遭暴打致死

事发山西大同，中国贸易报证实其记者身份，当地官方称死者不是记者

A18 国内

兰成长这样被打死

本报记者调查了解到其成长经历以及被暴打致死经过，据称公安部已指示全力破案

直观的感受。日报深度报道的最大优势，并非如许多人想的那样，是由于更快的时效，而是它更为具有操作上的弹性。

这种操作上的弹性首先表现在报道形态上。周报的版面形态决定了报道只能是深度报道，而日报则可以有数百字消息、一二千字的通讯以及深度报道等多种。也就是说，一个新闻事件发生后，同样派出记者远赴事发地采访，但周报承担的风险更大，因为记者只要采访不到足以支撑深度的内容，报道就无法完成。而日报记者的处境则优越得多，他可以先发第一手消息，也可以每天跟进事情的动态进展，他不会错过每一个重要的节点，也可以选择在最合适的气氛下抛出深度报道，即使做不成深度，也不至于全然落空。

例如近来全国轰动的两个新闻事件——山西记者被打死和重庆最牛钉子户，两个事件都是我们的"网眼"版率先发掘，然后深度记者迅速跟进，以每天的中国新闻版面跟踪进展，最后以深度报道重磅抛出。

这种形态的灵活性也更有利于对重大新闻事件的长期跟踪。如著名的高莺莺案，它被引爆之初，全国的媒体都做了大幅跟进，我们的深度报道也是在那时推出。然而这之后该事件经历了一系列出人意表的变化，直到最近的高天虎诬告陷害案二审，相当长的时间内只有南都一家报纸持续关注着事件的每一点进展。高天虎被批捕、其妻陈学荣被释放、高家提起重新鉴定、官方拒绝鉴定、高天虎从伪证改为诬告陷害、高天虎被起诉家人未有通知、一审高天虎拒绝律师、一审开庭及宣判、上诉、二审，每一个环节我们都用千字左右的小消息进行报道，从而使我们始终保持着与高案律师和家人的良好关系，获取每一个最新进展。而一旦案情发生重大转机，我们的前期积累无疑为做深度奠定了坚实基础。这样的消息报道则是周报和杂志的版面难以展现的。

日报深度报道操作的弹性还表现在发表时机上，我们不仅可以比周报更快，我们也还可以比周报更慢。我做周报时常常苦于报纸的发行周期，时限

A14 深度

一个工薪族的疯狂财富路，两年间12万变60万

卖房炒股记

A15

A14 深度

丽江砍人背后的导游生存困境

A15

到了，即使采访尚不充分，写作还显粗糙，也必须得硬着头皮上。因为一旦错过当期，就得等上一周，那时可真是黄花菜都凉了。而日报今天不行，我可以再等一天，对于深度报道一天的时效损失还不算太严重，这样采访和写作可以更为从容。

当然在目前，国内优秀的周报和杂志与日报相比，在深度报道这一块仍然有着优势。这种优势主要在于理念和版面安排上更加重视深度报道，操作经验更丰富，视野更为国际化，文本更为精致，而采编人员的整体水准也更强。但这些优势并非绝对，也容易被复制和超越。可以想见随着新闻报道水平不断提高，未来的都市类日报，将成为深度报道的主流载体。

南都深度的自我

与目前国内的其他日报相比，南方都市报的深度报道还具有一定的领先优势。这主要得益于它起步早，而且一起步就有了“公民孙志刚之死”这样享誉全国的名篇，从而为以后的发展打下了良好基础。

南方都市报深度报道的优势目前主要体现在几个方面：

一、始终坚持客观公正的立场，坚持关注社会现实和社会公正，这是南都深度报道的命脉所在。这一点所有的媒体都标榜，但是只有在南方报业，集团领导和报社领导有这样敢于担当的优良传统和使命感，才有可能始终不渝地坚持。

二、在报道形态上，大多数日报还在着力于调查类报道之时，我们已经力图将报道的形态变得更加多元，近两年来，我们尝试做了许多类型的突破，包括“寻找抗战老兵”这样的宏大系列报道，“一个女工的最后七十二小时”这样的特写报道、“全球祭孔：政治话语投石问路”、“激辩物权法”这样的时政报道，“大桥下面——广州大桥底的流浪族群生态摹本”、“两个人的摩托车”这样的社会观察等。应该说在目前的状况下，最引人关注的还是那些监督政府的调查类报道，但是随着中产阶级阅读口味的主流化，读者也需要更为丰富的社会生态呈现。

三、选题在继续紧抓热点新闻的同时，也开始关注一些较为静态的，长期性话题，并用人类学中田野调查的方式来实施。如“第二代农民工调查”系列、“暴富神话下的珠三角人”等调查，很少有媒体像南都这样，敢于付出较长时间和采访成本，这种高举高打的投入是南都目前巩固自己主流地位的方向之一。

四、在题材继续关注弱势群体的同时，也更多关注市民阶层，加强关注市民阶层关心的话题，如环保、教育、NGO、业主维权等，相对权力和大资本而言，他们也是某种意义上的弱势群体。观察他们的生活情感、喜怒哀乐，将传统的许多社会新闻题材在新的模式下重新解读，更细腻详尽地书写普通人的命运和内心世界。

五、报道心态更加沉稳和平和。慷慨激昂的粗放气质开始转变为从容淡定的成熟睿智，记者更富专业精神，避免同情、悲愤、打抱不平等主观情绪影响事实的陈述，避免强势一方永远都是错误的观念先行，更多地分析社会心理和文化传统对人性的异化。

六、在文本上彻底建立故事化写作的模式。现在不少媒体的深度报道，仍未能摆脱传统的事件过程加背景资料加专家分析的模式，在文本上仍然只是消息的放大。而我们的深度报道，已经牢牢树立起新闻是作品的观念，要有任何时候来阅读都会觉得有价值的自觉意识，时刻将报道的可读性放在十分重要的地位，突出细节、现场感、虚实结合和文学技巧。如袁小兵“两个人的摩托车”这样的作品，仅就文本而言，与那些获得普利策特稿奖的经典们相比也毫不逊色。

然而比以上所有都更为重要的是，南方都市报仍然是一个给予想象力和创新巨大空间的精神家园。只要你敢于去想，敢于去行动，什么都可以尝试，也什么都会有机会实现。我们的一位记者韩福东，他今年2月自己提出想法，4月就随着温家宝总理的“融冰之旅”去日本呆了20天，采访了10位日本政界要人，做了一个受到广泛好评的系列高端访谈。先后曾在《华夏时报》、原《21世纪环球报道》、《中国新闻周刊》、《凤凰周刊》等多家一流媒体供职的他说过：“虽然仍有这样那样的不满，但在所有这些媒体中，还是南方都市报是让我感觉最爽的。”

“以人为本”，这也许就是南方都市报深度报道最大的竞争力所在吧。

（作者为南方都市报深度组负责人）

日报深度新闻编辑的中间道路

□卢斌

一直以为编辑是按所编报道涉及领域归类的，在各自领域既会处理简短的消息也会处理冗长的调查性报道，并不存在一个专编大稿特稿、万事皆通的深度新闻编辑。鼠五技而穷，荀子说这不是君子的行为。然而，碍于市场经济初级阶段，一切刚刚开始，这恰恰是目前南方都市报深度报道编辑应有的品质。于是，我等这些并无丰富记者经验的人才有机会在一家享誉全国的报纸中担当深度新闻编辑的角色。

深度 & 速度

一分钟新闻老去。日报深度新闻一个不可回避的尴尬就是，当你的报道足够深入的时候，人见人爱的美少女可能已经变成没人搭理的老太婆，如果和当日的大量消息一并见报，面对最广大意义上的读者，会石沉大海。比如南方都市报关于广州禁摩的深度报道《两个人的摩托》，采访过程中，记者小兵与部门领导陆统及编辑反复沟通，后又补充采访，投入大量时间与精力，最后的稿件质量可谓经典中的经典，但遗憾的是时间太晚，事件热度已过，见报后更多的是赚得同事喝彩。

另一情况恰好相反，为保证速度，保证热度，不得不牺牲深度。公安部通缉云南省交通厅长刘星的消息刚一传出，我们的记者就踏上了赶往昆明的路途，先以最快的速度发回了消息，后又采写了长篇报道，但是由于时间紧迫，再加上采访难度大，稿件作为深度新闻刊发分量不足，于是灵活处理，将其放在了当天的中国新闻版，最后也取得了良好效果。

还有一种情况是有预谋地赶巧。中国石油工人埃塞俄比亚遇害的消息是晚上发布的，南方都市报贾记者次日清晨就坐在了飞往河南的飞机上，而京城里的记者喻尘则着手采访有关部门。此事件第一落点已过，派出采访任务

A16 深度

A17

两个人的摩托

一个搭客仔和他的客户在禁摩前后的生活与改变

时陆统就考虑到还有 7 名人质未解救，事情还会有新进展，可先发消息，深度报道放在有重大转机的时段。两记者不辱使命，按质按量发回报道，而编发深度报道的当天，新华社发布了人质被解救的消息和图片，编辑处理时将这一最新进展整合进了记者稿件中。关于重庆钉子户的报道也是最成功的案例之一，连续发了几天的消息之后，在事件的高潮记者小兵发回深度，而编辑当天是利用 msn 与记者沟通，发回一段改一段，最后稿子好评如潮。

既要深度又要速度，保证速度还是保证深度，这是日报深度新闻编辑最为头疼的难题，但日报的版面安排及刊发时间灵活多变，难题解决得好又会成为竞争的利器。

深入 & 浅出

启蒙时代的编辑有两种，一种如同流水线上的工人，一种类似作坊里的手艺人。

而我自认为南方都市报深度编辑界乎两者之间（当然，偏后者一些，因为前者连自己都还需要启蒙），走的实则为一种中间道路：博而不偏，通俗不庸俗，是一种人民群众喜闻乐见的大地上的新闻。

“千万别高估读者的智商，千万别低估读者的懒惰。”这是行内一位大哥对我的忠告。作为一张目前主要在地方发行的综合性日报，南都的深度新闻不能走小众路线追求精英化，而是在精英与大众间架起一道桥梁，让启蒙走向大众。程益中当年说日常报道是大米白面，深度新闻是鱼肉海鲜，讲的也是这个意思。

深入浅出，这是一个极度苛刻的要求，如果是艺术创作，恐怕只有大师做得到。很多时候是深入容易浅出难，必须把新闻事件的真正意义呈现出来，又要文笔精湛把报道写得好看。时政、环保、科技、经济及文化报道往往显得静态，不如突发个案那样具有冲击力，但这些报道不但能提供资讯还能普及知识、启发意识。一张读者中有大量基层群众的报纸，处理这类报道，从选材到采写、编辑都必须照顾大众的情绪，而不能只顾自己的喜好。例如我们会留大幅版面给超级女声和李宇春，但不会关注山形电影节或是怀斯曼。

今年 1 月我在网上看到长江芜湖段水位降到一百多年来的最低，联想起去年的重庆大旱和令人印象深刻的暖冬，于是与深度新闻组为数不多的女将杨记者商量能否沿长江采访，做一篇关于长江水危机的报道。这是一篇典型的环保科技报道，专业性强，要吊起读者的胃口，文本要下很大功夫。报道成稿后编辑与记者又反复沟通，修改稿件，将文中滩涂裸露使水底古钱重见天日引来寻宝者和渔民改行等一些细节前置放大，让这些生动的描写逐渐将读者带入文后的专业领域。另外，在下版当天，又在编者按中加入了长江重庆主城段水位至有记载以来最低的及时消息，使稿子更具动感。

有时候为获得内外的点击率，还要制作一些图表漫画，版式上进行美化增加读者阅读欲望。但对于深度新闻，区别南方都市报其他版面，本人还是主张适度，形式得以内容为重，避免为版式而版式，编辑忙前忙后实际在干美编的工作。

当然，深入是本质，浅出只是表现手段。很多时候往往需要提升稿件，让其不只停留在报道个案的层次。贾记者赴新闻资源丰富的河南采写了一条幽默的新闻，当地一区委书记不满换届群发短信辱骂市委书记，后被调查经济问题成为了贪官，这位老兄索性将该区大小官员问题一并供出，牵出一个涉及 100 多人的巨大腐败窝案，由于涉案人员过多，有关部门不得不以维护政治稳定为由终止了调查。活生生一部现代版官场现形记，虽是个案却具有普遍意义。这事件本身足以吸引眼球，但如何将这种普遍意义在稿子中表现出来，让亲爱的读者们一笑后若有所思，这是我看到稿件后想的第一个问题。于是联想到了南方都市报去年的杰作《重庆彭水诗案》，也是发生在政府换届这一敏感时期，而本次换届又是新中国成立以来最大的一次政府换届。我将这些内容融入稿子中，用“彭水诗案”进行对照，一方面对市委书记因被短信辱骂动用公器查人经济问题的正当性与合法性提出质疑，另一方面又暗示反腐、换届背后的官场潜规则。

同样，“彭水诗案”事件本身的荒诞性足以让人瞩目，但还是有必要像读者揭示其背后的专制传统存在于现代社会的荒诞性，这种早该作古的行政思维方式，在当下大大小小官员脑袋中恰恰是作为常态存在的。所以，在取标题时，我斟酌再三，这个报道不能像一般个案那样仅点明“公务员发短信针砭时弊获罪”，而要为其在时间中命名。一般都会想到“文字狱”，但碍于政治风险，最后用了“诗案”二字，让新闻与历史有了对接。当晚临签片时，事件又有了最新进展，记者将当事人律师的声明传回来，从现有法律的角度对此事的评析不可或缺，于是又将声明中的部分内容整合进稿子中。

A16 深度 A17

重庆彭水诗案

一公务员因编写短信针砭时弊获罪被押

A16 深度 A17

中国 石油工人非洲掘金之痛

一边是海外工作带来的丰厚收入，一边是难以保障的人身安全

作为日报深度新闻编辑，相比沦落成一个养尊处优的理想主义者，本人更愿意朝着一个信奉专业主义的职业新闻人努力，娱乐大众的同时，做一些法普、科普的工作。

长度 & 维度

日报刊发深度报道，还有一个优势是周报和杂志望尘莫及的。我们可以拉长时间连续刊发系列深度报道，这样的事情早前中青报曾做过，但到南方都市报被发挥得淋漓尽致。最值得一提的便是 2005 年为纪念反法西斯战争胜利 60 周年，南方都市报荡气回肠地刊发了 60 篇寻访抗日老兵的报道，访问了 60 位老兵，在当年的各家媒体中独树一帜。后来的“民工第二代”和“新农村建设”以及最近的“中国人俄罗斯淘金”的系列报道均属此类。

系列报道，气势恢宏，报道全面，不仅适用一些策划性、专题性话题的

寻访

死守南京18天，粪桶渡长江逃离屠城

南京的沦陷

五叶神文化传播公司

深度 A13

heart transplant

心脏 肺脏 疑案

上海下岗女工
免费换心肺死亡悬疑

家属怀疑死者被做人体试验状告东方医院

操作，有时也适用于调查性报道和时效性强的新闻。最典型的要数“上海东方医院器官移植疑云”的系列报道，是南方都市报记者吉陆与常住京城的喻尘历经半年艰苦卓绝的采访揭露出的惊人黑幕。如报道一次性推出，要讲清楚，稿件篇幅会很长，无从安排版面，也不方便阅读。作为系列报道刊发，时间跨度又不易太长，否则到后面容易疲软，最后将报道分成三篇，连续出拳，打得敌人晕头转向。

南方都市报深度还有另一个骄傲的优势，就是版面联动。对于一些时效强的热点新闻，消息、深度、对话、评论一拥而上，重点版、深度版、时评版，以及网眼版、中国新闻版互相合作，一套组合拳，全方位多角度地解读新闻。这方面成功的例子有很多，如“黄静裸死案”的宣判，南方都市报在重点版不仅发布了消息，而且还配上了与男主人翁姜俊武的对话和该案的深度报道，为读者奉上了一顿新闻盛宴。前不久万众瞩目的重庆钉子户的报道，新闻由网眼版点燃，时评版添柴加薪，最后在重点版消息与深度并发推向高潮，掀起了一阵盛况空前的维权浪潮。

日报深度新闻编辑的快感也存在于这些地方，这快感来自新闻频频更新的刺激，总有一条让你兴奋，而兴奋的下面是冷静。但话又说回来，日报操作深度新闻是份内的事，什么时候倒成为了一种创新？大概也是碍于初级阶段，才使得我等有机会在这里介绍经验。

（作者为南方都市报深度编辑）

现实的困境与媒体的选择
——谈黄静案报道

□王雷

黄静案恐怕是我报道过的争议最大的新闻了。我对这个案件的认识，从一开始到现在，也在不断修正。这样持续的观察已经4年了，一共发了2篇深度报道，5条消息和1篇手记。

黄静案中错综复杂的事实与之背后的观念冲突，使这起案件一直保持了很高的公众关注度。作为日报的一名记者，我可以根据发展事态，选择多种报道方式。并且由于能持续地近距离观察当事人，我对这个事件的认知也能不断修正，从而无论是时效性还是对事件的深度分析上，都能略胜一筹。

日报操作这类持续变化的题材，占有巨大优势。

一

在黄静案发生不久，我们就看到了相关报道，但当时它所呈现出的形态，还是一个单独的个案，即黄静家属质疑公安机关徇私枉法。在此期间的众多报道，重点是追问案件本身。由于采访的调查难度，这些报道往往止步于怀疑、质问的层面。

当时的舆论几乎一边倒地同情和支持黄静家属，无论是网络里的“民声”，还是专家教授的言论，都认为黄案存在黑幕，嫌疑人姜俊武应该受到制裁。以客观、公正为基石的媒体也受到了这种影响，不仅立场偏倒在黄家，而且在报道中，也出现了一些失实描述。

按照我们这个时代的生存常识，黑幕无处不在，潜规则才是主宰命运的真正法则。而黄静母亲信誓旦旦的控诉和姜、黄两家貌似巨大的阶层差距，都是引发公众同情的导火线。何况，黄静尸体上的伤痕，法医鉴定结论的矛盾，公安的冷漠傲慢沉默，和政法委逼迫火化尸体的嚣张，都是被公众看到的事实，这些都是网络上一片喊打喊杀声的原因。

媒体应该采取什么样的立场？

我们倡导法治，法治相对于人治，最根本的区别是法治是众人之治（民主政治），法治的依据是反映人民大众的法律，人治的依据是领导者个人的意志，在司法领域，司法应该独立，案件的调查、审理应该按程序办理，并且公开透明。

事实上，我们距离法治还比较遥远，现实中也缺少对抗人治的力量，但黄静案的发展，让我们看到了一种新的力量，这种力量在2003年初开始清晰呈现，那就是由网络凝聚起的“公意”。

我曾经为寻找那种力量而采访过城市小区维权业主，农民们自发组建的“农会”，工厂门可罗雀的工会，现在我为网络的这种力量兴奋，在黄静案中，网络已不仅仅只提供“声音”，从请律师，联系尸检，发起募捐，到出谋、划策，以及后来的人力资源支持——志愿者的出现，都离不开网络。

所以，一开始，我也是带着立场去报道黄静案的。

正是在这种态度下，我写了第一篇深度——《网络世界里的女教师裸死案》。这篇报道虽然持有立场，但对案件本身却秉持中立，所有的描写都是事实，对事件也没下主观定论。

我引用艾晓明教授的话作为结尾，原话是：“更多的团体、个人通过网络加入到社会事件的处理过程中，最终的决策将更加公正。”我的理解是，这句话的重点是“更多的人应该有机会参与处理社会事件”，更多的人参与

A04 重点

黄静案宣判

女教师裸死案被告“无罪”

历时3年多一审宣判，法院认定姜俊武“特殊性行为”不属强奸罪，判决书批评了检察院

两家人均不满判决

重点 A05

■ 对话

被告姜俊武讲述内心挣扎

我不后悔认识黄静

意味着公开、透明，从而才能公正，而网络提供了这种可能。没想到一些网站在转载时，把标题改做《网络推动黄静案公正解决》，这不是我的本意。虽然当时我为网络力量振奋，但也隐约感觉到，其中也包含一种简单、粗暴、武断的力量，这是我所警惕和反感的。

《网络世界里的女教师》刊发后，网络民意是否干扰了司法独立，网络在黄静案中起到的作用，就成了一个长期的，最具争议性话题。从这点来说，这篇报道成功地设置了议题。

二

虽然《南方都市报》对黄静案报道告一段落，但作为日报的记者，我们可以很方便地持续报道，从而保持公众对这一事件的关注度。例如黄静母亲在广州火车站被窃，行李里装有黄静案大量资料。一份周报、周刊是不可能报道这类“小事”的。

当黄静案发生一年后开庭时，日报的灵活机动性更显露无疑。

开庭是案件审理的重要法律程序，理论上，所有关于案件的重要证据都应该在法庭上出示，嫌疑人姜俊武将面对法官陈述当晚案发过程，公诉人和辩护律师还要展开辩论。这应该是报道的重要内容，但事前我们得知，这将是一次不公开审理，记者不能旁听。

当时《南方都市报》决定，如果有足够多的内容，就做一篇深度报道，如果内容有限，就按日常新闻处理。我提前两天到湖南，在开庭前一天采写了一条2000字的消息稿，预告了开庭消息，并介绍了黄静家属的诉讼要求。这条新闻成为最早报道黄静案开庭的消息。

开庭当天及第二天，我又采写了2条消息。通过3条消息，虽然我没有进入法庭，但通过双方律师及当事人，还是了解到了庭审情况及双方辩护的意见。

在采访开庭的几天里，全国有近20家媒体前去报道，纸媒中没有一家周报、周刊。可见，周报、周刊都意识到，在“抢”动态新闻上，是竞争不过日报的，只能等待机会，做出独树一帜的深度报道了。

周报、周刊以深度报道见长，以前网络不发达，一省发生的事往往不被其它省所知，这给周报、周刊提供了巨大空间。加之周报、周刊有时间和能力把一条新闻挖掘到一定深度，所以那时的周报、周刊总充满了好看的新闻。

但是随着越来越多的日报雄心勃勃地开设“深度”、“核心报道”、“调查”等栏目和网络的普及，周报、周刊的竞争对手越来越多。首先，要和日报的“深度”报道竞争，大家都做同样的事情，但日报没有发稿时间的约束。其次，要和网络竞争，一条重要新闻一上网，哪怕只是一条消息，周报、周刊也必须采访到更多内容，写出更好的文本。也许是以上原因，一些周报、周刊的新闻越来越“软”，偏向制造概念，而不是报道事实。

黄静案开庭时，关于网络的争论，表面上依旧是最激烈的争论之一。

姜俊武的辩护律师把姜称作“网络窦娥”，而黄静家属的律师则感谢网络在这个案件中发挥的巨大作用。双方立场不同，得出的结论截然相反，在争论的背后，言论自由与司法独立，媒体自由与司法独立的边界冲突，才是问题的实质所在。

如果我们享有充分的言论自由，媒体采写不受限制，司法可以独立调查、审判，那这些争论就很好解决。但现实是，这些“自由”与“独立”的边界其实并不清晰，由此又引发新的争论：舆论是否能影响案件审理；如果舆论能影响案件，那么是否还有其它力量也可以命令法官；既然司法不能独立，为什么不允许网络介入案件；网络介入是否使事情更加公正或相反……

但受现实制约，关于这些问题的思考又不能见诸于报端。

三

虽然开庭时，大家还对网络的作用争论不休，但我对黄静案的认识却发生了改变。

作为一个普通公民，我希望司法独立，除了证据和法官的良心，没有任何东西能影响审判，从这个意义上说，我不希望因为那100万条的网友留言而把姜俊武关进看守所。他的律师正是抓住这点，强调他是一个“网络窦娥”。

但我知道，独立办案原则大多数时候只停留在法条上，否则湘潭警方、检察院就不会因为领导的批示而立案、抓捕。他们指责媒体和网络制造舆论，却不检讨自己害怕权力。姜俊武的父亲在数十次信访中，得到的唯一一个明确的答复是一名公安局副局长给他的：“回家等，如果错了以后申请国家赔偿。"——尽管湘潭警方一开始就认为证据不足，不予立案。

事实上，关于黄静案的报道虽然引起巨大反响，但警方和检察院并不害怕舆论，他们面对舆论可以保持极强的"独立"，但相关领导批示后，他们很快就败下阵来，在案发 99 天后突然抓捕姜俊武，随后是超期羁押、诱供、超长时间的审判和宣判，对这些违反程序的行为，公安、检察院、法院没有对公众做任何解释。

公开指责司法不独立要承受很大风险。面对现实的困境，媒体做出了不同选择。

黄静案宣判后，有些媒体"独辟蹊径"，开始总结：警方和检察院开始不同意立案，后来迫于舆论压力才不得不抓捕，由此暗示，姜俊武受到的不公正对待，媒体和网络舆论应该负责。

也许它们没有勇气报道司法系统承受不了权力的重压才放弃独立，从而把矛头对准了不会带来风险的网络和同行。

在宣判前一个月，我与同事姜英爽做了一轮前期采访。在宣判前一天，我率先发了预告宣判的消息，宣判当天，又发了一条动态消息。宣判当天，我采写的深度——"两个家庭的伸冤路"和姜英爽采写的对话——"我不后悔认识黄静"与消息稿一同刊发，第二天被广泛转载。和庭审时的状态一样，周报、周刊又一次彻底放弃了对"最新消息"的争抢。

A05 A07

两个家庭的"申冤"路

被黄静案彻底改变的父亲母亲们

当有些媒体还在讨论网络是否影响案件公正处理，有些媒体只能重复拼凑、解读那些并不重要的细节时，经过三年的跟踪采访，我对黄静案的认识已经有了不少修正，彻底放弃了那些已不新鲜的命题，从另一角度观察并解读了黄静案。

《网络世界里的女教师裸死案》里，我为网络力量而振奋，后来我发现实际决定一个人命运的终极力量仍旧是高深莫测的“权力”，于是在《两个家庭的伸冤路》里，网络已经不再重要，重要的是通过黄静案，我实实在在看到法治和我们的距离：不管是黄静的妈妈，还是姜俊武的爸爸，都成为这种现实下的受害者——无论姜俊武是否清白无辜。

《两个家庭的伸冤路》发表后的一周，我又有机会再次重申我的立场。摄影记者方谦华发一组黄静案目击照片，需要我写一篇千字配文。我在这篇记者手记里写到：“尽管法官把自由和清白还给了姜俊武，但仍然没有把真相呈现给公众。”

我不再关心网络介入案件的程度，我关心的是“为什么五份尸体鉴定结论竟然相互矛盾？为什么在案件没有调查清楚前就威胁火化尸体？为什么至今没有公布黄静死亡时的照片？为什么不公开办案过程？为什么法院从审理到判决拖了那么久时间？为什么在中央领导批示后立即立案，是发现了新证据，还是仅仅因为惧于压力应付权力？姜俊武是否被诱供？尸体为何只保存了半年就高度腐败？‘特殊性行为’这个不规范的用语是怎么发明出来并写进死亡鉴定书的？在没有新证据的情况下，检察院为何擅自修改了公安部门提交的起诉书内容？最高人民法院是否参与了判决书的拟订，这样做是否剥夺了双方当事人上诉的权力？……”

当有些人在夸夸其谈舆论干扰司法独立这个伪命题时，我的怒火和力量却指向了深藏不露、无处不在、为所欲为的权力机关：“这些问题没有回答清楚前，对黄静案的判决就绝不是结束，而是一个新的开始——要求司法程序公开透明的开始。”

我从关注网络力量这个新热点，回到了质问权力机关暗箱操作的老路上。

（作者为南方都市报深度记者）

都市报深度报道天地广阔

——我写重庆最牛钉子户报道的两点体会

□袁小兵

日报带来的无上优势

2月初，国内一些论坛上开始流传重庆杨家坪“史上最牛钉子户”孤悬空地的照片，就像著名的重庆“彭水诗案”一样，对这种后来让广大媒体趋之若鹜的题材，一开始却没有引起媒体从业者的过于注目。实际上，我的“网眼”栏目同事早已监测到这个消息，但直到3月8日才在南方都市报见报。这也是传统媒体首次对钉子户进行报道，进而掀起了钉子户事件的第一波热浪。从一开始，南都就走在同行最前列。

这第一波浪潮仍然有限，当3月中旬我受命来到重庆，只有央视、南都、南都周刊和本地几家媒体介入此事，当地九龙坡区法院也忽略了这个事件的爆炸性意义。3月19日下午，当庭裁定吴苹必须于3月22日前自行搬迁。这个被很多记者评论为“愚蠢”的裁定，直接引爆了长期积压在公众心头对强拆的不满。中央驻渝各大媒体紧密跟进，与南都一起掀起了舆情第二波热浪。

网络上已经是铺天盖地的转载和议论，成为当时第一热点，而3月21日下午，杨武潜入孤楼，挥动鲜红国旗宣告誓死捍卫私有财产，再促事件进入白热化，第三波热浪兴起。从网络与媒体反应看，公众一边倒地支持钉子户，这个时候，法院会进行强拆吗？我的后方，网眼版编辑王星在手舞足蹈，更多的媒体则星夜兼程，从美国，从欧洲，从澳洲，也从一向让人感觉僻远的贵州（如贵州政协报）赶了过来。

作为传统媒体对钉子户事件的最先报道者，南都一直没有放弃对这个优势的把握，在一波又一波的舆情热浪兴起时，南都不仅是其中的跟进者，更是引领者，所有关键的现场，比如法庭、工地，第一时间里我都在那里，杨武爬上孤楼后，我还是唯一一个进入楼内，零距离与之接触的记者。

3月22日，自行搬迁的最后期限，孤楼命运牵起众人视线，一些论坛上快速刷新着网友在现场发布的最新消息，这应该是最紧张的时刻。第二天，南都推出深度报道《最牛钉子户是怎样炼成的》(下简称《最》)，给读者及时解渴。这是众传媒中对钉子户事件的第一篇深度报道。

这个报道鲜明体现了作为日报的深度报道的特点。由于截稿时间的优势，我们的报道的开头和结尾都讲述了当天的现场，这其实就是最新情况，结尾处我还这样写道："时间指向3月23日零时，强拆的时效开始启动，可是法院的人依然没有出现……"。而"贪心"的编辑还特意在当天深度栏目之前的"重点"栏目，授意我写了一篇千字现场消息，与深度报道形成对照。

同天，南都周刊也刊发深度报道。此后，南方周末、新京报、中国新闻周刊、凤凰周刊、三联生活周刊相继推出深度报道。直到4月2日钉子户事件和平收场，南都都在不断报道最新消息。

作为日报，南都深度报道不

"最牛钉子户"是怎 样炼成的

网上惊现
"史上最牛钉子户"

此前最牛的
"钉子户"

公交MM或成
扬州形象大使

重点 A05

最牛钉子户挺过"大限"

昨晚12时户主在屋中坚持，市民网友记者近千人聚集，截稿时强拆没有发生

A32 网眼

「最牛钉子户」拔了

协议达成，杨武撤出，昨晚10点37分，"钉子"被彻底拔出

是独立于日常消息的，而是与之一起构成完整的报道形态。我们深度报道记者，在到达新闻现场之后，不仅要想着怎样从深度角度去挖掘，还要担当起往后方传递最新消息的任务，这既是新闻竞争加剧的必然，也是尽快满足读者知情权的需要。

深度报道本是周报、周刊的拳头产品，但近几年，一些市场化日报也在进入这个领域，并有与周报、周刊一比高下的气势。这其中，日报有它不可比拟的优势，即它是一份日报，深度报道的出街完全不受出版时间的限制，甚至可以选择最关键、最热的时点，比如《最》文见报时正逢事件进入最关键、最热阶段（当然这也有运气成分在内）。而且，在深度报道推出之前、之后，记者还可以消息形态进行完整讲述，或以评论辅之。在《最》文之前和当天，南都评论栏目不惜版面，连推2篇社论，更有同一天刊发4篇评论的惊人之举。

我特意统计了一下，从3月19日法院裁定到4月3日召开最后一次新闻发布会，我一共发表消息10篇，深度报道1篇，图片若干。从综合效果看，南都无疑是同行中报道最及时、最深入、最完整的媒体，而这显然是它作为一份日报带来的无上优势。

超越庸常，理念取胜

在很多人眼里，日报的深度报道往往比周报、周刊显得浅显和浮躁，认为这是激烈竞争形态下，日报过于追求时效性带来的必然不足，事实上，南都深度组也一直存在着速度与深度的两难命题。但我以为，追求深度并不一定就牺牲速度，而超越庸常的理念和出众的叙述技巧更能在同题报道中脱颖而出。

新闻要求记者保持中立、客观冷静，可其实谁都知道，记者的偏向性无可避免也无可非议，这一点在深度报道中尤其明显。从南都多篇评论来看，南都对钉子户的态度可谓旗帜鲜明，社论《钉子户，挺住！》更是大张旗鼓地表态支持。这在同行中很是特别。

现实中的吴苹其实并不讨人喜欢。可能很多记者和我一样，在接触双方以后，声援吴苹对质开发商的固有想法很快会动摇，因为那开发商温文尔雅、有理有据，在钉子户面前似乎忍气吞声；而吴苹随着媒体蜂拥而至，把她塑造成一个英雄形象之后，她似乎也愿意这么看待自己，随之抬高身份，显得和普通人很不一样。她态度倨傲，接受采访时总是抛出一堆杂碎的理由，可能因为要接受记者采访太频繁，她的讲述有些杂乱，东一榔头西一棒子，让记者们云里雾里，甚至让人怀疑她讲的是否真实。

社论

钉子户，挺住！

"史上最牛钉子户"的战斗，在昨天凌晨时分达到高潮。与来自全国各地的记者一起，与热烈跟帖的上万网民一起、与密切关注的无数民众一起，重庆市民杨武、吴苹夫妇挺过了法院要求"自行拆迁"的限期，那栋已经被视为私人物权纪念碑的小楼依然屹立在工地大坑之中，等待着尚且未知的命运。依据重庆九龙坡区法院的裁定，法院将强制执行拆除该房屋。

中国网民已经很久没有这样亢奋了。网友自发在论坛上做现场直播；跟帖涨至蛯礼；那张国旗挥舞的图片随处可见；有人写文言，有人自制示意图，有人转国外案例，有人条分缕析说道理——更多的人很简单，只是顶！钉子户，你不是一个人在战斗，网民支持你——网络难得没有争论，异口同声，群情高涨，众志成城。

各大媒体齐聚重庆，职业的敏感告诉他们，这是最好的新闻。这对极具个性的夫妇，是在为他们自己争取权益，也是为中国所有的物权人争取权益，更是在为刚刚通过的《物权法》争取尊严；这桩小楼的结局，将被公众当作符号来体会，将被历史当作标本来解读。新闻是历史的初稿，即使史上最牛钉子户不能改写中国物权改革进程，也必将作为最具说服力的案例被写进历史：中国此时的物权状况，民众的维权意识，都在这个故事里。

《物权法》审了8次，自起草起经历了13年，媒体把种种历史性的宏大话语都反复用过了几遍，最后在毫无悬念的情况下，迎来了一部"原则性"的法案。《物权法》满足了社会发展的现实要求，但媒体显然更加看中它的符号性意义。毕竟这一步已经迈出去，而且似乎这一步迈得越是大张旗鼓、郑重其事，未来就越是一往无前、义无反顾。

这大张旗鼓、郑重其事的气氛，带给民众的就是一种理直气壮、天经地义的情绪：我的财产就是我的，我对它的权利是受法律保护的，任凭你是政府还是开发商，是国王还是法院，都不能随便拿走，随便侵犯。这种激昂的、类似自卫的、略带英雄主义的情绪，在杨武、吴苹夫妇身上有，在众多跟帖网民的发言中有，在媒体亢奋的热情中也有。这一次，情绪和理性是统一的，它不仅合理、合法，而且指向未来，大势所趋。在一个舆论与政策合理互动的社会里，这情绪足以改变它所指向的规章和制度。

"史上最牛钉子户"与《物权法》的巧合让人激动，让人有试水的冲动：保护私有财产，到底只是说说看，还是真要做起来？虽然《物权法》要到10月才开始施行，虽然在事件之初人们并不清楚杨武、吴苹夫妇的要求是否合理，虽然这栋小楼的拆迁并不能检验《物权法》的承诺，但是人们还是很激动，媒体很激动，没有比这更好的案例了。

媒体想说的话很多：中国现行的拆迁条例对被拆迁人不利；《物权法》的颁布不会直接改变现实；公民要懂得用法律保护自己；权利要自己去争取；最牛钉子户就是网民的榜样。和以往一样，媒体力图借题发挥，开启民智。现在至少这个目的已经达到了：更多的人都明白了私有财产的正当性、正义性和神圣性；更多的人知道了英国的老妇、德国的磨房——人们已经开始提议，要把这栋房子永久地保存起来，作为中国的物权法纪念碑。

重庆市杨家坪鹤兴路17号的命运，至今还很难看清楚。它今天不被拆掉，也许明天就被拆掉了，或者后天——其实这和昨天凌晨拆掉没有分别；或许开发商与房管局迫于压力会重新考虑业主的要求，或许双方会达成协议——那么这个个案是胜利了，但是私人物权的现实还在等待改进。不论这个故事的结局如何，一切都才刚刚开始。但是一切已经开始。这个红旗招展的浪漫开头给了我们足够的信心和斗志，一往无前，义无反顾，我们能够猜到那个结局。

我个人感觉，吴苹确实与常人思维方式不一样，她应该是为了抬高谈判筹码而以种种理由故意刁难开发商，她刻意保持距离、容易发怒、对问题扩大化、盛气凌人、死缠烂打的性格实在不讨人喜欢。在与开发商面对面的一间咖啡屋里，对方显得很苦恼，反问我："你觉得吴苹怎么样？"我直言："如果论做朋友，我更喜欢和你们打交道，但这不影响我做这个报道的基本立场。"

我认为，作为一名独立记者，应对当前话语有较清晰的把握。目前中国拆迁制度明显不利于拆迁户，谈判中，拆迁户几乎没有博弈的能力，而随着城市化进程和人权意识的普及，拆迁矛盾将愈演愈烈。虽有物权法颁布，而公共利益未能界定清晰，其涵义更可能被地方官员独家操控，在这个大背景下，一名拆迁户的揭竿而起难能可贵，实应给予正面积极评价。而这个人的行事风格、讨不讨人喜欢，乃至品质道德，都不是影响这个评价的因素。作为职业记者，更应超越这些因素。

事实上，根据多年职业经历，似乎凡能与强权对抗、成就一番大事的底层百姓，多为性格偏执者，按常人理解，其性格有明显弱点，道德品质、为人做派上也多有瑕疵，而正是这些，支撑着他们超越庸常，一跃而成为与落后、反动制度的对抗者。所以不难理解，对吴苹，为何媒体受众热血沸腾高呼其为英雄，而了解其为人者则多有心平气和，冷观其变。就连我，在采访中也常为庸常所扰，而对外界一边倒的高亢热情颇有些吃惊。可能我还没修炼到家，是个庸人吧。

很感谢南方都市报这个平台，并深以自己在这里为荣，我们在坚持客观报道的基础上，摒弃事件中的细枝末节和个人恩怨，在更高层面上对事件有了清晰把握，对基本理念有了应有阐述，虽招致一些非议，但不后悔。

为说明之，我想借用我的报道的结尾一段话："夜色吞没了这座孤岛和守卫在里面的杨武，而它周围的海洋不再局限于那个深坑，开始延伸，延伸至整个城市，延伸至整个国家。"我想，在众多风格不一的报道里，南都做到了自我，做出了一份有责任日报的应有之义。

（作者为南方都市报深度记者）

财经事件后续报道的介入视角

——21世纪经济报道“吴英案”采访分解

□郑小伶

任何一个新闻产品，经过众多媒体报道，在公众看来已经到了非常详尽的地步时，其实还是有很多真相是没有被发掘出来的，或者说还有更接近真相的东西没有被呈现出来。公众对媒体的需求，或者说媒体存在的价值，就是尽力去发现这些可能的真相。

《21世纪经济报道》对吴英案报道的介入主要集中在今年3月份，当时我和金融版的另外两位女记者李伊琳和王芳艳，组成了临时的报道组，在案发地东阳、义乌呆了一个多星期。这个案件的报道此时已经非常详尽，很多媒体已经不把它作为一个很重要的选题来做。此前，李伊琳到东阳去过两趟，告诉我们吴英案其实还有很多内容没有被媒体所揭示，我们觉得有必要再下去一次。就有了3月17日到25日那几天集中的一组报道。

关于吴英案的8篇报道

《吴英案升级，被正式批捕》是这一组稿件的第一篇单独报道，登在了《21世纪经济报道》头版。因为之前吴英是刑拘，现在满37天了，是最后截止日期，现在被正式批捕了。这条新闻算是我们抢的首发。同一天只有中新社的通稿。这篇报道是在东阳发出的，据我们所知，当时只有我们一家媒体在现场。

之后的6篇报道，是17日《吴英案升级》做完后，集中用了两个整版来做的。与从去年12月份开始的一组吴英案报道相比，这6篇文章是视点上的转移。《东阳市政府人士首度披露整治行动》是第一篇明确使用政府的声音和口径对这一新闻事件所作的解读，可以看作是政府对新闻事件扩大化后的公共事件所做的表态。与之前媒体关于这个案子就东阳市政府的一些零星信息的报道相比，我们正式采访到了东阳市一位政府官员（副市长级别），谈了近三个小时。为什么要有这篇报道呢？因为已经有公众开始质疑吴英案是否有政治上的意味，觉得不是简单的个案，而可能会涉及到所谓“政治上的博弈”，这样的猜测在当时已非常多。所以，我们去东阳之前就确定了要找一个官方声音来尽可能完整解读事件，也即是这篇报道的缘起。

《还原吴英被绑架的那八天》这篇报道源于我们采访中意外发现的一个结点。此前很多媒体的报道中都提到过吴英被绑架的8天。但这些报道鲜有细节的描述。只是给公众造成一种印象，吴英被绑架了，然后在一些空白纸上被逼迫签了名、盖了章。但是事件最后发展的结果却是吴英被刑拘了，这不是很奇怪的事情吗？记者的天性里，最重要的就是质疑的精神。为什么一开始没有人质疑过吴英被绑架事件的真实性呢？之前的报道，消息来源都是吴英本人和家属的陈述，均语焉不详。这个绑架事件，为什么吴英既要说出来，又不敢太公之于众？表面看很可能是因为其中牵涉到一些债权债务不合法的内容。进一步，我们就要质疑为什么吴英没有报案，或者据一些媒体和

14

还原吴英被“绑架”的那八天

“绑架”事件是确有其事，还是吴英本人杜撰出来的故事？仍有待于公安部门的进一步结论。

她的律师所说的，报案了但法院没有受理？这个质疑是很关键的。很多媒体关注了新闻的几个“W”里面最后一个“Why”，就是为什么被绑架，反而不关心绑架本身的时间、地点、人物，这几个前面的“W”。这是很遗憾的失误。我们职业新闻人员会有习惯思维，一上来就要把这个事件的意义找出来，而不是关心这个事件的本源，这是一种舍本逐末的做法。

所以，我们当时的报道，必须尽可能还原这个事件的本身，就是她被绑架这个事情的真实性。被绑架的那8天究竟发生了什么事情？结果循着这个目标去找，我们发现了三个不同寻常的诉讼（此前有媒体几笔提及）。《南方周末》报道过，吴英在被绑架期间填了很多空白的合同、委托书。而我们依此找到了吴英被绑架期间提起诉讼的三份民事裁定书、调解书。这些诉讼案中有什么简单的逻辑呢？被绑架期间签下的那些委托书，其实是为了这三起民事诉讼做准备的。我们围绕这三起诉讼做了几天的核实，为这篇报道的出炉，提供了翔实的准备。

这件事提醒我们，当一些新闻点已经得到很多关注的时候，仍然可能有一些细枝末节隐藏得非常深。作为一个记者，你首先又是一个常规人，就一定要按常规人的思维去质疑一些东西。

之前网络对吴英都冠之以“东阳首富”、“富姐”的称号，相信读过这些报道的人一定印象深刻。媒体之前都在追踪吴英的财富来源，而现在已经到了新闻的中段，当事人都已经被抓了，如果还去追踪“第一桶金”，是很难有新的突破的，所以我们放弃了这条路。媒体已经讲过一系列的吴英财富积累故事，但很少有媒体去认真核实。这反映了当下中国大部分媒体的一种心态。比如说吴英炒期货赚钱，没有一家去核实炒期货的交易清单；说吴英有多少珠宝，有些借款是以珠宝作抵押的，有媒体仅提到估值是不是过大，但没有人去找那些鉴定书，或是按鉴定书提供的机构去查询其真伪。

我们在对吴英家人的几天采访中，发现吴英所有的融资活动与投资活动都集中于2006年，这就特别奇怪，很不可思议。因为大量的买进房产、买进企业、并购酒店，做重大的商业活动，必然会涉及到一个资金的链条。链条的两端，一个是资金的供给方义乌，一个是资金的需求方东阳。简单地说，吴英是在义乌找钱，然后到东阳买资产，这样的用意是什么呢？

《穿行于义乌与东阳之间：吴英的2006》就是按照这个逻辑写下去的，没有去追查她的财富传说，因为在无证可查的背景下，你只能相信各种传言。

而作为一个严谨的媒体，把传言再说一遍，哪怕是用文学性的语言说得好看一点，都没有任何意义。所以，我们就干脆把她财富来源这头放下来，集中写她的商业活动。

吴英案件引起公众的兴趣，很大程度上是因为大家难以想像，一个26岁的女人，中专毕业，有什么样的才能可以运作这么多资金？所以，在吴英已经被抓后，我们想要找到活跃在吴英周围的人，或者说吴英的“高参”，就写了《吴英与她的影子幕僚》、《徐大姐：“我不是资金掮客”》两篇。再之后，就引出了《本报记者亲历东阳寄售行》这篇报道。因为寄售行不是金融机构，跟典当行、担保公司也不太一样，并且在金华、东阳、义乌一带极其活跃，它实际上是一个起融资作用的资金小批发中心。我们此前对担保行、典当行报道非常多，对寄售行这个所谓比较新的融资实体写得非常少，所以这一篇报道的出炉也是很有必要的。

以上6篇就是我们两个整版的一组文章。而之后，我们觉得还有一些关键问题没有被找到，于是就有了《吴英不过是小虾米　义乌放贷五巨头成惊弓之鸟》(此稿新浪标题为《吴英案引出高利贷路线图：公职人员牵涉其中》)这篇报道。我们把焦点从东阳转移到了义乌。后期采访我们遇到一个线人，他正被放高利贷的追偿债务，到处躲债。他给我看了他手机中几十条催债的短信。他报料的目的是什么？他希望义乌市有一场整治运动，把高利贷者抓几个进去，(被)追债就不会这么苦，他至少能够有三四个月喘息的时间。他现在跟债权人怎样周旋呢？每个月从银行帐户还利息，但是一旦还不起了，他就认定前面

13　21世纪经济报道

金融 Finance

“吴英不过是小虾米”
义乌放贷五巨头成惊弓之鸟

深商行20名空降高管名单解密

已还的钱可充当本金，不充当利息，因为他知道高息是不受法律支持的。这是一种博弈，是我们仅凭教科书找不到的逻辑，而个案其实千差万别。

这篇文章发出后，在当地引起相当大的反弹，之前义乌留给外界的印象就是小商品市场集散地，但是义乌当地的资金运作情况并不为外人所知。这篇稿子是第一次尽可能清晰地报道了一个全貌，也算是系列报道暂时告一段落。之后《21世纪经济报道》另一位记者再赴东阳与义乌，写了《137人：吴英手中的“黑名单”》这篇文章。

以上就是《21世纪经济报道》在近期比较集中、我们自己也认为尽量接近真相的对吴英案的一组采访。至于后续，估计到正式开庭的时候，会掀起新一轮的媒体热点。

“热点”正在酝酿

吴英案继续做新闻的话，我们觉得主要焦点是庭辩。

吴英本人是以“非法吸收公共存款罪”被批捕的。我们当下比较困惑的地方，有可能就是以后在法庭上辩论的焦点：非法吸收公众存款这个罪名，适用到吴英个案本身，或者适用到义乌和东阳这个经济区域，有没有辩诉的余地，这个余地有多大，甚至会不会引发一轮法律上的讨论，不确定性还很多。

非法吸收公众存款罪涉及到的条款，本身制定时就引起过很多的讨论。现在这个条款是否时过境迁，是否不再适合了？并且，民间融资的现实问题又怎么解决呢？如果吴英案例，能够把焦点转移到目前法制层面问题上，可

2

137人：吴英手中的“黑名单”

能会特别有意思。像温州、义乌和东阳这些地方，地下金融特别活跃，但是一直没有一个案子将它集中反应出来。这次媒体关注的，局限于吴英案本身，有的已经延伸到一个更深的视角，比如义乌、东阳的金融生态问题，相关的法律规定等，但较为表层。《21世纪经济报道》系列报道，除了有新闻事实的突破，还有从价值链条上也有了一个暂时优于其他媒体的延伸。

因为中国不是判例法，像几年前孙大午案对吴英案就不能直接援引。非法吸收公众存款这个法律本身有没有修改的必要，司法解释需不需要更详尽，可能会引起很多的争议。不光是吴英案，现在股市上比较热的私募基金，很多模糊地带也可以用非法吸收公众存款来界定。我们向有些律师询问过，这个案子辩诉焦点，是不是简单的商业借贷关系，可不可以做无罪辩护，到时候司法讨论将会非常热烈。

并且，采访时我们发现，义乌人和东阳人的生意圈信奉当地的“生存哲学”，他们为了避开法条的限制，担心以后引起司法诉讼，在写借贷条时，都是不把利率写清楚的，他们有各种各样的计算利息的方式及还款约定，非常复杂。

吴英案的关键词可能是“非法吸收公众存款”的法条，有“吸收对象的不特定性”这一条。吴英借贷的对象是不是社会上不特定对象，之间是不是普通的商业借贷关系，还存在有争议。我们也讨论过非法吸收公众存款和集资诈骗的区别。因为吴英当时的投资活动，声势很大，又是捐钱，又是买地皮，虽然她的一些投资确实升值，但是升值的速度是远远比不上高利贷利息的，那么是她投资失误呢，还是吴英当时吸收存款的时候，本身就没有想到要还，可定义为“诈骗”呢？其间的区别，可能是非法吸收公众存款是受客观条件的限制无法偿还债权人债务，集资诈骗完全是主观故意的，就是假借投资之名吸收存款，根本没想过偿还。

开庭时，“特定对象”、“主观”和“客观”，还有利率的界定、承诺，都会是关键点。并且，像吴英案，是否属于数额巨大、情节特别严重的那一类？如何量刑可能也会作为一个争执的焦点。下一轮新闻密集报道热点会在这上面，这也是很惯常的新闻逻辑。那么有没有可能节外生枝，爆发一些新的热点呢？比如有没有涉及司法渎职，或者是公职人员涉案？这需要记者再去挖掘，需要有新的想象力、新的视角。

此外，我们在整个报道的过程中，发现搁下吴英个案不表的话，当地的信贷关系，很少依附于银行，而民间融资特别活跃且高效。这样的经济模式是不是值得探讨，是不是一种创新或是监管的“飞地”？这或许也是很好的选题点。如果有媒体将浙江民间金融和民间商业的这种模式实地采访清晰，又会出一组非常漂亮的报道。

反省新闻生态

吴英案的新闻延伸经历了几个阶段。最初是吴英的财富本身，比较吸引眼球的是这个26岁的女人的财富个案，有社会新闻的元素；接下来就是司法问题，有两个层面，一是这个案件本身应如何定论，二是其中涉及到的一些司法条目是不是有探讨和修改的余地；之后，吴英案是否有公职人员、司法人员涉及其中，是否存在渎职、腐败行为，目前不清楚，但可能成为后续的新闻。

因此，一个好的记者，从一篇常规的新闻报道里头应该学会去做多角度的延伸。实际上在延伸的过程中，你会不断发现很多地方，与你服务的媒体和你的专业知识结合起来，就是很好的价值体现。

在做完这组报道之后，就媒体从业人员来讲，还应该反省到当前的新闻生态问题。纸媒也好，网络也好，对案件的关注，是不是存在过度乃至扭曲的地方，对当事人及家属的权利是不是充分地尊重，都很值得探讨。

比如《吴英案升级，被正式批捕》，这篇文章被新浪转载时，标题成了《浙江女富豪吴英被捕，其丈夫同日被捕》。标题后半截“其丈夫同日被捕”是根据21世纪经济报道报道“当天下午吴英丈夫周洪波接到了逮捕通知书，并前去东阳市公安局签字”（周作为家属前去签字）断章取义而来的。其后，有20多家网站转载了这条新闻，并原封不动用了新浪的标题，有一家省级电视台还以此发了电视新闻。这对吴英的家人伤害很大；而对于报社而言，吴英的家属、代理律师，均认为问题肇始于21世纪经济报道，对21世纪经济报道名誉也是一种损毁。

网络造成的讹传，是不能轻视的。一个普通的网络消费者可能会去信赖它，但是一个职业记者必须要保持警惕。有年轻记者，会习惯性地根据网络上已经传达的信息去做采访，把新闻变成了对网络传闻的核实。而职业记者，应该丢开网络上的那些流言蜚语，还原作为一个人的好奇心。没有好奇心，只有网络的眼睛，难以成为优秀记者。这也是南方报业记者常说的一句话："记者的时间大部分是在路上，而不是在网上。"

21世纪经济报道的另一篇报道引发的一些法律纠纷，也是值得讨论的。21世纪经济报道记者写的《137人：吴英手中的"黑名单"》这篇稿子刊发以后，义乌市政府、市委宣传部向本报表达了强烈的"不同意见"。该文提到可能涉案的能达利集团老板陈溪见，向报社发了律师函。从新闻事实方面，这篇报道没有明显问题。但是，该文也有不够细腻的地方。第一，"137人的名单"是经过反复确认的，是站得住脚的，但报道中提到"局长级以上的官员年收入在10万元左右"，而义乌是一个县级市，只有常委的级别才是局级干部。因此义乌有关领导认为报道影射常委、书记、市长级别的干部涉案。后来与他们沟通时解释，"局长级"与"局级"并不是一个意思；第二，是对"官员"涉案的措辞，此前我们的报道援引的均为"公职人员"涉案，而不是"官员"涉案，可能这是一种"防卫过当"的报道语言，但值得坚守；第三，报道中提到了"能达利集团的老板陈溪见"，如果改为"浙江某纺织集团老板陈某某"，可避免法律纠纷。当然匿名对新闻作品本身会有一些损害。

21世纪经济报道

善用金融 进步有道

"黑色"308亿详解：

住房公积金违规200亿以上

吴英案升级：被正式批捕

电子民主课

权力归民 共享发展

"新浪标题事件"出来之后，吴英家属不愿意给我们提供信息了，把沟通的门给关上了。写《徐大姐："我不是资金掮客"》时，徐玉兰已被刑拘，她丈夫处于半逃跑的状态，离开东阳，去了新疆，信息的来源就主要是徐玉兰丈夫。过程中的沟通非常困难，完全不信任。起初，她丈夫提供的很多信息其实是无用的，诸如夫妻的感情、宗教信仰什么的。记者要把所谓“架子”放下，从一个朋友或同事的心态出发，尽量用平和的语气跟他沟通，要对被访者有心理上的按摩，这是一种必需。这种新闻，牵涉到的当事人，在当时心理肯定是孤独的，要像朋友一样尽量给他一些帮助。又比如，当事人的律师不肯见记者，怎么办？我们此次报道同样遇到了这个问题，而且没有大的突破。在采访后期，律师已经不允许当事人与我们接触了。我们有过提议，可不可以邀请其他律师事务所，还有银监会法规处人士，在不涉及案件本身的前提下做一些关于非法吸收公众存款、民间融资、私募基金的探讨。当事人的律师有所松动，但之后的进展情况，还是未知数。这个例子，只是寻求突围的一种常规方式。

为什么要强调当事人律师的重要性呢？在压力之下，当事人很可能会逻辑混乱，不知所云。所以对当事人访谈后，一定要找律师核实，才可能尽量核实事实及逻辑梳理。如果记者能拿到诉讼的起诉书、答辩状、判决书等，那就是交上好运了。

回到刚才提到的新闻生态的问题，就是记者有没有义务减少对当事人和家属的伤害？采访的过程中，我们通常都会有一个承诺，就是说稿子会给当事人及家属看，会尊重他们的修改意见，但是这种承诺在某个程度会违反我们的新闻原则，可能会带来非常大的后患。以吴英案为例，我们其实是打了个擦边球，留给吴英家属的修改时间很短，也就是我们想用时差的办法解决问题的。这有点像是在推诿责任，但是作为一个记者，这种良心上的拷问和职业的悖论是没有办法回避的。尤其是有了相当的从业经验，或者是人生阅历以后，这种痛苦会加深，因为没有万全的解决之道。所以，要从事记者职业的话，一定要有这种心理准备，要有心理承受能力。怎样在保护当事人的时候，又不违反职业道德和职业水准，大家三思。

这种学习和讨论、选题会、阶段性总结，在我们内部也经常会有。我们发现财经媒体的采访路径也有依赖性，做上一段时间后，都会有一定程度的疲劳与焦虑。但是，我们仍然可以从中学习到很多东西。

（作者为21世纪经济报道编委，此文是2007年4月5日作者在北京大学经济研究中心“21世纪财经新闻奖学金班”讲课的部分内容）

接近、展开、诠释：向“深度快感”一路小跑

□谭昊　张凡

深度是要给人带来快感的，这是对深度最“肤浅”的定义。

于读者而言，要感受了解真相的快感，获得价值的快感；于作者而言，在接近、展开和诠释的过程，将获得一种抽丝剥茧、庖丁解牛般的快感。

当然，快感只是一种直观描述，是无法对深度报道进行定义的。回归到新闻的本意上，对于“深度”二字可作何理解呢？

第一层意义上，是“深度接近”。接近新闻事件的真相——为了达到这个目的，就需要接近人和接近物。

接近和采访新闻事件的当事人（很多时候包括双方甚至是多方的当事人），接近和取得具有说服力的新闻证据（很多时候表现为商业合同、工商资料、财务报表等等）。

第二层意义上，是“深度展开”。接近新闻事件的真相，这是第一步。完成这一步之后，就会面临一个展开的问题。

也许此刻你手里拿着几百页的合同和财务资料，也许你录音笔里的采访录音长达十几个小时，也许事件牵涉到三方四方五方。

这个时候，出现在记者和编辑眼前的新闻事件就不再是一个点，而是成了一个链条。光把其中的一个点说清楚是非常困难的，因为离开了链条的上下游就很难表述。

此刻，需要沿着一个逻辑链条，将调查逐步展开。这种链接可能是时间链条，可能是产业链的上下游链条，也可能是人物的复杂关系中理出的链条，等等。

第三层意义上，有时候还需要深度诠释。这一般应用于解释性报道中。

尽管调查性报道是深度报道的典型，但深度报道的范围并不仅仅只包括

调查性报道，事实上，在我们的操作经验中，深度、权威的解释性报道也能给读者带来非常深度的价值。

这一点尤其体现在经济新闻中，一个权威政策的出台，本身就可以理解为一个重大的经济新闻事件，围绕政策出台的背景和决策过程，围绕政策可能对各个行业产生的影响等等，都可以进行深度诠释。

对于一个持续的经济现象，例如中国股市的持续走牛，还有必要进行深度议程设置，以形成连续和放大效应。

而贯穿这三个层面的，则是深度报道的根本使命——为社会，为读者带来"深度价值"。

其一、真相就是最大的价值。让新闻的归新闻、评论的归评论。既然是深度报道而不是深度评论，那么显然，主体应该是以还原事实为主体的。如果记者在调查的过程中觉得有感而发，可以另外配记者手记等评论性文章，而不要把记者个人的感受和议论与新闻事实揉合在一起。

其二、在还原真相的同时，依然可以体现出报纸的价值观，事实上，这是一个前置性命题。因为早在你决定挑选什么样的新闻事件来进行深度报道之时，价值观就已经介入了。

就《21世纪经济报道》(下面简称《21世纪)而言,自2001年与中国"入世"同年创刊之时开始，就一直以全球化时代的市场经济理念来影响、推动中国的商业决策层。市场经济所衍生的意识形态——民主、科学、法治、开放、理性的精神，是她潜移默化，润物无声地传播给读者的东西。

我们深信，这些理念反映了人类的普世价值和社会进步的方向，因而也是我们所坚守的新闻价值观。这一办报灵魂贯穿在《21世纪》头版以及其他版块所组织的许多深度报道当中，使得这些报道得以在高烈度的同题新闻竞争中独树一帜，脱颖而出。

深度接近：寻找医改政策的思想灯塔

深度报道的策划和组织者，胸中必要有一幅动态的时代全景图，根据这幅图来准确判明时局的焦点所在、主要矛盾所在，从而选定深度报道的重点选题领域，对这些领域进行集中研究和选题发掘，这样才能制作出反映时代主流和本质的有份量的深度报道。这就像先要测定油田的方位、范围，在这个范围内打井，才能打出高产油井一样。

“寻找公共政策的思想灯塔”，这是《21 世纪》头版编辑部近年锁定的一个深度报道的重点选题领域，这体现了编辑部对当前国内主要矛盾的判断，以及由此衍生的新闻价值观判断。我们认为，经历了近 30 年改革开放之后的中国，商品短缺已成历史，而公共品短缺则上升为社会的主要矛盾。以国家新领导层颁布“和谐社会”执政纲领为标志，中国政府正在经历从“逐利政府”到“服务政府”的艰难转型。良好的公共品供给体系是市场经济社会的基石，关系到一切投资、创业和商业经营活动的制度环境，作为一家面向商业决策层的财经媒体，《21 世纪》有责任为读者守望大转折时代外部商业环境的变迁，促动公共政策和制度环境的改良。

星期五 1元
2007
21世纪经济报道
困您而变 成就梦想
风口浪尖 高强详解医改之争
今年广东财政170亿投向民生
中国第一只“垃圾债券”兑付始末
3月7日，福禧债全额兑付
政协新步伐
加大转移支付 促进公共服务

于是，在这块圈定的“油田”上，自去年底以来，《21 世纪》头版陆续组织了医改、房改、社保基金审计、药监风暴、高校债务等一系列涉及公共政策制订和变革的深度报道，打了一批“高产油井”。这其中做得较为持续、连贯的是从 2006 年 10 月以来关于医疗改革的系列报道。

医疗改革是当今国内舆情的焦点之一，它集中反映了困扰转型期中国的一些敏感而深层的矛盾，因此而成为 2006 年下半年以来头版编辑部重点关注和研究的课题之一。在研究的基础上，我们把对医改问题本质的各种思考带进对深度报道的谋划中，让报道顺着这些关键问题展开，在事态发展的四个节点上，先后掀起了四波报道高潮。

第一个节点是在 2006 年 9 月。自 2005 年 7 月份国务院发展研究中心得出中国医改“基本不成功”的结论后，卫生部主导起草的医改新方案就成为各方关注的焦点。但在持续升温的舆论漩涡中，这份新方案却迟迟没有露面。2006 年 9 月，头版编辑从记者反馈中得知医改新方案草稿已大体成型，而卫生部也很想“抛出一些想法”以试探各界反应时，便决心抓住时机，将第一个挖掘点选在探听医改新方案核心内容和决策思路上。

北京驻站记者王世玲不负期望，采访了一位参与医改方案起草，同时又是医改协调小组成员的卫生部专家，披露了新方案借鉴英、美、德三国模式构建三大层次医疗体系的总体构想和思路，以及相关部委对新方案的质疑和争议，于 9 月 23 日在头版推出《卫生部医改小组成员详解医改新方案　小病免费治大病靠保险》一文。这篇率先披露医改新方案详细内容的独家报道，使得《21 世纪》在同题新闻竞争中抢占了制高点。见报当天一早记者王世玲的手机几乎被探问消息源的同行记者打爆。医改的“三国模式”也由此成为各大媒体热议的话题。

第二个节点在 2007 年 1 月。1 月 7 日，卫生部长高强在全国卫生工作会议上透露了医改新方案基本思路，体现“政府主导”的精神，由政府出资兴办社区医疗服务中心，提供全民免费基本医疗服务。

我们选择了最接近卫生部新方案的上海医改模式作为新的发掘点，通过深入调查，于 1 月 11 日推出上海站记者陈欢采写的深度报道《上海医改的逻辑》。该报道以样本剖析的方式，一方面肯定了上海医改的成绩，同时更揭示这种政府包办模式的弊端。在政府财力不足以支持所有医院发展的情况下，只有破除垄断，开放医疗市场，把部分公立医院转让，吸引社会资本广泛参与医改，方是治本之策。这样的思考，比第一个节点时的报道又深入推进了一层。

为了进一步说明问题，1 月 26 日，我们又通过对国家发改委组团考察巴西和西班牙医改的报道，详尽介绍了西、巴两国政府一方面负担了 98% 的公共医疗费用，另一方面又大力鼓励私人资本参与公卫事业，通过“公私合作”

等形式分离服务购买与服务提供，从而找到政府与市场的最佳结合点的经验。

第三个节点在2007年2月。通过上一个节点的报道，我们在提出“摒弃政府包办，分离服务购买与服务提供”的思路下，把关注点转向了劳动和社会保障部正在制订的另一种思路的医疗方案——“全民医保”，即政府对公共卫生事业的出资，与其投向作为供给方的医院，不如通过社会医疗保险的方式直接补贴给作为需求方的患者。

这一方案是在参考吉林省的医改模式的基础上生成的。而恰在2月初，温家宝总理考察吉林医改，吉林省又宣布启动用两年时间将省内全体城镇居民纳入医保覆盖的计划。头版编辑部及时地把新的“打井”点转向吉林，王世玲、孙雷两位记者第一时间“扑”到吉林，与当地居民和劳社部门官员、专家学者进行了广泛接触，深入观察和研究吉林医改的各项操作细节，在2月10日头版推出《医改最前线：探营吉林医保第三张网》的报道，通过对吉林医保扩面的各种难点和潜在的改革风险，又进一步提出了医改的成功需要医院体制改革、医药流通体制改革、医疗保险改革“三医联动”的思考。

第四个节点在2007年3月。在当月举行的全国“两会”上，卫生部长高强在与两会代表对话时，透露了医改新方案将有分别由政府部门、高等院校、国际组织和咨询机构起草的六个平行方案供选择的信息，但没有透露其中的细节。我们又迅速作出反应，把“六个平行方案”作为新的发掘点。记者王世玲不仅独家探听到了为医改提供备选方案的6家研究机构的名单，并且掌握了其中的世卫组织方案的详细内容和思路。又一篇独家报道《医改六个平行方案揭秘》推出，再次引发各界热议。

舆论界就其中几家起草机构的资质，以及“为何没有国内民间机构参与备选方案起草”纷纷发表看法。这样就对医改新方案的制订走向公开和透明，吸收不同利益阶层公平参与起到了推波助澜的作用。

深度议程设置：以资本市场系列报道为例

自股权分置改革成功完成以来，中国资本市场的复苏以及崛起可以说是从去年到今年经济领域中的头等大事。由于股票市场自身的特殊性（参与人数非常之多），跟资本市场有关的新闻自然也就成为读者最为关心的新闻之一。

在A股市场不断走牛的过程中，《21世纪》头版与财经版块紧密配合，协同作战，对于资本市场的深度报道进行了充分的规划和议程设置，把握住了市场的趋势，也掌握了话语权。

值得一提的是，在长达一年多的时间里，围绕这一议程所出现的深度报道，形式是多样化的，有解释性报道，有调查性报道，也包括访谈等其他形式。总的来看，这些报道构成了一个系列的资本市场深度报道。

2006 年 4 月，股改接近尾声，市场开始出现牛市征兆，在上证指数刚刚突破 1400 点之际，21 世纪经济报道在头版头条推出“1400 点：股改后的牛市起点？”，经过各方面因素的综合分析，提出了牛市即将来临的观点。

2006 年 5 月，头版编辑与北京记者柯志雄多次沟通自后，在头版头条推出“尖叫与繁荣：与泛滥的流动性共舞”，这也是头版在头条尝试深度解释性报道的一个尝试。众所周知，流动性泛滥这一趋势很难与某个新闻事件关联起来，并非事件性新闻。但头版编辑经过讨论之后认为，流动性泛滥这一现象和趋势演变下来，对于中国经济方方面面（首当其冲是股市）的影响实在太大，即使并非事件性新闻，也值得放在头条。事后一年中国经济的运行，证明了当初的判断。

21世纪经济报道

星期一 2元

中国投资占 GDP 比例全球最高

国土资源部督察四大热点

尖叫与繁荣：与泛滥的流动性共舞

“珍珠”来袭：全球气候异变？

超级杂交稻 更多养活 4000 万人口

隐形的危险

正视房价泡沫 降低融资杠杆率

金蝶ERP

9 月，头版推出由深圳记者周斌操作的人物类调查稿件“一个股市淘金者的传奇”，讲述了一个股民三年五十倍的故事，事实上，也正是这种财富的示范效应导致了接下来一段时间，新股民蜂拥入市，推动股市不断创出新高。

10月，21世纪经济报道记者段晓燕专访了高盛的全球首席策略分析师，“未来12个月全球股指仍将创新高”，同月，上证指数突破了1800点，当日头条推出由上海记者汪恭斌操作的“又见千八　A股迎接‘美好投资时代’”

12月，专访了中金经济学家哈继铭 人口红利将带来中国的“黄金十年”。

进入2006年年底以后，一方面市场各方对于牛市早已形成共识，另一方面，市场中的问题也不断暴露，其中最为严重的包括上市公司的内幕交易，基金的“老鼠仓”等问题，因此头版议程设置的重点开始转向于对市场违规现象的调查。

2006年12月，针对大量贷款资金违规进入股市，头版推出调查性报道，信贷资金“隐身”入市调查。事后不久，银监会等有关部门即出台政策，要求严查此现象。

2007年4月，头版推出60人“每天看报纸”，一线监管疾风骤雨；隔墙有耳！娱乐城老板涉案杭萧钢构；证监会官员：不会让基金黑幕重演；上交所负责人：利用内幕信息提前交易就是犯罪等一组报道，包括调查性报道、解释性报道、访谈等多种形式。把打击内幕交易的新闻报道推向了高潮。

综合来看，资本市场新闻是日常财经新闻的一种，但是在什么时点、选取什么样的报道放到重要版面和位置，则是深度议程设置的重要内容之一。

深度展开的逻辑：以娃哈哈达能事件为例

4月份发生的娃哈哈达能纷争事件，是当月经济新闻的焦点之一。

由于纷争的双方一方为中国的民营品牌哈娃娃，另一方为法国达能，而且当事人之一娃哈哈的宗庆后首先主动将纷争诉诸了公众舆论。因此，这种纷争很容易被定位为中国民族企业与跨国资本之间的斗争，哈娃娃很轻易地争取到了舆论一边倒的倾斜。

4月上中旬，网上充斥着声援娃哈哈，声讨达能的愤怒话语。报界的声音相对中性一点，但要么是找一些法律专家探讨娃哈哈商标权的归属，要么盘点达能以往那些对本土企业不利的并购案例，要么就是把话题扯到外资并购与中国经济安全的争议上。总之，多数报道都起到了把声势做大，把水搅混，把简单事件复杂化的效果。

《21世纪》产经版块与头版等多个版块都对事件的发生和进展予以了密切关注，并作出了一系列有影响力的深度报道。

编辑部首先对报道的方针进行了讨论，如前所述，以全球化时代的市场经济思想来影响中国的商业决策层，是《21世纪》的价值理念所在。在讨论中大家普遍认为，全球化时代的中国，市场经济下的中国必然是一个开放的经济体，外资在华并购是中国对外开放走向深化的体现。只要没有特殊的背景，又不违反中国法律，这种并购就是正当的商业行为，不能与“经济侵略”划等号。

由此，我们得出的报道原则是，让商业的回归商业。不要被情绪性的东西所引导，事后证明，正是在这个原则的指导下所展开的一系列调查，深度接近了事件的真相。

在这个原则指导之下，我们选取了最原始的商业利益逻辑为报道的展开链条。

21世纪经济报道记者以“利益逻辑”——这些“非合资企业”是怎么来的？达能为什么非要买这些“非合资企业”？宗庆后为什么不惜撕破脸也要抵制？——为挖掘点，进行了大量深入扎实的调查采访。

2

热烈庆贺招商银行20周年华诞

娃哈哈达能事件利益逻辑还原

北京2008 倒计时483天

上海站记者陈小莹等同事调查的事实表明，大量“非合资企业”生产的是与合资公司同样的产品，又未经合法授权而使用“娃哈哈”品牌，同时不必承担合资公司所承担的品牌营销费用，因此利润率要高于合资公司，仅2006年的利润就高达10.4亿元，自然成为事件双方争夺的香饽饽。

而记者再通过查阅工商资料，发现这些非合资企业也并非像宗庆后所说的是娃哈哈集团和工会兴办的企业，两家最核心的非合资企业杭州娃哈哈食品饮料营销有限公司、杭州娃哈哈童装有限公司，控股权实际上掌握在宗庆后本人和他的女儿宗馥莉、妻子施幼珍手中。这些非合资企业是由娃哈哈集团在2000年的私有化改制后演变而来。在那次改制中，以宗庆后为首的管理层收购了股权，并没有将商标纳入改制的评估中。因为在此前与达能合资时，娃哈哈的商标已经被变相装进了合资公司。

经过这样层层剥笋式调查，事情的真实链条越来越清晰地还原——私有化改制时，以宗庆后为首的管理团队为了减低收购娃哈哈集团的出资成本，有意将娃哈哈品牌从集团资产中“剥离”出来放进合资公司。因此宗庆后当时急需达能这个援手，为争取后者的合作而不得不在接受一些于娃哈哈今后独立发展不利的合资条件。改制完成后，宗庆后又违背合同约定，一边在未经合资公司授权之下孵化出61家使用娃哈哈品牌的非合资企业，一边又利用合资公司的营销平台使这些非合资企业获取了高额利润，从而引发了这场利益争夺。

在经过扎实调查之后，《21世纪》4月17日推出深度报道《娃哈哈达能事件利益逻辑还原》，引起了巨大反响。

（谭昊：21世纪经济报道头版委员会主任，张凡：21世纪经济报道头版编辑）

经济新闻调查：模型与工具

□左志坚

商业世界波谲云诡，每一纸合同，每一张文件，甚至每一份审计报告，都暗藏着不可告人的黑幕。也正是如此，每一次重大的商业活动背后，都有无数律师获得不菲的利润。这是一个利益勾连的世界，每个人都在为自己的利益精心算计、布局。在重重法律外衣包裹之下的真实利益分配，往往都被冠以商业秘密藏入密室，没有人会轻易泄露。

经济类调查性报道也因此显得步履艰难。简单说来，我们调查的对象往往都是衣着光鲜的一方豪强，他们可以以一句“涉及商业机密”谢绝你的所有问题，而利益关联方亦会因担心利益受损而三缄其口，至于一方豪强动用强大的社会资源以压制、阉割记者的报道成果，更是屡见不鲜。

但所谓的“真相”依然会诱惑记者扑向渺不可及的新闻内幕，这是记者的宿命。好在商业利益总是在动态的调整过程之中，每一次调整，都是记者的机会。

一、利益链

和法治类、时政类调查性报道不同，经济类报道只有一根主线，那就是利益。这既是经济学之所以能够成为一种理论的原始假设，也是理解真实商业世界的万能钥匙。

每一家企业，每一位企业家，乃至每一位贪官，事实上都在几根利益链条上翻滚，而这几根利益链条的存在，已经锁定了他的活动空间。

一般而言，每一位我们的调查对象，不管他是百富榜富豪、500 强企业，抑或是政治局委员，他总被三根利益链条包围着。

其一：是其所在上下游利益链条。比如这个企业的客户、供货商、经销商、债权银行、同业竞争对手、消费者。这其中还包括大量的中介机构，如律师事务所、会计师事物所、投资银行、评估机构等等。

其二：是其所在的政府利益链条。主要是条和块上的各个政府机构，比如地方政府行政首脑、地方政府主管部门、中央政府行业主管部委、相关官员家属。这其中还应包括“二政府”，即各类行业协会、行业研究会、理事会等等。

其三：是其该公司内部高层。比如一把手身边的秘书、副手、家人、中层、普通员工、私人朋友，等等。

娃哈哈也抛合同条款 口水战等候法庭发落

“娃哈哈·达能恩怨”源头调查

TCC北上布点 “泰国酒王”即将入主古井集团

在正常情况下，我们的调查对象应该能够妥善地平衡各方的利益，让各个利益链条上的每个节点都成为他的利益同盟，从而优化配置社会资源，财富也完成了良性的增值过程。

然而，这只是一种理想状态，事实上中国的很多社会资源配置并不公平，这就意味着上述利益链条有断裂或崩溃的可能，在这个时候，原本铁板一块的利益群体内部出现了不和谐的声音，他们会借助媒体寻求一个公平的解决之道。

产经 Industry

“达能·娃哈哈”暗战 180 天

拿最近的几个例子来说。

上海社保案，正是中央与地方利益不一致；汉芯案，则是公司内部利益不一致；娃哈哈与达能纠纷，则是上下游利益不一致……再包括张海事件、顾雏军事件、严介和事件，则是地方政府与企业家的博弈。上述新闻的出现，都是因为利益集团内部松动，导致的极端后果。这实际上是媒体介入的好时机。

二、模型

对于一个突发的新闻事件而言，记者总是处于一个盲人摸象的境地，他可能对这个行业并没有深入的了解，也没有可以使用的采访资源，但所有编辑都会要求记者在第一时间拿到第一手的信息。

我们的记者经常面临着这样的艰苦境地，犹如无头苍蝇般毫无头绪，但同行的竞争压力，编辑的催稿电话并不会因此而消失。一切都足以让一个正在出差的记者近乎崩溃——至少也会异常的焦虑。

《21 世纪经济报道》的所有记者无疑都非常熟悉这种焦虑体验。但调查多了，也会有一些小小的规律，或许能够让新手面对这样的境地时，不至于只能抓狂。

我在面对一个大的调查题目时，一般将所要面对的未知世界分为五层。

第一层：是当事者本人。比如张海、顾雏军、陈良宇、陈进。他们是黑幕的始作俑者，但却不大可能对媒体交底，而是会希望尽量利用媒体，或从不对媒体开口。但显然，他们是最核心的知情人士。

第二层：是当事者的身边人。比如副总、秘书、家人、情人之类。他们与当事者知根知底，但也只知道当事者的一部分作为，并执行了一部分操作。但因为这些人与当事人勾连甚深，乃至本人亦有污点，因此可能绝难向媒体开口。但一旦他们开口，调查无疑将获得重大进展。

这一层还有另外一些重要人物，比如中纪委的办案官员，检察院、法院的办案人员等等，他们无疑也是知情甚深的消息源。

第三层：则是与当事人只保持工作关系的高层，比如被边缘化的副总、老领导、独立董事、相关上下游企业、政府部门官员、私人朋友。他们中某些人可能会看不惯当事人的作为，从而愿意向记者透露一些事实，但因为这些人没有参与黑幕的运作，因此他们知道的会比第二层人士少很多。

第四层：则是企业中层员工、政府中层官员、中介的法律会计评估机构、同业竞争对手等等。他们往往会很早知道消息，但他们往往是外围人士，因此知道的不多，但可能有很多小道消息暗藏着调查线索。

第五层：则是企业员工、政府工作人员、中介机构的工作人员、行业协会人士、长期跟踪该领域的兄弟媒体记者。他们可能只知道一些消息，很多时候记者往往是从那里先知道新闻线索的。这类人士有时候也能够提供一些边缘的书面材料，以及一些高层的联系电话，并告诉记者该去找谁。他们至少能帮记者知道第二、第三层有哪些人。

这五层空间，以当事人为圆心，逐步向外扩散。显然，记者挖得越深入，其调查性报道就越接近真相。

一般而言，面对一个陌生的新闻事件时，记者往往是从第五层，也就是最外围往里突破。如果他能够突破到第三层，就已经可以写出一篇简单的报道了。

而对于跑线的记者来说，他应该利用自己在行业里积攒的人脉，直接从第三、第四层开始突破。

不过对于调查性报道的记者来说，他则应该尽力积累纪检部门的人脉资源，这样可以从第二层开始直接突破。

在有些情况下，会有举报材料，但必须根据举报人所处的位置来判断其材料的可信程度。

一般而言，第三层的人举报较多，材料也较可信，但可能会偏颇。第二层的人举报较少，但如果能够说服举报人的话，则将起获基本上所有内幕。至于第四层的举报人，其举报动机可能不是特别纯粹，因此需要格外小心去求证。

汉芯·继续调查（中）

陈进背后的六家公司

"汉芯造假案"系列调查之九

陈进财富拼图：一个"失败"商人的7个剪影

目前看来，陈进的商业谱系中，ENSOC公司是最隐秘的，也可能是最赚钱的。至于陈进完整的商业版图，即便算上ENSOC在内的上述7家公司，依然不是全貌。

在这个五层模型中，每个人都是利益链上的一环，在四处碰壁的情况下，往往只要有一个缺口被打开，链条上的其他环节也会逐步松动，并开始考虑对记者说点什么。

在一个调查过程中，记者的大量工作在于获取第三层人士的信任，这大约会花去他 50%-80% 的精力。所以很多情况下，记者会在连续工作 4-5 天后都没有任何进展，但到第 6 天，却豁然开朗，而后一发不可收拾。

所以贵在坚持。

三、工具（手段、经验、人脉）

当记者在自己的笔记本上画下上述的五层模型图之后，他所要做的就是去逐一联系其中的采访对象。但是在见到这些采访对象之前，显然他自己需要做些准备功课，避免被简单的借口忽悠，或让有意透露消息的人知道你是有备而来。

调查者一般可以利用一些公开、合法的工具获取相关资料：

工具一：也是最常用的调查工具是工商资料。工商资料有三个作用。第一是了解相关企业的股权结构，知道谁是实际控制人并找到他的联系电话；第二是了解一家企业以往的基本财务报告，可以判断、倒推出一些结论；第三是工商资料中往往保存了一些必须在工商机构备案的合同或协议，这些是意外的核心材料。

工具二：也是最基本的工具，是上市公司的公开信息。包括年报、季报、股东结构等等可以了解一家公司的基本财务状态。其中会透露出独立董事、会计师事务所、承销机构、法律顾问等信息，这些也都是可以争取的采访对象。此外，未上市但获准发行企业债券的公司也必须公开其财务信息。

工具三：可以公开查询的一切信息。包括土地征用信息、政府公开的文件、图书馆检索历年来的相关报道、美国法院的公开判决书、以往案件的判决书等等。事实上，还有相当多公开查询的资料可能还没有被我们掌握。

工具四：可以联网查询的一些信息。有一些机构的内部网络，如果能够委托朋友帮忙查询，将能够提供相当有价值的线索和证据。

比如股票交易者的身份证信息、公安系统的出入境记录和家庭住址、金融系统的企业贷款记录等等。许多政府机构有内部网络，如能委托朋友代为查询将可以获得相当多的采访线索和证据。

以上四类工具中，工具一，即工商资料正是使用频率最高，而且相当多媒体也意识到这个问题，现在已经到了比拼查询速度的时候了。

工具三、四则还没有经过有意识的整理，但无疑是相当重要的秘密武器。

在很多时候，记者的工作有点像侦探，而他也需要与律师朋友保持比较好的合作关系。

此外，中介机构那里的研究报告、审计报告、评估报告都是相当重要的材料，如果保持长期合作，将能够事半功倍。

四、其他经验

尽管当前的企业和政府信息越来越透明，可供调查者使用的技巧、工具也越来越多，但在实际操作过程之中，仍然需要对一些问题保持警惕。

第一，不可片面相信书面证据。

许多时候，记者往往会在获得书面证据或材料后非常欣喜，并认为自己已经掌握了真相。然而事实是，你永远不可能掌握真相，最多只能说明你掌握了一部分真相。而且现实世界的可怕之处在于，即便是书面证据，也很有可能是假的。

在实际操作过程当中，我们见到过太多的假的书面证据。比如假审计报告、假合同、假评估报告，甚至根本不公正的判

19

娃哈哈也抛合同条款　口水战等候法庭发落

“娃哈哈·达能恩怨”源头调查

TCC北上布点　“泰国酒王”即将入主古井集团

决书等等。如果片面相信书面材料，而忽略与直接当事者的正面沟通，那么你就有可能掉入了一个陷阱。做调查性报道的记者，必须将质疑的精神贯穿于整个报道始末，千万不要以为获取书面证据就是调查的终点。

第二，对关系网络深厚的采访对象，需要努力联系求证，但不能过早暴露己方调查目的，避免打草惊蛇。

这样的教训有很多，尽管你是持尊重对方态度去正面求证，但他可能会十分警惕，并通过各种社会资源去压制你的报道，可能你辛苦的调查最终也无法面世。但这并不意味着你不去接近当事人。

第三，退休老干部、中介机构如律师事务所很重要。直接办案人员也应有所接触。

第四，避免被举报人利用。一般来说，越容易得到的材料价值就越小，因为对方一般不会将真相和盘推出，你之所以很轻松地拿到了材料，很可能对方有自己的小算盘。在你没有清晰了解对方的背景和意图之前，不应被辛苦过后的欣喜情绪所淹没，而应继续理性、谨慎地去求证相关材料的真实性。简单地说，在调查性报道上并没有捷径可走，该做的工作必须做到。

第五，调查时注意利益链，写作时则应注意逻辑链，这完全是两种不同的思维方式，在写作之前记者需要梳理所掌握的材料，按新闻的逻辑链条写作，将自己辛苦调查的成果与公众分享。

（作者为21世纪经济报道上海特稿部主任）

郑筱萸案系列报道调查手记

□陈小莹

2月5日，《300万一个批文：郑筱萸案的康力元投影》；

2月9日，《还原郑筱萸：行走在商场上的政客》；

2月28日，《原浙江省药监局长郑尚金被刑拘》；

4月9日，《受贿千万 郑筱萸窝案独家解密》；

5月2日，《郑筱萸案移送法院 多家企业涉案》；

……

随着郑筱萸案的深入，始于今年1月底的药监风暴还在猛烈持续。

从去年开始，药价高企就一直是舆论的中心话题之一，连续数次的药品降价并没有取得应有的效果，民众的不满和措施的无力将药价推到了风口浪尖。加之医患矛盾严重，医疗改革停滞不前，整个卫生领域都面临着严重的信任危机。

而其中的药价高企就涉及到很多利益群体，仅仅通过行政命令降低末端药品的销售价格并不能解决药价问题。而这条利益链上的关键环节，就是新药的定价没有上限。部分药监系统官员利用手中掌握新药批文的权力进行寻租，与部分企业达成权钱的交换，使得这些企业通过行贿而不是研发来获得新药批文，并获得无上限定价的资格。在这中间，行贿金额成为了药品成本的组成部分。

300万一个批文
郑筱萸的康力元投影

国家药监局纪检组手中掌握了一份"黑名单"
还原郑筱萸：行走在商场上的政客

万名"药虫"的秘密

郑筱萸案移送法院 多家药企涉案

郑筱萸的案发就恰逢其时。

郑和郑的家人以及两个司长郝和平曹文庄的涉案，揭示了这条利益链的构成。而且经过记者调查，还发现了国家药监局聘任的专家评审委员会、地方药监局官员也处在这个利益链中间，每一个新药审批的环节都成就了寻租的一个可能。

应该说，这组报道并不是全国媒体中最先报道郑筱萸案的，但报道取得了后发制人的效果，尤其从第三篇报道开始，一直保持独家首发的位置。

此时的总结，既需要总结一些独家材料的获得，也需要总结此类系列报道在时间和角度上的把握。总体而言，前者依靠记者本身的调查素质和后方编辑的判断力，而后者则是当一个事件在报道者面前已经展开了它的多面性的时候，这个报道者如何适时推出多角度报道的经验总结。

相比起其余的同行，这组报道也只能说是暂时领先。在整个药监的利益链条中，还有更多的报道角度有待挖掘。

纵身跳入医药领域

康力元的浮出水面与网络有很大关系，一个名叫张志坚的网友转载了康力元与郑筱萸之间权钱交易的帖子，而遭致康力元采用了异常高调的对抗手段。不过第一个发现这个线索并报道康力元涉案的媒体并不是《21世纪经济报道》。

在看到该报道之后，我和上海站一位跑医药条线的记者一同前往杭州。

应该说，在此之前我在《21世纪经济报道》还没有报道医药题材的经历，在去杭州之前，对于康力元也没有太多的了解。

不过，我从事的特稿部门要求记者有快速学习的能力，并能在第一时间出现在重大事件的现场。很幸运的是，虽然当时对这个选题并没有把握，但是我做出了前往现场的正确决定。

在向浙江当地医药界朋友初步了解情况之后，我找到了一位与康力元往来密切的朋友，他向我介绍了康力元的发家情况，汤氏兄弟与郑筱萸的交往等等，整个采访历时三个小时。他还向我介绍了另一个曾在浙江康力元担任中层的朋友。

之后，我们与此人取得了联系，其提供了康力元所获得的批文与郑筱萸之间的关系，还介绍了其所知的跑批文过程。

可惜的是，在康力元曝光之后，我们没能在正面采访中取得突破，康力元拒不接受正面采访。于是，上述侧面采访构成了我们对于康力元的了解。

当时，正值浙江两会召开期间。我从当地一位跑两会的记者那里了解到了医药界开会的时间地点，由我的同事前往会场，在会场中采访到了一些浙江企业对于康力元的看法和整个医药界为了批文所需要走的某些灰色程序和批文“明码标价”的价格。

这时候，那位跑医药条线的同事的经验帮助了我，我们一起梳理了国家药监局多年的发展，以及康力元的成长之路。幸运的是，两者的轨迹十分吻合，康力元恰好是随着郑筱萸的升迁逐步发展起来的典型。

我们在写作过程中，将两者的轨迹放在同一时空中穿插写作，也突出了康力元这个个案的代表性，并第一次将地标转国标过程中，权力上收带来了寻租空间与郑筱萸受贿个案联系起来。

除此之外，我还采访了浙江药监局负责药品注册的负责人，她介绍了注册药品从省级“形式审查”到国家局“审评中心”再到“药品注册司”的每一个环节，这部分的报道使得整个报道脱离了具体的事件，上升到了制度层面，这在同类媒体中也是第一家。

在第一个报道中，我和我的同事有不错的运气，从对这个企业完全不了解到写出报道，仅仅用了两三天的时间就获得了突破，不过我们始终没有放弃每一个采访的机会和可能，这也是偶然之外的必然。

上述的种种努力，使得这组系列报道的开篇在一定程度上取得后来居上的报道效果，反响较好。值得一提的是，《21世纪经济报道》的头版编辑部很早就意识到郑筱萸案将是今年的重头报道，在郑出事后就开始了系列报道的策划，这篇是那个策划的第二篇文章，后来我独立采写的《还原郑筱萸》是这个系列的第四篇收尾文章，期间另一些同事写的健康委设立的报道和海南医药界的报道也取得了非常好的报道效果，奠定了《21世纪经济报道》在郑筱萸案中的话语权。

此时，这个事件还没有展现出我个人可以进行系列报道的迹象，在完成编辑部的药监风暴策划任务之后，我也开始转向其他事件的报道。

梳理利益链条多侧面报道

从第三篇报道开始，这组报道才真正在行业内形成了一定的领先。由于前两篇报道的影响力，使得我不仅赢得了业内人士的信任，也赢得了从中央到地方的相关专案组人员的支持和肯定，使得后续的报道更加显示出权威，并大大降低了调查性报道的风险。

在两会期间，我接触了专案组的成员，使得调查不再是我个人或者同事间合作的成果，更多地反映了专案组的成果和努力，共同推动了这个全国瞩目的大案的透明化。

在掌握了更多的独家素材之后，报社上海站的领导们帮助我一起梳理了此后郑筱萸案的报道方向。

首先是事实部分涉及的利益群体。在这根长长的利益链条上，行政主管部门有卫生部门、药监部门，在郑筱萸案发之后，药监局是否会合并到卫生部一直是外界猜测的。深入到药监局层面，国家局中有聘用的专家评审委员会，这些委员的聘任是什么标准，每个专家所作的评审是否公开，对于任意新报的药品，专家是如何选择产生的。在这个委员会之后，还有药品注册中心决定最终批文发放大权，这其中有没有适当的监督和制衡，人员配备是否合理，都是值得探讨的问题。还有地方药监局的权力分配和去留问题，目前的地方药监局只有药品注册的形式审批权，要不要扩权，下放一定的审批权力之后会不会把“少数人的腐败变成多数人的腐败”，会不会出现全国各省标准的不统一，这些都是急待厘清的问题。

在药品生产领域，主要是一些药品生产厂商，这些厂商的批文的取得与行政部门有着千丝万缕的联系。而目前在物价部门的定价中，新药的定价是可以没有上限的，于是新药批文就具备了“点石成金”的神力，只要获得了这个批文，大批量定价没有上限的新药就可以上马。这里面优厚的回报，使得一些企业不惜使用高额行贿铤而走险。

在药品流通领域，有医药生产企业、流通企业，给新药做临床试验的GLP中介机构，医院等几个环节。这些环节在新药诞生的过程中所获取利益的方式和份额，决定了他们各自在这个圈中的行为方式。如何梳理这些行为方式，如何保证在利益链末端的患者利益?

上述内容全部都在当时的报道策划中，当然“计划不如变化快”，一些新闻点的出现一定程度上冲击了这个完整的利益链条，但我也希望能在接下去的报道中将其完整展现。

其次是制度建设层面，国家药监局在郑筱萸案之后，为了重塑药监形象开始了一系列的重锤改革，包括修订新的药品注册管理办法，推行定期新闻发布制度，官员轮岗制度，专家集体审评制度，建设廉政体系等等。在查处窝案的同时，第二阶段的新闻重点一定是制度建设。在此前的报道中，这部分内容被经常与郑案的最新动态结合在一起，这种在第一阶段事件过后进入人事变更以及制度建设层面报道的做法也是《21世纪经济报道》的经验之一。

在梳理利益链条的过程中，与大量业内人士接触是首要的条件。虽然我并不是条线记者，但在该领域的报道过程中接触了大量医药企业，相关政府的官员，以及一些负责检测的中介机构。这些接触都使我在最短时间内初步了解这个行业。

在之后的报道中，还有一些方向可以努力，比如郑筱萸的庭审直击，披露起诉书的内容，探讨制度建设是否合理等等。

回顾报道的总体质量，在事实部分做到了独家和领先，但在写作和对事实的提升上还有改进的巨大空间。从事后掌握的大量事实来看，前期的两篇报道尚有几个细节和事实有些出入，略显仓促和粗糙。

中立和多维度的价值观

在这组报道中，采取一种中立和多维度的价值观显得尤为重要。

首先就是如何看待郑筱萸。郑筱萸案不仅牵涉了全家，还有前后两任秘书，甚至地方药监局的一把手（目前表明，郑尚金与郑筱萸一同被海南康力元行贿）。这样的窝案在解放后别的部门是没有先例的，且医药又是关系到每个人生命安全的敏感领域，其所引起的反响也尤为巨大。

这到底是个人的腐败，还是体制性的腐败，是议论的焦点之一。如何判断也是报道时秉持怎样价值观的依据。

在其案发后不久，我们通过寻访他身边的人，还原其经历的初衷。当然，也包括如实反映他对于建立国家药监局，推行GMP认证中做出的贡献。在采访中，不止一个采访对象对我提及医药分家对于我们卫生体系建设的贡献，而分家的标志正是国家药监局脱离卫生部成为一个独立的部门，在这期间，作为第一任药监局的局长，郑筱萸的作用不可磨灭。这些都是郑的正面形象。

在调查过程中，通过接触当时浙江卫生和药监系统的官员后发现，郑筱萸的升迁带有一些突然和巧合。当时前任国家医药管理局局长卸任，由于浙江是全国第一医药大省，当时组织部的视线就集中在浙江省范围内。

就是这样略带巧合的突然升迁，使得郑筱萸的心态在短时间内膨胀。而当时正是20世纪90年代中期，改革开放使得物质生活逐步丰富，收入差距也在逐渐显现，而且人们对于财富的追求也处于日益公开化的阶段。更何况，在郑待过十数年的民生制药厂，产权改革正在进行。按照当时的改革思路，如果郑筱萸不离开民生制药厂，他将在这场改革中成为亿万富翁。

正是在这一系列时代的背景下，郑的心理可能开始失衡，财富留给他的遗憾可能盖过了当初突获升迁的喜悦。甚至在郑刚到北京就任不久，他还向去探望的同学抱怨过收入过低。

通过这样的梳理，基本反映了郑筱萸当时的心理转变过程，以及之后受贿的原因。当然也花费了相当的调

星期一 2元

21世纪经济报道

热烈庆贺招商银行20周年华诞

国有大行“新资本论”：姜建清细剖三块调整

受贿千万 郑筱萸窝案独家解密

4 地发动 5 月启程

中国“大单采购团”再赴美

上调准备金率和加息应交替使用

这么近，那么远

星期三 1元

21世纪经济报道

新一代景程 即将登场

逃离“绞肉机”：2007 股市生存手册

国资委 40 亿注资大唐？

再送 3G 旗手，让中国 TD 走向海外

修法问责“污染保护伞”

豪车风向标

查功夫。报道推出的时机正好是在读者阅读需求最强烈的时候，所以取得的客观效果也比较好。

可以改进之处在于，当时的调查时间只有两三天，只采访了郑的同学，浙江医药界当时的官员，浙江的部分医药企业，这对于反映一个人的性格来说，维度还是相对单一。如果更广泛接触郑在国家药监局的同事，郑的形象也许会更丰满。

更进一步地，还有由于卫生部医政处的合并，导致在药监局内部出现了权力的争夺，这些也是郑在后期任人唯亲的重要原因。

其次是如何看待这些涉案的企业。在这场药监风暴中，涉及到的企业无一幸免。但是就像对待郑筱萸的报道态度一样，提及这些企业是否应该仅仅将他们单纯定义为行贿者，也是记者需要考虑的问题。

第一个涉及的企业是海南康力元，由于其生产批文与郑筱萸的关系特别密切，被相关方面吊销了 GMP 证，并因此停产至今。

但其他企业比如在之后报道中出现的黄岩双鸽集团和东阳某大型上市药企，他们生产的产品中并非所有的产品都依靠向郑行贿，而是涉及了其中的部分新药，甚至一部分是由郑的家人出面索贿。所以在报道的措辞把握上，基本都采取了保护民营企业揭露整个药监系统潜规则的立场。

当然，我的本意也包括曝光行贿企业、行贿手段及行贿所得的好处，但由于被调查对象的公关能力，有些并没有能够如愿。在现有的媒介环境下，如何应对公关也是需要总结和交流的经验。

（作者为 21 世纪经济报道记者）

人物调查报道的探索和实践

□万静波

在中国传媒的市场化进程中，和报纸相比，中国杂志业特别是新闻杂志发育较晚，比较成熟的新闻性杂志都只有十年左右的历史。和美国等成熟传媒市场相比，《时代》周刊等知名新闻杂志、当然也包括各种时尚休闲杂志动辄就是数百万份的期发行量，毋庸置疑，中国的杂志业整体水平还不高，新闻杂志市场发育更是相当低。

原因是多方面的：

一、严格的内容管制肯定不利于新闻媒体的生长，但较之于报纸，苛刻的新闻生态环境对于中国新生新闻杂志市场的打击更为严重。从新闻规律上说，以新闻的深度报道和严肃解读为重要阅读特征的新闻杂志，是与以提供信息为主的都市类报纸充分竞争到一定阶段后才会出现的，而对新闻的深度报道和严肃解读，在当下而言，仍然充满了不可测的风险性。这也是为什么国内目前还没有产生一份真正意义上新闻杂志的主要原因（其实这个领域的读者需求是巨大的），已有的几份知名杂志都只能围绕“新闻性”做文章，而不能完全深入到对核心命题和重大严肃新闻的报道和解读中去。这就促成了如下现象的形成：由于杂志总不能对当下重大的政治和社会现实发言，自动脱离了读者关心的主战场，相当于自我流放，因而也就不能得到比较关心社会现实问题的主流读者的欢迎，于是杂志慢慢就被迫走分众和小众市场，甚至进而形成了一个观念：杂志就是办给小众看的。其实这是由中国当下的新闻现实决定的，众所周知，在美国新闻业，发行数百万的大部分是《时代》、《人物》等新闻性杂志。

二、杂志的主要受众市场——社会中产阶层群体还在形成中。除了收入、经济条件的约束外，由于杂志的纸张更好，具有印刷精美、色彩丰富等视觉优点，杂志对读者的阅读审美趣味也提出较高要求。

三、"杂志文化"还远没有形成，当看杂志不是消闲，不是装点，不是饭后谈资，而是一种必需品和生活方式时，杂志业的春天才会到来。这些都是中国杂志业发展不快的重要因素。当然，面对网络媒体的影响和冲击，中国的杂志业能否发展到"杂志大国"的程度，还有待观察。这是南方人物周刊创刊以来国内杂志传媒领域的大背景。作为集团试水新闻杂志的一次尝试，南方人物周刊三年以来发展得还比较顺利：知名媒体品牌的形象得到确立，一支优秀的采编团队已凝聚成形，广告经营、发行推广和市场传播等也都有不错业绩。现在当然远不是总结的时候。我们的心得是，如果说这几年走弯路较少，其中很重要一点，就是在产品内容制作方面，我们提供了大量原创、广受读者市场欢迎、有相当传播率的精彩报道。我们认为，在跨媒体竞争激烈、传统经营模式不断创新和受到挑战的今天，尊重读者需求、尊重市场规律、加强市场推广力度的同时仍然坚持走"内容至上、内容为王"的路径，即使在杂志领域，这一思路仍然是稳健而有效的。这一心得看起来是老生常谈，但仍然有其现实针对性。

媒体的核心竞争力终归还是内容，办出适合读者需求的精彩内容，才是媒体的长期致胜之道。

创刊三年来，人物周刊采编团队的主攻方向，就是努力开拓人物报道的报道领域，探索人物报道的表现手法。具体到调查性报道和深度报道，人物周刊在人物调查性报道、群体人物的特稿深度报道方面，做了一些探索。调查性报道和人物报道，也许是新闻报道诸样式中难度最高的两个。具体到以人物报道为常态的人物周刊，人物调查性报道，自然成为我们需要投入力量的重头戏（从逻辑上来说，人物调查性报道应该属于调查性报道的分支，深入调查的指向更多的是人物，而不是错综复杂的事件）。

由于种种内部和外部条件的限制，在人物周刊，这样的报道更多的是时政类官员的人物报道和问题富豪类人物调查性报道。我们的代表性记者是陈磊，人物周刊在这个领域探索的代表作，如《张海调查》等，都是他的作品。在官员类人物报道里，一个是发掘贪官和落马官员人物故事和成因等业已成熟的报道样式，我们杂志则在对在任现职官员的时政人物报道方面开拓了一个新路径。这是中国特殊的国情决定的。政治民主的要素除了代议制等基本制度安排外，还有新闻自由与信息公开、扩大公众参与等，其中，对在任官员的信息公开和披露，是民主政治生活的一个正常组成部分。而在我国，由于可想而知的原因，我们的官员报道几乎是一块空白，各同行媒体起步中的时政报道还暂未大规模进入这个领地。从人物周刊创刊起，我们就坚持以时政官员为人物报道的重要主体，在现任官员接受采访有困难的情况下（我们创刊前一年，只完成了一位正部级官员和副部级官员的专访，但在他们的强烈要求下，刊发文章都被迫处理成没有采访到本人的外围报道），我们先从外围报道开始。只能采取“笨”办法，请记者深入到该时政官员的出生地、工作地，走访他身边的朋友、同事、家人，通过外

张海是谁

——一个资本家的离奇发迹史

张海，一个年轻的亿万富翁，一个所谓的“资本大鳄”，一个最新的健力宝事件出局者，一个谜一般的人，仿佛从雾里走出来。

有人说，他“肯定”是中央某前部长级官员的孙子；有人说，他“一定”是某省非常著名的高科技投资公司负责人张某某的儿子，而这个迄今一直藏身海外的张某某仍在遥控指挥国内的金融投资业务；有人说，他“应该”与某前政要身边人的亲属集团有着密切联系；还有人说，他是某著名藏密大师的大弟子。

如此多的神秘传言，笼罩在这个看上去其貌不扬、不动声色的30岁年轻人的头上。

两年多前的2002年8月，在新加坡的顶级豪华游轮“处女星号”上，千余名从北京、上海、广州、香港等地前来的嘉宾，共同见证了张海的首次亮相。这个“神奇小子”在收购了健力宝后，选择了以一种“极尽奢华之能事”的方式出场（曾受邀参与该活动的本刊记者如是描述）。

自此后，张海开始频频出现在公众视野里：除了经营健力宝，他还投资足球，收购健力宝足球队，甚至一度想收购多家足球俱乐部，组建足球界的“张海系”。

特别是在2004年10月的中超“足球革命”中，张海以揭竿而起的革命者姿态，和徐明等一起，公开向中国足协叫板，一时风头无二。这样一副无畏姿态、斗争精神，在“稳定压倒一切”的现实政治格局下，不能不吸引了多数球迷，也包括众多中国人的注意力。

他是谁：是从不为人知的角落里，靠天赋、本领、狡黠和运气杀将出来的一匹黑马？还是有深厚的政经势力做背景的财团利益的前台代言人？

他从哪里来，他怎么有这么大的胆量？

他想干什么，他还能“神奇”多久？

现在当然远不是为他“做传记的时候”（张海自己语）。当下的财经媒体格外关注的健力宝与他的财务纠纷，我们也无意涉入。作为一家以客观记录人的命运为己任的杂志，我们关心的，其实只有一点：

在从1990年代初期到现在的十几年间，在南北大地，在波诡云谲的资本市场里，在这个宏大的历史舞台上，一个出身平凡（这一点已由我们的记者调查做了证明）、面目不清的中国人是如何闪转腾挪的，他做过什么？

从某种程度上说，张海好也罢，不好也罢，他的离奇发迹史，恰恰是我们这个混乱时代的一个缩影。

本刊特派记者此深入到他的家乡河南开封、郑州，采访了大量与张海有关联的当事人，试图撩开笼罩在他身上的种种面纱，还原一个“神奇小子”的离奇人生。

周济 从教师到部长

潘岳 我不在乎个人毁誉

在共和国历史上，她是继史良后司法部的第二位女部长，更是现任的唯一一位女部长

女部长吴爱英

围采访的方式，一一挖掘与之相关的各类细节，最后形成文字，从一个侧面来勾勒出该官员的大致轮廓。这方面，我们采写了一些有意思的报道，比如教育部部长周济、国家环保总局副局长潘岳、司法部副部长吴爱英等，似乎在不经意之间，记者散播下一些丰富的、值得咀嚼的信息。

当然，最初也有同事有不同意见，认为在现有的管理制度下，由于对官员信息的挖掘不完整，某种程度上不能批评，在字句表达和文章结构方面，往往只会对被报道者有利，因此导致报道很难做到公正客观。这个意见当然是合理的，不过，我想这是时政人物报道走向公开和透明所必须经历的过程，想逾越这个阶段直接跳到理想的报道境界，在现状下还难以实现。事实上，官员们也不是铁板一块，他们也会渐渐习惯面对市场化媒体，进而接受他们的访问。潘岳后来接受本刊的面访，就是在看到我们的外围报道后同意的。南方周末后来做到了对一些正省、部级高官的面对面访问。这都是一个良好的信号。本刊最新一期杂志，就以专访新任科技部部长万钢为封面。

人物周刊在对群体人物的特稿和深度报道方面，也有一些发掘。这方面的代表性记者是时任主笔的陈海，代表作有《三线工厂第二代人的命运》（讲述一

户早年为支援西部建设被搬迁到贵州的大家庭今天的状况和命运）、《知青八姐妹》等（讲述八个早年插队云南的重庆知青朋友，在三四十年后今天的故事）。

这一组有计划性的深度报道，陈海已写了十篇，他取材的侧重点，是着力勾画那些在中国当代历史的大背景下、其命运深受制度变迁影响的各类群体人物。这组报道，从传播率上当然比不上某些突发性社会新闻，但在人物周刊却极受好评，大家都认为这是本刊关注人物、关注现实的新闻理念的真诚体现。如果这些文章能出版成集让更多人看到的话，我相信会有其潜润人心的价值，一代中国人就是这么一步步走过来的，这是我们曾经的路，曾经的命运，但愿这样的故事和遭遇不再是我们的命运。

（作者为南方人物周刊副主编）

人物调查报道的三种类型尝试

□陈磊

众所周知，调查性报道和人物报道是最考验记者功力的两种报道样式。幸运的是，由于供职媒体的缘故，我有机会从事兼有这两种报道特征的新型报道样式——人物类的调查性报道，或者说人物调查。

一般而言，调查性报道针对的是新闻事件，尤其是背后有着复杂背景或隐藏着丑闻的事件；而人物报道，针对的是各式各样的人，按照其行业及新闻价值不同，大致可分为新闻人物、商业人物、民间人物等。

这两种报道的交集之处在于，新闻事件由各个新闻人物织成，同时，各色人物身上又存有许多值得调查的故事。所以，就媒体报道的事件和人物来说，本质上讲只是侧重点不同而已，有时事件突出，有时人物突出。

值得一提的是，转型期的中国存在着大量翻手为云、覆手为雨的“深水人物”，他们成长和存在本身就是一个扣人心弦的故事，一个人可以说就是一个世界。

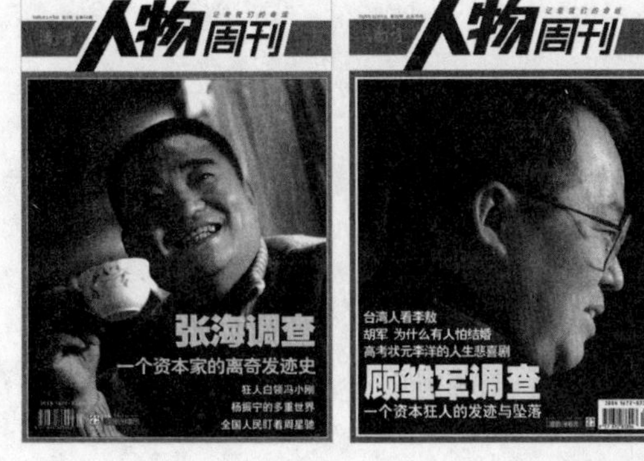

相对于单纯的事件性调查，人物类调查的不同之处在于，目标更明确，这也更容易带来麻烦，因为人都不希望被别人窥见不光彩的一面，即便是心胸坦荡、道德高尚的圣人，面对咄咄逼人的追问和穷根溯源的调查，也会表现出不悦甚至愤怒。

而且，人性复杂和多变，要将其描摹生动，记者必须要有足够的阅历，采访和调查也必须充分、扎实，当然，文章应该有足够的篇幅。但这似乎是个悖论，作为媒体，我们文章的篇幅是有限的，制作报道的时间和财力也是有限的，所以落笔的时候，能写出这个人的 N 分之一，便足矣。

鉴于此，笔者以三个不同类型人物调查性报道，来阐释自己对这种新型报道样式所做的一些努力。

神秘富豪

"神秘富豪"是媒体都感兴趣的人物，自然也是"人物类调查"的好选题。因为，从新闻价值角度看，这些"神秘富豪"已经是名人，他和企业的一举一动，都能引发公众关注，但因为其有着"神秘"的一面，按照中国人知人论事的传统，公众对其以往来历和发家史充满了好奇感，这正是调查的缘由。

在《南方人物周刊》，我做了几个这样的调查性报道，如原健力宝的掌门人张海、科龙集团原掌门人顾雏军、资本市场上赫赫有名的"飞天系"掌门人邱忠保等，这几个人的共同特征是，在所在行业或者行业之外有着很高的知名度，但是关于自身的经历又都充满神秘色彩，尤其是发家史，几乎成谜。

就张海来说，这个二十多岁的年轻人（收购健力宝时不到三十岁），因为收购健力宝一夜成名，但关于他的过去，没有一个人能够说得清楚。

张海出道初期，南方都市报曾经派记者到他的出生地——开封调查，将河南大学体育系的档案翻个遍，也没有得出什么结果；后来，新加坡《联合早报》说张海是个"大师"，但是没有确实证据。

传言说，他"肯定"是中央某前部长级官员的孙子；有人说，他"一定"是某曾非常著名的高科技投资公司负责人张某某的儿子；更有人说，他"应该"与某国家领导人的亲属集团有着密切联系……

张海的真实面目是什么呢？

2004 年 8 月，张海从健力宝下课，12 月左右，传出消息，张海涉嫌侵吞健力宝的资产，《21世纪经济报道》连续刊发报道对其进行质疑，副主编万静波让我关注这个人。

当时，《南方人物周刊》刚创刊不久，是双周刊，时效性上没有优势，而且，刚毕业不久的我对于调查也没有太多的经验，有的只是对新闻的激情和执着。

我试探性打了个电话给张海，没想到他当即答应中午接受采访，可能是对媒体质疑，急欲洗清自己吧。

面访了两个小时，总体来说，这算成功，但张海对于过去经历闪烁其词、避而不答，这让我们生疑。如果就这样不咸不淡写一篇对话体的人物专访，在一般媒体还是能发出来的，但我觉得不过瘾，因为尽管见到了、采访了、追问了，张海还是个谜一样的人物。

我们的刊物领导徐列认为：在以还原真相、逼近真实为原则的新闻报道中，人物报道是距离这种理想状态最遥远的一种报道文体。

事实的确是这样，从《南方人物周刊》三年的实践操作看，“人物类调查性报道”比例很少，有当面采访又辅之以实地调查的更是少之又少。

我先给开封的同学打电话（张海告诉我们，他家在开封，毕业于河南大学，这正是我大学四年的母校），第二天，同学告诉我，张海的妈妈曾在一所中学当过老师。有了这个线索，我决定去试一次，但对自己能否突破前人的调查，心中存有很大疑虑。

封面人物

“特异功能”者

大器早成

“气功大师”张海最早的公开报道之一

20 PEOPLE WEEKLY 2005.1.5

PEOPLE WEEKLY 2005.1.5 21

周三采访的张海，周五早晨到了郑州，先去河南省工商局，查张海最初创办企业的资料。紧接着赶到开封，直奔河南大学体育学院（张海说毕业于那里）。老师告诉我，以前也有记者查过档案，可从没有听说过张海这个人，要是学院出了位大企业老总，肯定有人知道。

线索断了，继续追问体育学院有没有办过什么武术班，这位老师提供了两位老师的名字和大概住址，顺藤摸瓜，找到了张海的学籍档案。

原来河南大学体育系上世纪八十年代末从初中毕业生中招收一批函授大专生，张海即为其中之一。这两位老师还提供了张海当时有“特异功能”的说法。紧接着找张海家的邻居，进一步证实了张海的“特异功能”，突破由此展开。

在此，我不得不说一下张海的气度。采访中，很多他当年的熟人给他打电话：说这边有记者在调查你的事，找到了我，我是否要见这位记者？张海告诉他们，可以的。

试想，几人能有如此胸襟？（另外一种可能就是张海没想到我能拿到他当年表演特异功能的照片吧）

《调查张海——一个资本家的离奇发家史》刊发后，引发巨大反响，凤凰卫视、中央电视台等媒体纷纷跟进，其他地方媒体纷纷转载，该文被《南方人物周刊》评为年度好稿，也是我自己感到较为满意的一篇文章。

现在看来，这篇文章的价值就在于，揭开了张海的发家之谜。但扪心自问，我其实并不了解这个人的内心——在那个混乱的时代当中，他一个初中毕业生如何摇身一变成为了资本市场的英雄，我搞不懂这奥秘。

他老师对我说的话，我至今记得。他说，肯定有一个团队在帮张海，就凭他一个初中生水平，能行吗？但如今，已经啷铛入狱的张海，似乎并没有人帮他。

时政高官

与“神秘富豪”对应，我认为“人物类调查”的第二类好选题，就是时政高官。这类人物的影响力更大，公众的关注度更高，如果能在他们的身上挖掘出值得报道的中性甚至负面的东西，那当然是一个大新闻。

但局限于中国的国情，如何做这类人物的调查性报道，是困扰当下新闻人的一个巨大难题。因为，和“神秘富豪”的调查不同，时政高官手中握有权力，调查稍微有风吹草动，她（他）本人就会知道，这就会使其采用不正当的方式将我们的报道扼杀于萌芽之中，风险系数极高。而且，高官本人一般很少接受如我们这类市场化媒体的专访，在他们眼中，媒体只是工具，招之即来、挥之即去。

但工作还是要继续，由于高官的影响力实在太大，很多时候，我们在无法面对面采访的情况下，为了写稿，也不得不进行“外围调查”，写出报道。

在《南方人物周刊》，我写过大概10多篇这类报道，其中有新任科技部部长万钢、教育部部长周济、原体育总局局长袁伟民、安监总局局长李毅中、司法部部长吴爱英等。

写周济的时机是，2005年的春天，全国各高校的BBS经历了一次强有力的整顿，我们很想约这位留美归来的院士部长谈谈，传真发到教育部办公厅，当然没有了下文，不得已，我们只好找熟悉周济的人来还原这个人的形象。

先从周济的同学找起，周济毕业于清华大学，当年留校的一些同学如今都成了教授、博导，这些人谈了当年的一些往事，也说了一些周济的现状。

紧接着去了武汉，华中科技大学是周济的发家之地，从1984年留美回国，周济在这里一步步从教授干成了校长。这里的人对周济都很熟，性格、爱好、工作等，拿到了许多翔实的故事，比如，周济工作很拼命，有“拼命三郎”的称号，去北京出差，火车人太多，就躺在火车座位底下睡觉等。

再去湖北省科技厅、武汉市政府。科技厅一位处长的话让我印象深刻，他说周济是急性子，说开会，人必须马上到。有一次周末，他正在家炒菜，周济电话打来，说要开会，由于太紧张，菜炒到一半，忘记关煤气，他就急匆匆走了，差点酿成火灾。

其间，也经历了许多人的盘问，是不是周济部长同意你来采访的啊，是不是周济已经接受你采访了啊等等，我一一搪塞过去。

采访持续了将近10天，采访了20多位周济的同学、朋友、学生、同事等，最后成文4000多字，由于指出了周济以前在武汉“光谷”中的形象工程，文章引起了一定反响。遗憾的是，没有和周济进行面对面的交流，成稿后当然也没给他过目，这留下了一定后患。

在此，需要讨论的是，面访和四周围调查的区别。

徐列认为：“多数情况是所谓的外围采访，也就是通过他人的口来报道你所要采访的对象，这些本应作为配料的采访时常作为主菜显得不那么鲜活，像餐前小菜只能开胃，不能解饥。”同时，徐列承认，“采访了并不意味着会有出色报道”，因为“许多人通常喜欢借媒体做秀，

人/封面人物

调查张海

从“藏密大师”到“资本巨鳄”

PEOPLE WEEKLY 19

只谈工作不谈个人，文章成了政绩工程的一部分或是事业成功的注脚，看不到人物的喜怒哀乐和内心世界。”

笔者认为，就中国现行的大体制而言，对时政高官的采访，可能四围采访得来的信息，大多数会优于他个人提供的信息（在面对面采访的情况下），因为，周围采访得来的信息，几乎就是另外一种民间形式的组织考察，不仅更真实、客观，而且能看到他自己无法或者不愿说出的缺点。

这种采访方式的缺陷是，没有个人叙述的生动、连贯。在周济、袁伟民等人的稿件撰写中，我有很深的体会。

民间新闻人物

除去“神秘富豪”、时政高官，另一类值得费时费力去调查和关注的人物就是引发广泛关注的“民间新闻人物”，因为，社会毕竟是五彩斑斓的，不仅是名人的天下。

我之所以把这类人叫“民间新闻人物”，是因为这类人就存在于你我大众之间，没有显赫的权力、没有富可敌国的金钱，但是，特定时期的新闻事件让他一夜成名。

在《南方人物周刊》期间，我也采写过许多这类人物的调查性报道，如奥美定幕后人物曹孟君，民间禽流感举报第一人乔松举等。

说起曹孟君，知道的人可能不多，但是说起一种国产隆胸产品——奥美定，人们可能就不陌生了。有专家估计，使用过奥美定的中国人，尤其是女性，

“奥美定”史前史

以几十万计。而奥美定的“研制和主要推广者”，就是曹孟君。

我们介入奥美定事件的时候，已经非常落后于其他媒体了。2005 年底，中央电视台的《新闻调查》栏目播出注射隆胸存在安全隐患的报道，对奥美定进行质疑；2006 年 4 月初，《新京报》连续刊发报道对奥美定进行质疑；30 日，在患者及媒体强力的压力下，国家药监局以不能保证上市使用中的安全性为由，叫停奥美定。

由于奥美定和中国几十万注射使用的女性息息相关，而且，药监局的腐败初露端倪，在此情况下，全国各大媒体纷纷从不同角度对奥美定进行报道。火上浇油的是，曹孟君的富华医院还殴打了香港的记者。

在连篇累牍的报道中，针对的都是奥美定和曹孟君的富华医院，我们分析后发现，竟然没有一家媒体针对曹孟君如何研制、推广奥美定导致今天惨剧进行调查，更是没有人探究一下这个胖胖的老头究竟是何出身，有没有他吹嘘的研制奥美定的能力。

我先去了深圳，那是奥美定使用的集中地，也是曹孟君的大本营，但是年近六十岁的曹孟君，四十多岁才开始闯深圳，几乎和深圳一起成长，之前他的人生无法得知。

通过层层查找，得知曹孟君原为咸阳一所医院的普通外科医生，立即飞赴咸阳，在那里收获颇丰，发现了原深圳市委分管组织的副书记刘某和曹在彩虹电子厂时即已相熟（刘某原为彩虹厂党委书记，曹为厂医），官商勾结一幕得以显现。

紧接着马不停蹄奔北京、去长春（是聚丙烯酰胺水凝胶最早从俄罗斯流入中国之地），历时半个多月，采访几十人，写成万字长文“奥美定家族”调查。

文章发表时，“奥美定事件”已经成为昨日黄花，但这毕竟是对曹孟君家族第一次真正意义上的调查，网络转载后，香港多家同行来电询问相关情况、要求转载，北京同行也电话鼓励，这让我稍感安慰。

就这类人物而言，由于其不具有“神秘富豪”、时政高官那样的知名度，调查起来线索更难查找，但是，也正因为从低处着手，剥茧抽丝，或许更能窥见社会最真实的一面。

毕竟，那是我们都正在过着的最大众化生活。

（作者为南方人物周刊记者）

“生活就是看法”

——对周末读本深度报道的理解及操作

□陈宇

2006 年 3 月 1 日，中国的媒体市场上多了一份刊物：《南都周刊》。初始之时，由于缺乏大规模的广告宣传，加之只在有限的几个城市发行，《南都周刊》在全国范围内并未引起太大关注。与此同时，有些人还产生了疑虑：这份印刷和纸张都不甚精美的刊物，能否在市场上站稳脚跟？

这种担忧或许不难理解。中国的媒体已迈入充分竞争甚至过度竞争阶段，仅以媒体倚重的深度报道而言，《财经》、《南方周末》、《三联生活周刊》、《中国新闻周刊》等周刊周报，经过多年苦心经营，早已拥有了一定的影响力和一批忠实读者；而为了建立影响力和品牌，日报也纷纷开辟深度报道栏目，其在新闻时效性和资源上拥有周报无可比拟的优势。留给《南都周刊》的市场空间似乎很小。

《南都周刊》以事实消解了读者疑虑。从 2006 年 3 月至今，先后推出了一批相当有内涵的报道，如《黄静案总结报告》、《一个 SARS 家庭的后遗症》、《佘祥林：做回正常人好难》、唐山大地震 30 周年、《扑克牌背后的千名幼儿》、《高勤荣：我以后再也不反腐了》等，不仅在社会上产生了广泛影响，也使南都周刊获得了认可。

一个家庭的
SARS后遗症

A26
A27
高勤荣：
我以后再也不反腐了

细心的读者注意到了《南都周刊》封面左下方“中国新型周末读本”的字样，开始探究周刊定位与报道之间的内在关系。笔者以为，可以从两方面去理解：

“新型”，意味着《南都周刊》不可能是现有周报周刊的简单重复。《南都周刊》的口号是“生活就是看法”，由此可见，它的立足点是探究公众的生活方式和智慧。

“周末读本”，决定了《南都周刊》不会在公众用来放松身心的日子里加重他们的负担，也就是说，阅读本身是愉悦的。《南都周刊》已经找到了使报道轻松下来的途径，那就是：讲故事。

关于故事的理解

《南都周刊》也许是中国唯一一家直接以“故事”为栏目名的平面媒体。这明确揭示了南都周刊深度报道的特点：叙事性报道。它要求记者以深入的采访和细腻的笔触，讲述生活中发生的事情或人物。

但是，不同的人对“故事”有不同的理解，有时彼此之间还很难达成共识。《南都周刊》需要什么样的故事？在过去一年中，不少记者深感困惑。

笔者的理解是，有没有故事，首先是一种价值判断。无论是黄静案、佘祥林案，还是 SARS 患者，重庆钉子户，抑或是陈冯富珍、高勤荣等，我们可以发现：一、这些选题有足够的新闻性；二、有深刻的内涵，如黄静案探讨了中国司法鉴定体制的弊端，女权主义者在主张上与传统文化观念的冲突佘祥林与高勤荣都属冤假错案，背后是人们对司法公正和程序正义的期待；SARS 患者反映了重大公共卫生事件导致的受害者遭歧视问题；而与《物权法》联系在一起的钉子户事件，充分显现了城市拆迁管理条例的滞后性。

上述新闻都反映了《南都周刊》的选题方向。我们关注中国在转型期间出现的各种问题，关注历史问题在现实社会中的反映，关注公共利益和公民权利，其基本立场是推动社会进步。而人物在事件中的命运转折，已经揭示了社会和生活的本质。

在这样的前提下，有没有故事，才是可读性上的追求。

典型的《南都周刊》故事，符合美国普利策特稿奖得主富兰克林对新闻故事（News Stories）的解读：“一个采用对话、描写和场景设置等，细致入微地展现事件中的情节和细节，凸现事件中隐含的能够让人产生兴奋感、富有戏剧性的故事。”它是新闻性、思想性和可读性的完美结合。

细节再现真实

新闻故事要做到好看，吸引人，两个条件不可或缺：一是拥有足够的细节；二是记者具备高超的驾驭文字的能力。后者经过一定的训练和努力可以达到；而前者，只能通过深入的采访和扎实的调查获得。

《南都周刊》深度报道的操作理念是“讲故事”。对如何讲好故事，它也有指导性原则：“细节再现真实”。笔者的理解是：细节本身必须真实；做到整体真实；符合在生活中的真实和在历史中的真实。要实现这一目标，记者和编辑应当坚持“客观、理性和包容”的态度。

客观是真实性的前提。所谓客观，笔者以为，准确的说法应该是：只陈述事实，不影响公众对事物的判断。

媒体实际上对公众是有潜在控制力的。在讨论报道哪些新闻不报道哪些新闻，或者将大事说小、小事说大时，媒体已经决定了公众的关注重点。滥用这种权力就会造成对外部世界的假相，影响公众判断。这样的例子在中国并不少见，最经常的就是对矿难等灾难性事故的沉默或一笔带过。

客观，也意味着记者必须提供完整信息。在采访中，《南都周刊》要求记者多方求证，让不同的利益群体都有说话的机会。在批评性报道上，这更是一条铁律。如《犹太学真相》一文，黑龙江社科院犹太学研究到底取得多大成果，记者只陈述了事实——黑龙江社科院的结论，犹太学界专家的观点，黑龙江省政府的意见，一部分研究员的批评，所有意见都充分表达后，读者自有公断。

理性，站在《南都周刊》深度报道的立场，则要求记者始终以冷静、平等的态度去观察事物，但又不失人文关怀。媒体往往会在报道时陷入误区，如对遭遇不公的弱者，天然地抱以同情；对英雄，自然带上了崇敬的色彩。如此，则即便记者采访的细节都是真实的，强烈的感情倾向也有可能导致报道整体失实的后果。

《南都周刊》一直在努力避免这种情况。试以记者陈江的高勤荣报道为例，这是一篇相当优秀的报道，不仅获得了南都周刊 2006 年度最佳报道奖，相比于其他媒体对高勤荣的报道，也是最深入和客观的。当其他媒体继续把高勤荣当作英雄供在神坛上、突出其悲壮、正面的英雄形象时，只有《南都周刊》把他还原成了一个普通人。

所有媒体都交代了高勤荣之所以成为新闻人物的背景。1998 年，记者高勤荣因举报山西一次耗资 2.8 个亿的假渗灌工程而遭到报复，几个月后，他被判刑 12 年，罪名是“敲诈、受贿以及介绍卖淫”。高勤荣的正义行为和受到的司法不公确实值得尊敬和同情，但他们没有再往下探究高勤荣揭发腐败行为的思维逻辑以及造就这样一个舆论监督英雄的特殊时代背景。

包容显示了《南都周刊》多元化视野和尊重异见的态度。仍以《黄静案总结报告》为例，对黄静的神秘死亡，女权主义者认为死于 “约会强奸”，在西方，这是界定“约会暴力”的关键词；但在中国，这仍然是一个文化概念，并与现行法律、传统伦理观念产生了冲突。尽管在当下社会，女权主义仍是一种只有少数研究者持有的主张，大多数公众不认同甚至反对，但《南都周刊》没有随意褒抑，反而以相当大的篇幅，表达了女权主义者的观点。

版面的人文意识

要谈深度报道，还不能不谈版面。

通常人们对深度报道的理解，只是针对稿件而言，但事实上，读者看到的深度报道，是一个以版面形式展现的综合体，除文字稿外，还包括图片、编者按、资料链接、版式和色彩等。每个环节都会影响读者对报道的整体评价，因此，从这一角度来看，版面也是深度报道的组成部分，至少是补充或延伸。

与《南方周末》、《南方都市报》的深度报道不同，《南都周刊》非常重视版面的整体呈现。我想，原因之一在于南都周刊周末读物的定位，既然要求轻松阅读，那么版面就应当是优美的、简洁大方的。

《南都周刊》的版面具有浓厚的人文色彩和责任意识。对重大报道和特别讲述，它从不吝惜版面，如《扑克牌背后的千名幼儿》，它就拿出了A叠44个版中的13个版进行报道。

2006年的这组报道，最值得称道的593名失踪儿童名单，我们用了6个版进行刊登。如记者手记《列一份名单》所言，这份名单沉重而令人压抑，在那一个个人名、一张张稚气的脸背后，是一个个不惜倾其所有也要找到孩子的家庭。几年中，有多少家庭倾家荡产？多少家庭分裂？多少家长出现了心理问题？名单中虽然没有这些内容，但有寻找特特的个案在前，人们不难想象这593个家庭也面临同样问题。看到这份名单，有谁不会被震撼，并对中国儿童成批失踪的严峻现实深刻关切，痛恨人贩子的无良呢？

在深度报道方面，《南都周刊》往往是稿件和图片（包括插图和制图）并重，彼此独立又互为补充。这里的独立，指的是图片绝对不是只依附文字而存在，有时本身就是一个独立的故事。比如在股民专题《3000点·16年》中，我们就用了一张SARS期间香港学校复课的照片，其实也是从侧面反映2003年香港股市低迷的现实。

《南都周刊》从来不认为刊登整版图片是一种浪费，除上述原因外，还在于大篇幅的图片，可以起到调节读者阅读节奏的作用。因此，尽管它是报纸的形态，操作上却是杂志的思路。

富有故事情节的事件，发人深思的内容，简洁大方的版面，这就是《南都周刊》提供的深度报道产品。它把流畅生动的文字与严肃的内容合二为一，将提供给读者轻松愉快的阅读享受。

（作者为南都周刊生活版编辑）

注：本文提到的《南都周刊》均指《南都周刊·生活报道》

擎起新闻业的故事旗帜

□苏岭

我是专责《南都周刊》"故事"版的记者。"故事"的口号是"细节再现真实"，欲将新闻的深度报道由综述变身为叙述，既吸引读者，又能承载更丰富的内涵。通俗地说，在商业都大兴讲故事的时代，我们与时俱进，擎起新闻业的故事旗帜。

故事的好坏，对记者而言，直接地由采访的纵深性和细致性来决定，最后由文本来呈现。

不放过任何线索

在网络时代，杂志很难拿到独家性的新闻源，加之新创，没有读者报料，我们通常从一些媒体报道中捡遗拾漏，寻找自己的报道空间。以我的采访经历来说，原本预期的小报道在连环追问之下，会现出没有预期到的重要新闻线索，报道方向随之而变。

2006年9月，我所报道的《扑克牌背面的千名幼儿》引起了读者和同行的高度关注,也为《南都周刊》赢来了新创后的美誉,后获央视二套"第一时间"栏目主办"封面2006"入围奖。这一报道即是由一个新闻点拐弯而来。

这个新闻点是安徽滁州人沈浩印了一副"寻人扑克"。全国的媒体，包括海外媒体都聚焦在沈浩个人身上，关注这副扑克收费的道德性，而我却开始向他询问那些离散家庭的故事。早前，央视跟踪报道沈浩全国征集被拐卖儿童家庭付费印"寻人扑克"时，我已经开始关注可能的实效。在云南和贵州这样的拐卖儿童重灾区，失子家庭多为外来务工人员，租住在城乡结合部。他们为找寻孩子已花光不多的积蓄，可能飞蛾扑火般相信每一条可能的找寻之路吗？悲恸会因为时间和穷困而淡弱吗？问题究竟出在哪里？

沈浩打开他的寻人启事网，开始跟我讲述与这些家庭的种种交集，给我

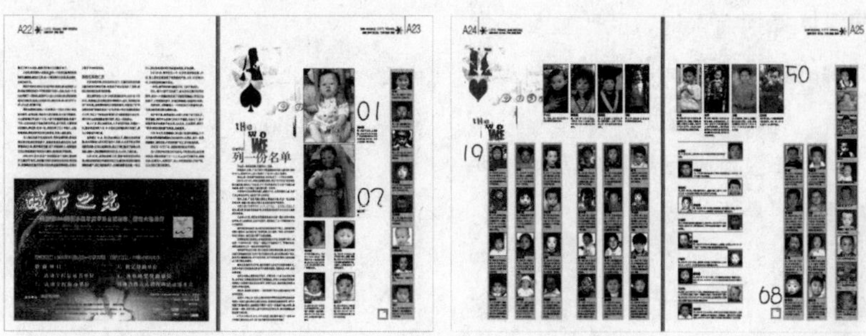

看他们寄来的信和寻人启事，27 个扑克上的孩子仅是其中一角。失子家庭的痛苦是相似的，但程度已因时间而别。我简单分了一下类，失子时间较长者，丢了一段时间者和刚丢者，包括被拐长大后欲寻回亲者，逐一询问。当他提到湖南怀化的戴子初印 500 万份寻人启事，组织寻人小队，全国找寻，两年花费数十万，赏金 10 万仍未找到孙子戴特株时，我意识到这是我要的新闻主线。尽管之前有过戴子初的报道，但他找寻的经历却无人撩开。戴子初显然是失子家庭的典型，他的找寻故事足够说明拐卖儿童的所有问题。

果然，戴子初有足够多的故事给我。我们相对了整整两个白天，问尽了所有能想到的问题。他还透露了自发互助式的“寻子联盟”的事，使故事在点之后有了强劲的支撑面。

怀化之前，我还去了南京和杭州。南京见了两个失子家庭，一个上了扑克，一个刚刚失子。杭州是一个长大成人的被拐孩子，寻亲的隐秘每天都在刺痛他的心。

寻子联盟当然也要采访，我再去了东莞。云南、贵州和河南则通过电话采访，拿到一份不完全上千名被拐卖儿童名单和近百张照片。我向领导要求挤出版面，将照片悉数登上，给读者视觉上的震撼。我相信真实具有无比的感人力量。

永远站在客观这一边

不过当重大新闻事件发生，全国媒体蜂拥而至时，就比较难获取特别的报道角度。此时，能帮忙的只有客观的采访态度。

今年3月，我从重庆发回的两篇关于“最牛钉子户”的报道《钉子户在战斗》和《重庆最牛钉子户身份之谜》，被读者和同行喻为最客观、详实的报道之一。在媒体享用“重庆最牛钉子户”盛宴之时，如果说我的报道稍微厚重一些，除了我是记者中唯一亲历事件最久之外，更多是客观的态度使然。

3月16日上午，我采访“最牛钉子户”事件的另一方重庆正升置业公司，发现他们的说辞与3月15晚吴苹所述出入很大。我便要求重庆正升公司一一出示证据。客观的态度令重庆正升公司心悦诚服，极尽可能披露一切能披露的信息。重庆正升公司由于国资背景，基本按规范操作。那么那栋如孤岛般的楼何以矗立一年半？在追问之下，重庆正升公司逐渐道出了其国企凡事不能立决的通病。当吴苹的聪明使俩与国企程序相遇，问题便被一再拖宕。吴苹有背景之说随之不攻自破。

A18

故事 Stories

钉子户在战斗

“风能进，雨能进，国王不能进”，
18世纪中叶，
欧洲人捍卫物权的经典比喻，
在21世纪的中国找到了最好的注脚。
故事的主角是重庆被拆迁户：
杨武、吴苹夫妇，
他们被称作“史上最牛钉子户”
在四面沟壑的“孤岛”上，
他们插上红旗，
正在投入一场战斗。

那么这岂非一个孤立的事件？熟谙拆迁相关法律的吴苹为何百般掩饰？不提钱的她其实在与重庆正昇公司的数度谈判间隙聊到了钱，聊到了她所知道的上海、北京和深圳的房价。“原位置、原朝向、原面积上的安置”暗示着她内心真正的要求，但她找不到支持的法律理据，而她又极力想演好一个守法公民的角色，绝口不提钱的主张，所以再三对媒体强调“一楼还一楼，二楼还二楼，朝向不变，左右一点均可”，让诉求听上去合理一些。

由于开发商一向有恶的声名，加之它居于社会强势，通常从内心情感上，公众会偏向弱势的被拆迁户。但记者不能被此情感所遮蔽，仍然要坚持客观、中立的态度。因此我必须尽可能调查出当时拆迁环节的真实状况，核实吴苹所说。邻居、重庆九龙坡房管局、金地房产评估公司等，有冲突处，来回查证，以致九龙城区房管局拆迁科科长任忠萍说：“你的问题怎么比谁都多？”因为客观，她没有因为采访时间超过预定而驱赶我。

问题环环相承，随后导出了《城市拆迁管理条例》的问题。经查阅后，我发现最重要的一方——被拆迁户竟在《城市拆迁管理条例》缺位。在中国近二十年的城市化改造过程中屡见不鲜的拆迁风波显然由此而致，尽管它经过一次修订，并由高院下发了有关强制拆迁的规范性指令。北京大学法学院知名教授贺卫方说“我的同行当中，一些民法方面的专家，他们认为这个‘拆迁条例’是一部相当糟糕的立法，都是偏向于政府或者开发商，而对于财产的原来占有人的权利保护相当不足。这个条例甚至根本没有对于因公共利益和因商业利益所进行的拆迁做出区别。”（《城市拆迁管理条例》的问题，我交给了同期做封面话题的记者）

被拆迁户期望得到什么样的安置？

此时的吴苹已处于媒体的重度包围中，我选择采访重庆的多位被拆迁户，他们有的已被强拆，四处投诉，有的像吴苹一样，正与开发商对峙中。但这个问题，我仍然要抛给吴苹，虽然她言不由衷。在第三次单独采访她时，她终于透露了心声。

质疑到底的精神

人世不存在非黑即白，新闻事件同理。但很多时候，它变得单向。一则好的报道，应该呈现社会应有的景象，透视出更深的问题。因此，我总想在采访中看得比别人多。

4月9日，全国主要报刊和门户网站刊发了《民主与法制时报》的《山西稷山三干部因文获罪》的报道。该报道指山西稷山县干部薛志敬、杨秦玉和南回荣在2006年稷山县两会前夕写了一封《众口责问李润山》(李润山为稷山县委书记)的举报信，打印、散发了33封，而致“报复”，杨秦玉和南回荣被判刑一年缓期三年，薛志敬在取保候审，等待开庭中。看起来，“稷山信案”颇似“彭水诗案”的升级翻版。在“彭水诗案”后，仍然发生此等事件，仿佛时代错位。这引起了我们的兴趣，决定做一个该县的政治生态故事。次日下午，我便到了稷山。

拿到《众口责问李润山》，我首先感到行文的夸张，它不似普通检举信的有事说事，而有许多措辞上的渲染。我开始就里面所说李润山的问题，逐一向薛志敬、杨秦玉和南回荣询问。很多问题他们都回答说落实不了，是听说的，里面所涉李润山私生活问题是想象的。至于为何写这封信，他们说是想给李润山提个醒，有则改之，无则加勉。跑外地去打印、邮发，只是为了给县委书记提个醒，逻辑上似乎有点问题。我心下存疑。

在此事件中，李润山和公检法的问题显见。而薛志敬、杨秦玉和南回荣的动机却是所有被采访者猜不透的谜。如果真如他们自己所描述，为正义而谏言，民间倾向应该一面倒才对。

我问他们以前用这种形式检举过别人没有，他们说有过，但没被报复过，因为参与的人太多，该县委书记太无能。

难道这里检举成风？外围采访时，我跟某位做过多任县委书记秘书的人聊起此话题。他说在整个运城地区的所有县市一直有搞这种地下小字报的情况，街头乱撒、塞入门缝、堆放工地，但稷山县以前的处理最多到公安局讲清楚，个别谈话就算了。稷山县新闻中心主任黄振廷也证实此事，并且说薛志敬、杨秦玉和南回荣常搞此事，公安人员从南回荣家搜出多年前的底稿，涉及多位稷山县的干部。如此看来，当反映意见的渠道不畅，生活又相当倚重政治时，地下小字报的出现也就不足为奇。

黄振廷还提及薛志敬逃跑途中给李润山写忏悔信，其亲家为原副县长，南回荣曾因索赌被检察院批捕，李润山曾有恩于南回荣等。这些后来都得到了佐证。

当知道我跟县政府人员接触上后，一直把自己撇得很清的薛志敬主动找到我，要说一些事。在首次采访中，我曾暗示地问他们有无任何过失时，他们皆答自己清白正直。他讲述了忏悔信、自己的政治生涯和县里的政治斗争。随后的采访，南回荣和杨秦玉也更坦诚。

因此，我的报道不是单一事件的报道，而涵括了政治生态和社会人情的故事，所透视出的东西更为丰富。

写稿时你只是记者

好的故事，最后都得通过文本来呈现。客观的身份在此时依然必须。我曾经因为过多考虑“我”，试图平衡各种关系，而浪费过好的采访。

这是我做的《火车站伤童的回家路》。2006 年 6 月，我在某网站获悉火车站有一男童被一疑似人贩子的女子所伤，该女子伪装精神病，逃避公安处罚后，立即着手采访，先后采访了火车站派出所、收治过两人的医院、民政局、社科院、卫生局、收治女子的江村脑科医院、帮男童寻亲的爱心人士和女子家乡的派出所、乡镇书记、邻居、两个女儿、丈夫等。根据采访，此男童为该女子的亲生儿子，非外界所传。但由于女子未治愈，公安所发调查函未回，公众对政府相关部门不信任，导致真相未能尽早查出，部分爱心人士担心孩子被转卖，而在一些

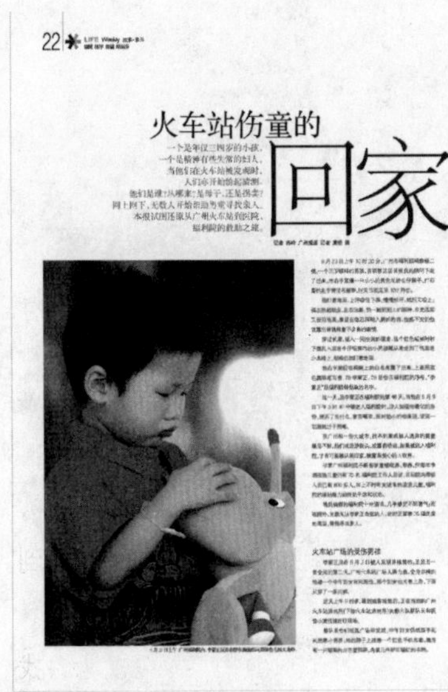
22

火车站伤童的回家

一个是年仅三四岁的小孩，一个是精神有些失常的妇人，当他们在火车站被发现时，人们亦开始纷纷猜测：他们是谁？从哪来？是母子，还是拐卖？网上网下，无数人开始帮助男童寻找亲人。本报试图还原从广州火车站到医院、福利院的救助之旅。

火车站广场的受伤男孩

大网站展开寻亲活动。

采访结束后，我跟民政局领导和男童父亲约定，给孩子做完手术后再行接人。但湖南卫视跟我抢新闻，说动思念心切的男童父亲提前接走人。由于新闻工作的要求，我不能在稿子刊发前公开我的调查，导致部分爱心人士在网上狠砸我。

现在看来，这真是一个精彩的故事。但我写稿时，因为想平衡各方关系，也不想自己再受伤害，没有突显其中的矛盾和人性的局限，而只是呈现了比较平面化的事件。

现在，我会不停提醒自己，离真实越近，报道才越有价值和力量，因此追问的步伐永远不可稍停。

（作者为南都周刊生活版记者）

坚守公共利益 成就职业理想

——简评南方报业的调查性报道

□展江 王锦东

前言

曾几何时，在中国提起“报人”这个字眼，人们就不由得肃然起敬，自晚清民初起，中国这片古老的大地上就诞生了一大批杰出报人，可谓灿若星河。这些报人以他们的满腔热血、执着进取为这个苦难多劫国家贡献良多，他们胸怀天下、针砭时弊，以高度的使命感和责任感“为天地立言，代生民请命”。这个特殊的群体一方面本身就是饱学多才之士，在某种意义上秉承了古代士人惯有的“论政”传统，另一方面就是国门打开西风东渐使然，在追求民主自由的宏大语境下肩负开启民智的启蒙使命，当时报业作为借鉴西方重要社会制度之一的“第四权力”，自在中国落地起就不遗余力地参与到整个政治、社会、文化等公共事务上来。他们的成就高度依然令今天的大多数媒体人望尘莫及。

历史在前行。今天，令我们感到欣慰的是，有一群媒体人在沿着前辈的足迹，执着地走过一程又一程，悄无声息间他们在长大，并在某些领域显著影响了中国历史的进程。其中南方报业的调查性报道队伍是这一群体中的翘楚。

展江教授

转型环境下的调查性报道

简言之，调查性报道（Investigative Reporting）就是记者揭露被掩盖真相的深度报道，是传媒守望环境功能的典型体现。

调查性报道之所以在中国当下备受瞩目，简单说来有以下两个原因：首先是客观方面的原因即广大阅听人的需求。如同“扒粪运动”（muckraking）兴起的美国在20世纪初一样，中国也正在经历政治、经济、文化等全方面的社会转型。

社会转型期必然伴随的是社会阶层结构分化，社会成员利益分化，在宏观层面上表现为由于难以兼顾公平和效率而造成社会的失衡与断裂。“中国再次进入社会不稳定时期。突出表现为：世界上最大规模的经济结构调整；世界上最大规模的“下岗洪水”和“失业洪水”；世界上最显著的城乡差距和地区差距；世界上基尼系数增长最快的国家之一；世界上最严重的腐败及其最大的经济损失；世界最大范围的生态环境破坏。”①

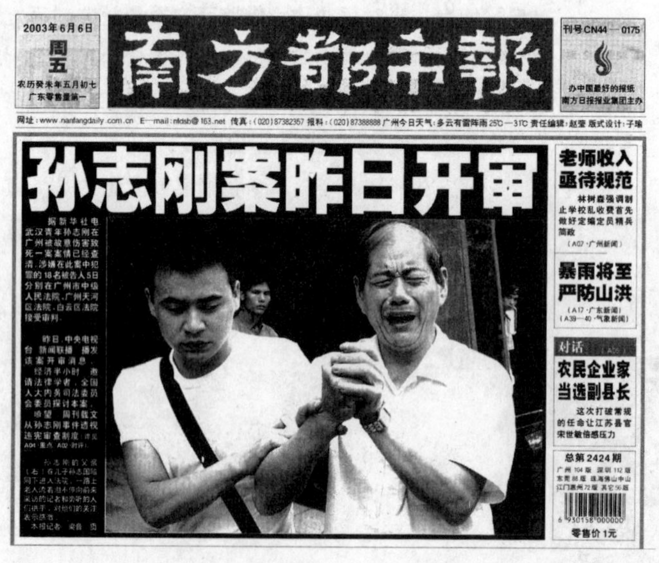

2003年6月6日 周五 农历癸未年五月初七 广东零售量第一

南方都市報

刊号CN44—0175 办中国最好的报纸 南方日报报业集团主办

网址：www.nanfangdaily.com.cn E—mail:nfdsb@163.net 传真：（020）87382357 报料：（020）87388888 广州今日天气：多云有雷阵雨 25℃—31℃ 责任编辑：赵莹 版式设计：子瑜

孙志刚案昨日开审

据新华社电 武汉青年孙志刚在广州被故意伤害致死一案案情已经查清，涉嫌在此案中犯罪的18名被告人5日分别在广州市中级人民法院、广州天河区法院、白云区法院接受审判。

昨日，中央电视台《新闻联播》播发该案开审消息。《经济半小时》邀请法律学者、全国人大内务司法委员会委员探讨本案。《瞭望》周刊载文从孙志刚事件透视违宪审查制度（详见A04·重点 A02·时评）。

孙志刚的父亲（右）在儿子孙志国陪同下进入法院，一路上老人流着泪不停向前来采访的记者和旁听的人们拱手，对他们的关注表示感谢。本报记者 梁鲁 摄

老师收入亟待规范

林树森强调制止学校乱收费首先做好定编定员精兵简政

（A07·广州新闻）

暴雨将至 严防山洪

（A17·广东新闻）
（A39—40·气象新闻）

对话

农民企业家当选副县长

这次打破常规的任命让江苏县官宋世敏倍感压力

总第2424期

广州104版 深圳112版 东莞88版 珠海佛山中山江门惠州72版 其它56版

6 930158 000000

零售价1元

在微观层面上则表现为由于每个社会成员博取个人利益最大化，从原来社会主义建设者蜕变为追求个人利益的“经济人”，由于个体的起点不同，即从原来国家主导资源分配向市场化、私有化分配的转变过程中的机会不平等，不可避免地会产生种种利益不均衡和矛盾。在这种情况下就需要媒体发挥其“社会雷达”的作用，尤其是在重大民生领域，民众一方面要知晓在自上而下的公共资源分配过程及结果是否合法合理，另一方面也需要有基于自身利益的舆论表达，在这方面调查性报道尽显“公器”本色，发挥了独一无二的作用。

南方周末

中国股市将走向何方

股市震荡到底原因何在
巨擘之争如此来龙去脉

股市应该“软着陆”

一个研究生的杀身之祸

3 核潜艇“顶”翻渔船

2 财产保护立法

11 名人 向走穴风下战书

13 感受 绥县事件的沉重

16 南北两律师叫板春运涨价

17 我的家在5公里长的电线里

21 华语电影踏上生死线

23 黄仁宇自传

调查性报道兴起的另一个原因就是在媒体市场化改革过程中，为追求市场效率而作出的选择。当由市场说了算的时候，受众的兴趣和利益成为媒体不触犯“政治正确”天条下，安排内容的最高准则，显而易见的是调查性报道以其揭露真相赢得了广泛注意力和影响力，这样无疑增强了发行和广告上的回报。

南方周末

这么大的事故都敢瞒报

劈开南丹黑幕的阳光

谁隐瞒南丹矿难

3 小康研究 ……

6 海狸鼠神话

7 名牌大学 被举贷索……

8 观看“页子”秘密

10 “WTO与中国”（一） 金融业全线吃紧

12 插嘴20岁的PC

13 我们都是外星人？

14 生物治疗攻克癌症？

21 在韩国使馆谈“韩流”

笔者以为，以《南方周末》、《南方都市报》为代表的调查性报道队伍一直以来就是国内同行的表率。“深入成就深度”作为《南方周末》广为人知的口号，旗帜鲜明地表达了《南方周末》人在报道中的职业理念，他们总是以强烈的社会责任感，敏锐地捕捉到事关公共利益、反映时代进程的事件，克服重重困难深入发掘事件核心所在。多年来的新闻信念坚守，为《南方周末》赢得了极高的公信力和影响力。

例如，1998 年山西假酒案件的报道《朔州毒酒惨案直击》；1999 年四川《綦江垮桥的背后》；2000 年对金融腐败现象的系列报告《股市黑幕》；2001 年震惊全国的广西南丹煤矿特大透水事故的系列报道——《南丹矿难》等等相关报道都引起社会各界的广泛关注，多次直接引发强制性力量的介入和问题解决。

《南方都市报》的调查性报道同样有着不同凡响的表现，“孙志刚事件”的报道激起了强大的社会舆论，最终促使了收容遣送制度的终止，令人记忆犹新的是 2006 年对彭水诗案的报道则不但使滥用公权的有关地方政治权势受到惩罚，更为重要的是该事件对公民言论自由的观照和推动。

如果同西方调查性报道比较，也许我们的调查性报道还有很长的路要走，毕竟西方调查性报道的兴盛、发达是有据以操作的大环境为保证的，那就是保护新闻自由的自由民主体制，值得一提的是，综观西方的民主发展史，言论出版自由、新闻自由催生了宪法，但宪法又保证了新闻自由，对比之下我国的新闻媒体则在宪法保障言论自由下仍囿于“宣传机制”的教条遵循，这种制度性困境致使传媒远未发挥出“公器”应有的作用。反过来看，许多国外调查性报道记者又会羡慕中国同行，认为中国是调查性报道的天堂，到处都有记者待调查揭秘的富矿。

从社会影响力看，可以说南方报业的新闻理念、操作经验是成功的，我们对其中《南方周末》的读者稍加考察，会发现《南方周末》多年以来都是社会精英（政治精英——官员，经济精英——企业家，文化精英——高级知识分子）最为关注的报纸之一，从读者的社会属性中受教育程度看，它已经拥有 600 多万知识型忠诚的读者。创办 23 年的《南方周末》由 7000 份的量到成为母报强有力的一翼；从创刊时的对开 4 版，到对开 8 版、16 版、20 版直到 32 版;从发行 7000 份到突破 40 万、80 万、100 万直到 130 万。今天《南方周末》被誉为“中国发行量最大、公信力最强、影响最大、版数最多”的综合类周报，被国外同行誉为当前反映社会问题、揭露真相的镜子。

坚守公共利益的努力和对职业理想的追求

由于传媒的独特作用，在西方被称为与立法、司法、行政并列的“第四权力”，传媒作为一种现代社会无所不在的道义性的软力量渗入了社会生活的各个领域。美国学者拉扎斯菲尔德和默顿曾指出：大众媒介是一种既可以为善服务，也可以为恶服务的工具；而总的说来，如果不加以适当地控制，它为恶服务的可能性则更大。鉴于此，学界对于传媒责任和义务的探讨经久不衰。调查性报道以其深入性、敏锐性和显著的社会影响力成为最能体现守望环境、实施舆论监督的传媒利器，调查性报道的本质是揭露滥用政治权力、经济权力对公共利益形成的损害，目的在于使公众时刻对政治权力、经济权力保持警醒。

当代“百科全书式”学者哈贝马斯曾深刻阐发了基于传媒环境下的“公共领域”构建。他是这样定义公共领域的：“所谓公共领域，我们首先意指我们的社会生活中的一个领域，某种接近于公众舆论的东西能够在其中形成。向所有公民开放这一点得到了保障。在每一次私人聚会、形成公共团体的谈话中都有一部分公共领域生成。然后，他们既不像商人和专业人士那样处理私人事务，也不像某个合法的社会阶层的成员那样服从国家官僚机构的法律限制。当公民们以不受限制的方式进行协商时，他们作为一个公共团体行事——也就是说，对于涉及公众利益的事务有聚会、结社的自由和发表意见的自由。在一个大型公共团体中，这种交流需要特殊的手段来传递信息并影响信息接受者。今天，报纸、杂志、广播和电视就是公共领域的媒介。”②自传媒出现以来就兼有社会参与者和历史叙述者的角色，这种特殊身份也显示了它在公共领域构建中的不可替代性。

我国现代化的转型过程同时也是国家领域（state sphere）、市场领域（market sphere）、公共领域（public sphere）和私人领域（private sphere）相互消长和博弈的过程。在传统的二元结构社会，只有庞大的国家领域和微弱的私人领域，商业社会的兴起开始出现市场领域并逐渐壮大。在当前社会全面转型中，总体趋势是国家领域不断退出本该属私人和商业的个人领域、市场领域，同时不断扩大服务于公众表达的公共领域，其中公共领域是连接和协调各领域的中间地带，是坚守公共利益、表达公众声音的必需通道，作为构建“公共领域”主要工具的大众传媒应当具有开放性、对话性、批判性等公共理性精神。对于这几种领域的相互关系如下表所示：

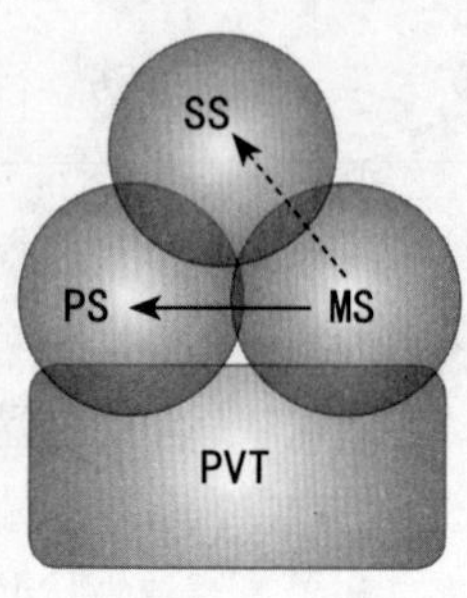

SS：国家领域
PS：公共领域
MS：市场领域
PVT：私人领域

以2006年南方报业的几篇较有影响的调查性报道作品对照分析：

标题	媒体	题材	关注领域
重庆彭水诗案	南都	滥用公权侵犯公民人权	国家领域/私人领域、公共领域
悲情沙埕港	南都	自然灾害	公共领域
“变态”邱兴华心理档案	南周	精神病人犯罪	国家领域/私人领域
一份“黑名单”牵出33家知名外企	南周	跨国公司环保	市场领域/公共领域
重疾险调查	南都	保险纠纷	市场领域/公共领域
心脏移植疑案之一	南都	医患纠纷	市场领域/公共领域
举城狂欢庆贺郴州贪官倒台	南周	反腐	国家领域/公共领域

通过简单对照可以看出，南方报业调查性报道作品的题材包括了公民基本人权、自然灾害、精神病人犯罪、跨国公司环保责任、保险纠纷、医患纠纷、反腐败等，全部是关涉民生的公共利益问题。

从传媒“公共领域”建设的角度看，这些报道无不揭示了国家领域或市场领域对公共领域和私人领域的侵袭，这也印证了当前社会主要不和谐因素正是由于社会转型过程中政治权力、市场权力运行失当引发的。

结语

纵观近年来调查性报道在中国的发展，可谓在曲折中前进。应该说囿于体制局限，从新闻专业主义的标准衡量，中国调查性报道还有诸多不足，但仍以其特有的韧劲和操作方略发挥不可或缺的作用。其中，南方报业的调查性报道始终坚守公众利益，始终坚守“公器”应有的社会责任，观照权力运行、关注社会失衡、关爱弱势群体命运，犹如灯塔竭力照亮社会的每个角落，正是这种坚持不懈和新闻专业主义朝向为它赢得了公信力和影响力，以其特有的良知、爱心、正义、关怀等影响了一批又一批的公众，诚如那句广告语所说：让无力者有力，让悲观者前行。我们有理由相信，南方报业的调查性报道会在转型中国的语境下不断从这座调查性报道“富矿”中开掘出更多的金子，一如既往地秉承人文关怀精神，在新闻专业主义之路上迈进。

（展江，中国青年政治学院新闻与传播系主任、教授；王锦东，河北大学新闻与传播学院研究生）

注释：

①《经济繁荣背后的社会不稳定》，王绍光、胡鞍钢、丁元竹，《战略与管理》2002 年第 3 期。

②欧力同（1997），《哈贝马斯的“批判理论”》，重庆：重庆出版社。

新闻生产的力量规制与特征呈现

——对《南方都市报》调查报道的媒介社会学分析

□张志安

自2000年前后起，《南方都市报》（以下简称“南都”）的调查报道在其向主流报纸转型的过程中，扮演着非常重要的作用，它与南都时评一起构成了南都提升新闻品质、完善内容结构的两大标杆。而且，此后南都发展历程中所经历的高潮或低潮、梦想或挫折，几乎无不和某篇或某个系列的调查报道之间发生密切关联。

本文试图从新闻生产社会学（或称媒介社会学）角度，以新闻生产与社会控制的关系作为切入点，结合笔者对南都所做的以深度访谈和实地观察为主要方法的人类学考察，集中分析南都调查报道操作过程中其新闻生产与社会力量之间的张力关系，总结其呈现出来的负责特征，并尝试用“主动协商”、“默契协同”等概念进行阐释。

发展历程及面临问题

根据笔者调查所知，南都调查报道主要经历了三个发展阶段：

1. 随机化操作：“焦点”版的编辑整合。此阶段，南都尚未把深度报道作为重头产品来抓，操作比较随机、零碎，主要依托常规新闻版面、抓住重大题材来进行。其中，以报道本地新闻题材为定位的“焦点”版，相对其它版面而言更注重编辑整合能力，时常用大版面对较有轰动性的社会新闻题材进行报道。

这些“焦点”新闻，并非西方新闻学意义中的调查报道，多数是暗访式的调查新闻。2001年7月9日，南都以4个整版、18条图文推出报道《揭开“医托”黑幕》，报道盯梢、笼络、监视等各种欺骗手段。紧接着，跟踪报道连续不断，第二天的《广东将全面清理医托》、《揪出医托后台老板》，第三天的《部队医院支持打击医托》,第四天的《受害者痛述被骗经过》,第五天的《治医托下猛药》和第六天的《解聘所有外聘医生》等连续报道。原编委方三文认为,这个阶段南都的深度报道“主要靠整合,不能算真正的深度报道”。“当时那个东西大家感觉也不好，主要靠编辑的努力，指导做选题的眼界还不够宽。相对来说就是本地新闻的篇幅拉长。我觉得一个深度报道，价值观比较清晰，文本价值比较大”。

这个阶段南都的深度报道更多是组合报道，侧重编辑的功能发挥和内容的整合形态，没有真正确立深度报道的理念，也缺乏相对独立的报道形式。但南都在发展前期的新闻实践中形成的对社会、时政题材尤其涉及腐败、揭黑题材的报道经验，对此后南都深度小组进行类似题材的调查性报道操作应该是有所积累和借鉴的。

2.日报化实践：“深度”“对话”的开辟。2002年3月南都改版,推出“焦点”、“对话”、“深度”、“时评”等栏目,其中,“深度”版和“对话”版每天都有,“焦点”和“对话”都主要做本地题材，服务于广、深新闻的本地化。这个阶段深度报道的典型特点是日报化，即把深度报道当作常规新闻、日常新闻来操

A16 深度

A17

农妇移植心肺成为“活广告”

两家医院争称手术由其实施，两名医生分别发表内容相去甚远的学术论文

肠胃病人面临5种危险

作，以密集的频率来进行密集报道。但由于操作任务太重、周期太短，即便是调查报道也因为赶时间，无法深入挖掘事件真相和意义，有些“放大”性处理方式也无法达成真正好的传播效果，同时，一些广州以外新闻题材无法吸引本地读者强烈的阅读兴趣。“山西吕日周的事情就做了 7 个版。我们很快就发现问题了，这些深度报道的内容在业界、网络上很受好评，但大部分本地读者并不喜欢看”。（2005 年 8 月，作者对原南都编委方三文的访谈资料）

3. 周报式定位：“全国视野、地方视角”的策略。2003 年 3 月，南都再次改版，正式成立了深度小组，加强了深度报道在新闻版的权重。4 月 1 日，取消了“焦点”版，正式推出“重点”版和“深度”版。仅 4 月 1 日至 7 月 31 日，“深度”版共发表 72 篇报道，其中不少报道产生很大影响，如《被收容者孙志刚之死》、《孙大午被捕》、《吴敏一辞官下海》、“深圳选举风波”系列等. 从 3 月到 8 月，“重点”版先后策划实施了 SARS（非典）、孙志刚案“聚集三峡”和“关爱特困大学生”等专题或系列报道。改版后，南都的调查报道无论在报道题材的重要性、报道产生的影响力以及报道主题的深刻性上都有较大提升，操作节奏上更从容、选题标准上

南方都市报 第一重点 A05

ZHONG DIAN

坚决查清
孙志刚被故意伤害致死案

- 依法严惩凶手
- 维护法律尊严
- 维护公民合法权益

被收容者孙志刚之死

更明确、写作文本更成熟。从这个阶段开始，南都的调查报道从原先的日报化操作逐渐回归周报式定位，减少文章数量和密集程度，以便记者和编辑能够更从容地采编稿件。同时，也开始注重本地和外地题材的平衡、新闻价值中的接近性因素，更多考虑广东本地读者的阅读兴趣和接受心理。这种回归周报的实践策略被概括为“全国视野、地方视角”。

据笔者访谈，南都调查报道面临的问题集中于两方面：（1）从内部新闻操作的角度，怎样更好地平衡异地题材和本地阅读兴趣的关系，更好地探索调查文本的创新路径，更好地实现“既叫好又叫座”的目标。调查报道的品牌既需要不断高质量的报道，也需要相对固定的版面和周期，以便读者逐渐形成阅读习惯和期待；（2）从外部环境变化的角度，怎样及时应对和适应宣传政策的新变化。2005年，中宣部出台了新的舆论监督管理政策，南都这样的非省级党报没有异地监督的报道权，即不能外派记者到省外进行舆论监督类的报道。以往调查报道的选题相当部分都是外地题材，且舆论监督类报道比例不小，因此新政策带来的限制和影响很大。针对政策限制，深度小组采取的对策是，加大本地题材的深度挖掘，扩展舆论监督之外涉及文化、社会、生活等其它领域的题材。同时，注意把握政策变化与管制放松的任何可能，不断寻求调查报道的操作空间。

临场发挥与主动协商

过去相当长时间里，南都调查报道主要以社会、时政类题材为主，多为负面问题，大量涉及异地舆论监督，多为负面问题，很容易触及一些政府部门的利益或受到宣传部门的政策约束。为此，操作者必须保持审慎态度，确定选题时得考虑政治风险，发稿时经常要再三度量，在稿件采写过程或发稿前也不时因宣传“禁令”而放弃写稿或发稿。

据不完全统计，南都每年未发出的调查报道约有10-20篇左右，多数并非因为稿件质量问题，而因为不符合舆论导向的要求，与管理部门下达的宣传纪律相抵触。以2004-2005年的一些被“禁”稿件为例，黄金高、王廷江属于一段时间内比较敏感的新闻人物，海宁吕海翔死亡事件、广西钦州殡仪馆贩卖尸体、河南副省长雇凶杀妻案等都是性质恶劣的负面题材，对地方政府的形象有所损害。“在过去深度的操作中，我们所坚持的政治智慧，去硬

冲禁令的基本没有，跟它周旋的也不多。”（2005 年 8 月，作者对深度小组主管的访谈资料）

虽然不时有稿件因宣传控制与政治因素而无法见报，但其在南都调查报道中所占比例并不高，约 1/10 左右。同时，这并不意味着南都编辑部面对宣传要求完全处于被动位置，实际上，调查报道从业者总在有限空间中尽可能地寻求发稿的可能。在调查报道的实践过程中，那些偏软、不易触及政府或权力部门利益的报道，基本以常规、惯例的方式生产；一旦碰到敏感、重大的报道题材，针对每个个案，都呈现出比较典型的“临场发挥”特征。

“临场发挥”是学者潘忠党从传播社会学角度探讨中国新闻改革时提出的概念。他认为，新闻改革的实践中，由于目标不完整、环境不确定等因素，作为改革实践主体的媒介组织与管理部门会发生上下“商议”、寻求合作的实践过程，这种实践就是“临场发挥”的行为形式。“临场发挥”也同样适用于分析新闻工作者从事新闻制作、处理与其他相关社会行动者之关系的行为方式。（潘忠党，1997：68-69）

南都调查报道的生产策略也有“临场发挥”的特征。一位深度小组的记者认为，南都跟其他报社在做新闻方面有一个最大的不同，就是像和洪水抢时间一样，有敢“闯”的主动意识。“我们形成的传统就是要接近事实本身。”另一位调查记者则用“政治智慧”来概括编辑部处理类似敏感题材的策略。2005 年 1 月，他到上海做关于拆迁的报道。“在静安和徐汇交界处有个小区叫麦其里，原来是租界，地段价格很昂贵，房子老是拆迁不了，后来拆迁公司晚上叫了帮人把汽油倒在钉子户的房上，全部烧着了，烧死两个老人，这个拆迁公司是徐汇区政府的全资集团公司。当时，做这种题目很危险。一则，拆迁的事情比较敏感，长期以来都是不准报的；二则，上海是个很牛 × 的地方，稍有不慎容易惹火上身。好在案子已经破了，东方网发了 300 字左右的消息。”最终，这个稿子还是见报了。（笔者对深度小组记者的访谈资料，2005 年 7 月 27 日。这篇报道题为《上海麦其里拆迁区“1·9”纵火案调查》，发表于《南方都市报》2005 年 3 月 3 日）

值得注意的是，在长期的“临场发挥”实践中，由于宣传政策文字叙述的模糊、政策发布的可预期性等，编辑部逐渐意识到，政府机构与宣传部门同样是可以沟通、互动的，甚至有一些复制的“协商”策略：既可以通过发表报道进行“试探”，也可以借助其他方式进行“解释”。由于这种协商带有从业者很强的主观诉求，与其报道事实、揭示真相的职业精神密不可分，因此，笔者试图将一些可复制、借鉴、循环使用的策略概括为“主动协商”，这种“主动协商”便成为南都调查报道生产的鲜明特征。一定程度上，此类协商策略将使调查报道“临场发挥”的投机性适度减弱，重复性和模式性逐渐增强。

根据笔者访谈和归纳，这些“主动协商”方式主要包括：（1）对发稿时机做预判；（2）理解宣传通知的具体文字，找到符合政策要求的报道空间；（3）经过一段时间“冷处理”，有些题材依然可以再度挖掘。一位编辑曾这样介绍灾难性报道的“热新闻、冷处理”方法：“‘热新闻、冷处理’就是报道的时候变换角度。《重庆拆除城市“炸弹”》这篇报道（发表于 2004 年 4 月 26 日《南方都市报》），其它同行媒体都在关注灾情本身，我们却关注导致灾情发生的深层原因，最后的落脚点不是做灾情的事件性报道，而延伸开去分析城市的工业规划。

深度 A17

上海麦其里拆迁区

“1·9”纵火案调查

市政府专门对此案作出批示，案情于2月24日真相大白

南方都市報

深度 A15

重庆拆除城市“炸弹”

●天原化工厂氯气泄漏爆炸成为该市解决城区污染难题的推动力

●重庆搬迁污染企业的模式将为其他工业城市提供一个样本

市场诉求的间接影响

整体上看，报社市场利益和企业商业利益对南都调查报道没有直接压力，不会影响其报道立场或倾向，但南都整体的市场化取向会对调查报道的定位产生间接影响。

据实地观察，南都调查报道能够保持相当程度的中立和客观，绝少受到经济利益影响或报社经营部门的干预。

与同行相比，南都调查报道独立操作原则更加鲜明。市场因素对南都调查报道的影响主要并不是体现在广告商的利益诉求方面，也不是体现在报社经营部门对其干预方面，而体现在报社整体市场化定位对调查报道定位的要

A14 深度

少林寺：武林绩优股

功夫之星选秀大赛透射出中国功夫的商业化追求

A15

A14 深度

同性恋者的异性婚姻

一个"假结连理"的家庭在现实中的角色扮演和他们的5人世界

A15

求方面。南都从诞生起就是一张充分面向市场、参与竞争的报纸，调查报道作为其内容产品的重要组成，不可能漠视市场需要。何况，尊重和满足市场需要，既包含服务于报纸开拓市场的经济要求，也包含满足目标读者的阅读需求。这种市场因素对深度小组的影响，最明显体现在其对“本地”市场的日益重视。

南都调查报道在发展过程中始终面临着来自市场的困惑：怎样既做好异地题材的报道，又能满足本地读者的需求。作为一张主要覆盖以广州深圳为中心的珠三角地区的都市报，深度小组既要对国内其他地区发生的重大新闻做出快速反应，又必须充分考虑本地读者的阅读兴趣，这种全国性报道视角和区域性报纸定位之间关系如何协调让调查报道操作者比较苦恼。为此，深度小组负责人必须不断思考，怎样处理好调查报道“全国”和“本地”的关系，使之同样能够为报社的市场定位和业务开拓服务。“相对较好的解决方式可能是把本地事件做大，本地的小事也可能做成大事，记者应该熟悉某些领域，对事情的前后脉络做判断。本地的东西做出来，影响不比一般报道小。”（2005年8月9日，笔者对现任南都深度小组负责人陆晖的访谈资料）这种对本地题材的日益重视就是报社整体市场定位对调查报道定位“间接”影响的直接体现。

专业理念与组织控制

操作理念、考核体系、把关能力和职业精神等诸多要素，构成了南都调查报道新闻生产至关重要的内部操作体系。这种体系的主要功能是控制和支持，决定着南都调查报道实践的基本范式。

控制或支持是相互渗透和相互协调的。控制更多指调查报道的操作规则，包括操作理念、选题标准、文本要求等，支持则更多依靠报社领导、部门主管和考核体系等给予编辑记者以福利、心理和发稿方面的实际回报及帮助。南都编辑部对深度小组实行的“特殊”考核制度，既是一种支持，也是一种控制，其稿费考核的标准要素就是对报道稿件的质量要求。但是，由这些因素组成的操作体系和基本范式是南都深度小组新闻生产最重要的内部控制因素。相对来说，外部的政治控制和商业控制起着整体性约束作用，但只有在特殊报道个案操作时其作用才显得特别突出，而在日常的、惯例的调查报道操作中，编辑部内部的自我控制才是“每时每刻”起决定作用的因素。而且，这些因素可以很快地内化成深度记者和编辑的新闻操作习惯。

深度小组内部的这种操作体系，既遵从区域新闻部总体的新闻理念、生产流程和操作策略，也有自己独特的业务地位、操作机制和生产策略。这套操作体系中，除上文已经提及的调查报道操作理念、取向和特点外，还包括深度小组管理者对编辑记者的支持，以及考核体系上的“特殊”安排。比如，调查报道由于比较容易触及权力部门的利益，相对拥有更高的风险，编辑部管理者就需要给记者更多的支援，也非常强调管理者承担风险的意识和责任。对此，深度小组的负责人曾说：“我们从来都强调，政治风险由我们来扛，编辑记者不要自己设限，他们在长期实践中还是会形成一定的自我把关的惯性，但每到具体事件发生时还是有很强的新闻冲动，只要能做就尽量去做”。这番话，从新闻生产的社会控制角度有两层意义可解读：一则，在深度小组的编辑部内，管理者主动承担风险的意识可以很大地鼓励记者突破限制、大胆实践，以采写更多有价值和有意义的调查报道。这种将风险意识和把握责任“上移”的做法符合整个区域新闻部新闻生产的要求；二则，由于经常因

A18 深度

A19

区委书记群发短信辱骂市委书记

河南一起破坏选举事件引出官员腐败窝案

抗肿瘤 用“双灵”打好新春第一仗

政治风险或违反宣传纪律而导致稿件无法见报，无论从“行之有效”的角度还是从稿费计算的角度，记者碰到敏感题材都很容易“自我设限”，即先行把关看是否能做、能发，这种记者的“自我把关”的克服需要靠编辑主管不断强调专业理念及建立合理的稿费补偿机制。

编辑主管对记者的支持有利于在深度小组形成团结协作、平等民主的组织文化，这种组织文化还包括编辑部其他部门同事对调查记者的职业尊重和价值认同。据笔者观察，在调查报道的新闻生产实践中，由媒介组织所创造的制度环境和文化氛围是很多调查记者非常看重的东西，对他们来说，这些“软性”力量有着重要的激励作用。

从专业理念的角度看，南都调查报道记者对以《纽约时报》、《华盛顿邮报》等为代表西方主流大报的调查性报道比较熟悉和认同，具有比较鲜明的新闻专业主义意识。在业务探索和创新方面，模仿西方媒体记者的调查报道技巧等成为他们的共识。他们对西方调查报道的理念和技巧都比较熟悉，对舆论监督的社会功能和调查报道的价值取向都有相似看法，他们都将一些西方主流报纸的新闻实践作为业务标杆。现任深度小组负责人陆晖就曾引用《南都周刊》副主编长平的话说：“我们之所以不够好，是因为学得还不够。所以，我们的深度报道要向西方学习，学得越好也做得越好。”

小结

调查报道力图展现的是事实背后的真相、是社会的整体真实，调查记者们努力用报道来拼凑更加全面、真实的“社会图景”，以向公众提供更加富有意义、更接近本质的新闻。行文至此，简略考察完南都调查报道背后的力量规制及特征呈现，最值得致敬的依然是文字背后火热的人心与人性。从比较理想的角度看，他们到底是或应该是一群怎样的人？最后，笔者想援引美国芝加哥学派崇尚的新闻教育的培养目标，与南都调查记者们以及所有真相探寻者共勉（潘忠党，2005：113）

他们要会“跑”新闻，但更重要的是，他们要具有在把握社会“真实的整体”基础上发掘新闻的能力；他们要讲故事，掌握描述的基本功，但更重要的是，借用文化人类学家吉尔茨（Geertz）的话，他们不从事味同嚼蜡的“浅描”（或称“报道”），而是擅长具有分析穿透力的“深描”；他们是专业人士

(professionals)，这不仅在于他们掌握了通过专门训练得到的技能，更在于他们具有服务全体社会、倡扬公共利益、献身社会福祉的精神，并有将这种献身精神渗透到日常工作之能力。

（作者为复旦大学新闻学院讲师、博士）

* 本文为教育部重大攻关项目《媒介素质教育理论与实践研究》的一部分

【参考文献】

1. 黄旦. 新闻传播学 [M]. 浙江：浙江大学出版社，2003：84

2. 潘忠党. 新闻改革与新闻体制的改造——我国新闻改革实践的传播社会学之探讨 [J]. 新闻与传播研究，1997（3）：68-69

3. 潘忠党. 解读凯利 · 新闻教育与传播之别 [J]. 中国传播学评论，2005（1）：113

4. 孙五三. 批评报道作为治理技术——市场转型期媒介的政治—社会运作机制[C]. 全球信息化时代的华人传播研究：力量汇聚与学术创新，2004

关于传媒发展趋势的几个判断

□陆小华

新华社新闻研究所所长，《中国记者》杂志总编辑，享受国务院政府特殊津贴。近著有经济学专著《西部对策》、新闻学专著《整合传媒》、《再造传媒》、《激活传媒》等。

数字技术的发展与人们生活方式的变化，正在推动传媒加速变革。一些新的趋势性变化正在影响传媒的运作。它值得我们认真关注。

1. 新媒体加速演变

新媒体正以前所未有的速度演变，深深地渗透入人们的生活。

什么是新媒体？现代传媒业就是现代工业的产物。

400年前，新媒体是报纸。相对于现代意义上的报纸出现之前的其它传播形式，无疑，作为工业革命产物的报纸带来了工业化的信息传播方式：定时、定向、定量传递经过选择、分类的新闻和商业信息。定期提供定量信息这一工业化的信息提供方式，实际上确立了工业化的信息传递方式的标准。以后出现的媒体形态与信息传播方式，无不隐含着这样一种标准化信息传播方式；

80年前，新媒体是广播；

70年前，新媒体是电视。电视出现后，人们无不预言，电视将消灭广播消灭报纸，但是，现在报纸依然存在，广播也变得越来越强势；

15年前，新媒体是互联网；

8年前，新媒体是短信（中文）。中国移动的无心的选择，造就了短信在中国蓬勃发展的局面，在很短的二三年内，已被传媒人视为是第五媒体；

3年前，新媒体是手机电视。手机电视技术的发展到目前依然还不能说完全定型，但是手机电视的出现其实在更大的范围更大程度上改变着人们对传媒的观念；

1年前，新媒体我认为就是即时通信工具。很多年轻人把即时通信工具当作交流沟通的手段，但当人们登陆QQ、MSN年看到弹出一个信息窗口的时候，我们就应该把它当作传媒工具。据说世界一些重要GSM移动运营商正在探讨就移动即时通信形成统一的资费分享方式和技术沟通平台。未来移动即时通信工具会在通信领域和传媒领域带来巨大变化，是我们以往很难想象的。

纵览传播方式的变化轨迹，可以简单地概括大致经历了几个阶段，从点对点（人际沟通）到点对群（传统媒体主导的传播方式），再到群对群（人们所说的互动式的传播体现了这一点），最终再回到更高层次的点对点。从这个轨迹看，我们就要高度重视正在演变为传媒工具的对等互联。在今天，对等互联已经不仅仅是一种技术手段，正在以多种方式出现在内容传播领域，正在演变为新的传播手段。比如，腾讯就以对等互联技术作为新推出的视频产品的运行基础。这样，参与下载其视频内容的计算机越多，使用的人越多，传输速度越快。这就颠覆了人们现在对流媒体的概念。今年，重视利用即时通信工具、对等互联等新媒体手段，已经出现在一些重要的讲话中。这在以往是没有的。可以说，意义深远。我们必须从战略层面上来关注这个问题。

2. 媒体走向移动化

媒体移动化有很多的表征。

表现在平面媒体上，首先就体现为报纸形态的改变，即瘦报化和小形化。瘦报化已流行多年。瘦报，人们原来对它的认识是它比较时尚好看，节约成本。但瘦报化实质上是报纸走向移动化，走向便于人们在移动空间中阅读。小型化则是报纸在走向移动化过程中更为具有象征性的一步。泰晤士报、卫报2004年走出这一步时，都称改变报型的重要原因是为了便于读者在地铁及其他交通工具上的阅读方便。过去，人们阅读报纸的地点在办公室，后来是在家庭。现在，人们活动的空间扩大，在第三空间的时间远远超过了在办公室和家庭。在办公室和家庭之外的空间中，人们依然会有强烈的获得信息的需要。因此，报纸最具现代意义的变革，是从以往大开本时代的“放在桌子上的报纸”变为便于携带的瘦报和小型化的报纸，变为可以行走的报纸，变为便于在移动空间中阅读的报纸，变为可以伴随人们生活方式的报纸。

其次也表现为杂志运作理念的改变，让杂志成为“行走的杂志”。现在的杂志形态大体有两种选择，一种是做得越来越豪华，越来越厚；一种是做得越来越薄，越来越便于携带。事实证明，便于携带的杂志发行量高得多。这其实与书籍演变的历史相呼应。书籍形态演变的历史，就是由精装本主导，到平装本主导，而便于携带的口袋本受到不同群体的欢迎，也说明书籍越来越趋于移动化，便于携带。

广播的重新崛起更是适应了人们在移动空间获取信息的需要。曾经有段时间，人们认为广播声音转瞬即逝，不如报纸那样容易保存与收藏；广播的选择性小，听众听广播，只能按顺序收听，比较被动，不像读报那样可以自由选择；广播的清晰度也比较低。由于只闻其声，不见字形，同音字词容易混淆，产生歧义，不如报刊文字清晰明白。广播在早期和在电视崛起后几度被人们冷落，广播也在相当一段时间没找到更好的运作方式。但是，随着21世纪的到来，随着人们在路上停留时间的增加，从而增加了人们与广播接触的时间，广播这种媒体所具有的传播信息的及时性、表达内容的传真性、收听对象的广泛性、收听节目的方便性又被人们充分认识。而如今广播重新崛起，

以一个强势媒体的面目示人，则正是得益于这几个特性，适应人们移动的需要。

电视走向移动化也十分引人注目。电视已经移动到了楼宇门口，创造了楼宇电视这样一种业态、分众传媒这样的传媒公司；电视已经移动到了出租车内，很多城市的出租车副驾驶座背后都挂上了一个小屏幕；电视早已经移动到了广场等外面的空间中，已经从客厅移动到了卧室中。

电视在移动，更为值得人们关注的是移动到了手机上，现在已经出现新的压缩技术，可以做到比较流畅地实时收看电视节目，基本可以与有线电视同步收看，大约仅仅滞后了10秒。这就意味着，手机电视不再只是点播或者下载视频节目，用手机实时观看电视节目已经具有了实用基础。可以说，手机这个移动信息终端，是媒体移动化的最重要的激励者，是适应人的生活方式变化的最重要的信息平台，也是传统传媒理念的最重要的挑战者。手机的媒体化是一个世界性的趋势，各国的大移动运营商都意识到了这一点。

媒体移动化的最重要的表征是互联网移动化。互联网的发展要求有几个基点，一是速度会越来越快，二是越来越深地介入政治、经济、社会、文化生活，三是人们使用互联网的方式要求越来越方便。适应今天人们的生活方式和使用心理，特别是希望随时随地使用互联网的要求，互联网就必然走向移动化。可以随

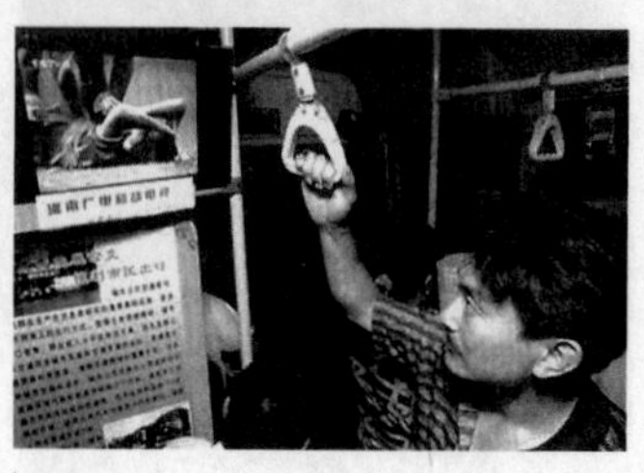

时随地上网，这是互联网发展历程中的历史性转折点。对能通过无线局域网、无线上网卡或其它联接方式登陆互联网所带来的变化，要从更高层面来认识。

我认为，互联网的移动化是不可阻挡的。因为，人的最大的需求，不是一般的信息需求、娱乐需求，人的最大需求是自由。人对自由的争取，伴随着人在自然环境中生存斗争的整个过程，也伴随着人在争取权益、认识人的权利的整个过程。而信息的充分获取、使用、分享，是人获得真正意义的自由的条件之一。这个需求是许多历史性变化的最重要驱动力。移动通信的发展令人瞩目，相较于传统固定电话通信，无非就是移动通信少了那根线，它意味着人们释放掉了一种束缚，获得一种自由。人，可以随时随地找到任何一个人并与其联系，这就是移动通信高速发展的直接推动力。在这个基础上，人们才得以不断发明并改进，不断拓展使用方式。

人们非常推崇互联网，但是，互联网在带来便利的同时也让人们感受到一定束缚——仍然要依赖一根网线才能上网。一旦能够去掉这根网线，实现无线上网，互联网会更有魅力和影响力。因此，人的基本需求会促使互联网这样发展。人们一旦可以以无线方式登录互联网一般就不会放弃，这会造就一种趋势。这些，都会深刻改变现有的与互联网有关的内容产品格局，也必然会改变我们对怎样满足人们的信息需求的认识。

3. 传播方式适应信息消费方式

传媒的运作方式说到底要与人们的信息消费方式相对应，才能真正谈得上满足人们的需求。因而，人们的信息消费方式会驱动传媒运作方式发生变化。那么，这些年，人们的信息消费方式发生了哪些值得关注的变化?

从特定时空存在到全时空存在。人们总是在一定的地点消费信息。在不同的地点接触传媒，其要求与使用方式当然会有区别。比如，有人就发现，在固定地点三分钟听不到有效信息，人们就可能换一个频率。而在移动状态下，人们可能只能忍耐一分半钟。这些年，人们的读报地点已经从主要在办公室，转移到家庭，转移到办公室、家庭以外的空间。人们在移动状态下和办公室、家庭以外的第三空间对信息的需求，加剧了市场细分，提供了更多的市场缝隙。填补一个缝隙就可能产生一种产品、一类业态，如楼宇电视与分众传媒。

人们也总是在一定的时间消费信息。传统纸介传媒居主要地位的时代，人们的信息需求主要集中在一天的特定时段，比如早晨或者晚上。所以，纸介传媒市场比较简单地分为早报市场和晚报市场。但是从世界范围看，下午出版的晚报一个个改换成在上午出版，还坚持在下午出版的晚报一个接一个消亡。原因何在？其中一定有值得人们总结的东西。人们讲了很多原因，比如晚报的生存模式。过去晚报赖以生存的基点之一是可以与早报打时间差。但是，电子传媒一步步拓展新闻更新的频率，从特定时段到整点，甚至到每隔 15 分钟。它促使人们的信息需求也发生变化。对比分析广播电视从稳占晚上的黄金时段到一步步抢占整点时间传递新闻信息，就可以发现晚报消亡的真正原因，是人们的信息需求已经从特定时段存在转向全时空存在。

从进入生活到渗入生活。今天，人们的信息需求表现出更为强烈的全时空存在。传媒的运作也从以往的主要追求进入人们的生活，转而必须渗透入人们的生活。比如，在早晨，人们就已经从看电视演变为听电视。这就是传媒运作方式与人们的生活方式互相渗透的结果。早晨，人们往往都是打开电视，一边忙碌一边听听今天的新闻，偶尔看一眼。早晨的这个时间板块，电视的功能已经演变为努力充当信息顾问，替人们读报，从报纸上选择受众需要的东西。

随着无线互联更深程度地渗入人们的生活，人们希望在任何时间、地点都能够获得想要的信息，这也是今天手机短信成为重要传播方式与媒体工具的重要原因。不管人们看好不看好，这种看似简单的传播方式在无数个时间点满足了人们的需求，因而有存在的合理性。所谓全时空存在，这里的时间段甚至包括人们的睡眠中，人们不希望遗漏那些在睡眠中发生的新闻，这就是早间电视节目从原来的做电视杂志，从原来的以满足人们的视觉需求为主，转向以提供新闻信息为主，转向突出声音这个重要传播手段，满足人们在早间生活节奏紧张以听电视为主的生活方式。早晨是人们信息需求的主要时间点，人们在早晨总是想尽快获得信息。“东方时空”的改革几经反复，最后回归到以提供信息为主就说明了这一点。

这样的变革带来的另一影响，是内容的使用问题。不但互联网在免费使用传统媒体的内容，广播电视的信息板块也在免费使用传统媒体的内容。这样的时候，其核心理念是挑选和分类，而挑选和分类就一定程度上替代了其它媒体的功能，使信息板块成为早晨时段最有影响力的节目形态之一。

（此文系作者 2007 年 4 月 17 日在南方报业所做的专题讲座《数字媒体变革与传媒运作》的一部分。整理：罗永新）

世界期刊脉搏舞动中国

□卡莫

5 月 14 日，北京迎来了第 36 届世界期刊大会，被誉为国际期刊界的“奥运会”。“杂志丰富你的世界”——一个多么具有诱惑力的主题。2000人的规模，笔者第一次感受到世界期刊界的脉动，交流和震荡的同时让我感受到，传媒的所有人，而非享誉盛名的少数人，均身处旅途中。科技带着到达我们创造力、自信和勇气的极限所能描绘的目的地。

属于更个人空间的媒体——杂志

在这个资讯超载的世界，网络让我们已经失去了带有个性标签的符号；报纸虽不令你落伍，但令你迷失在看完就扔的汪洋大海；电视虽不令你无聊，但令你泯灭自己；什么资讯能够让你找到知音、盟友和自我空间？找出与这类人的生活与生存、价值与信仰、情感与趣味、成长与保健。杂志无疑是个不错的选择。

一本杂志一个阶层。以至于《中国企业家》杂志打出口号：一个阶层与他的生意。杂志的拟人化，已经从年龄上给我们以区分受众。一个看着时尚 COSMO 长大的女孩，在经受过 ELLE 的品位训练，积累了一定的财富后，对人生产生了强烈的野心，她开始做起奢侈梦，这个女人开始阅读《时尚芭莎》，寻找情感的寄托。岁月的年轮即将在她脸庞打上印记时，她已经贵为人母，开始了《好管家》的生活，相夫教子。

杂志面临的机会和挑战

新闻业将何处何从？我期待能够找出全球媒体介质变化中的未来之路的

答案。听完了15日的会议，我的脑子里记下了四个观点：一、杂志的数字化不可避免；二、杂志产业的发展机会到来，杂志的广告份额占纸媒的比重加大；三、杂志的版权合作既要引进来也要走出去，合作的形式会更加宽松；四、中国期刊的发行量认证即将实施。

从来没有现在的媒体形态这么多，有很多此前大家认为不相关的行业现在叫做媒体的越来越多。如何看清这个现状来主动应对这个现状，大家冷暖自知。如中国户外广告网络运营商分众传媒创建于2003年，但其市值已经高达41亿美元，超过了纽约时报的36亿美元。先生的跟不上后养的，已经真实地在我们这个泛媒体行业发生了，是审时度势地选择改变还是一成不变地按照固定的模式走?

媒体的数字意识将成主流

媒体的数字化在今天已经并不陌生了，直面挑战，如何把读者留住，把市场留住，赋予这个行业更大的生命力。应该是关注媒体行业发展的人都关注的话题之一。在世界期刊大会也不例外，成为第一个焦点性话题。如何把单一的内容资源发展成为形式多样的内容产业生产？思考的方式永远不能停止，惟有不断的实践和付出行动比直接想答案悟出来的结果更深刻。

从产业规律上来说，网络和手机不会取代传统的媒体，但将来传统媒体一定离不开网络和手机。这个观点已经在大会参与人心目中形成了共识。

杂志产业进入发展的最好时期

第二个焦点，杂志产业的发展机会到来，广告份额在纸媒中所占的比重加大。

中国人在生活品位上面的投入比过去要大很多。时尚之风愈吹愈烈，而时尚的风向却每天都在变化。自从加入WTO后，中国的日化珠宝奢侈品的发展速度均以两位数的速度增长。大大高于其他行业发展水平。以至于国外媒体评论：中国人的财不外露、内敛的性格正在改变。“2006VOGUE中国时尚指数”得分为65.3分。数据显示中国公众在时尚的追求意愿上非常强，但是对时尚的认知程度、认同程度一般，时尚消费参与度还较低，这说明中国的时尚还处于追求向往阶段，有非常大的潜力。这也是为什么这两年不同生活的形态杂志纷纷出现，不言而喻看重的是它的人群与这个庞大的广告市场。

杂志广告在广告市场的地位

从世界各主要国家 2006 年广告投放的结构来看，报纸、杂志、电视、广播、互联网五类媒体中，电视所占据的地位依然突出，在巴西、意大利、日本和中国，电视媒体的广告量占去了五类媒体的“半壁江山”；在澳大利亚、法国、美国、加拿大和英国，则是“三分天下有其一”，比较特别一点的德国，也占到了 1/4 的份额。但是，电视的优势地位也并非人们想象的那样明显和“铁板一块”，比如说，从五类媒体的投放比例看，德国、澳大利亚和加拿大的报纸均超过了电视而居第一位。

特别需要注意的是，杂志在五类媒体中的地位必须重新认识，在法国和德国，杂志所占广告的份额分别高达 35% 和 25%，完全与电视“平起平坐”，美国和英国的杂志广告份额均占到 15%，意大利的杂志广告份额占到 14%，日本的杂志广告份额占到 10%。而中国的情况是：对电视广告的投放占五类媒体总投放量的 50.21%，而对杂志的广告投放所占的比例是十个国家和地区中最少的，只有 3.51 %，不到法国的 1/10，德国的 1/8，美国和英国的 1/4，日本的 1/2，中国的杂志广告投放空间可以说是大大地被挤压了。

但是在目前比较热的珠宝奢侈和日化行业，这样的广告更多地出现在杂志和电视中。

对外交流，在世贸框架里进一步放开市场

第三个焦点，杂志的版权合作既要引进来也要走出去，合作的形式会更加宽松。对于很多人来说，都觉得国外的月亮要比中国的圆，许多行业这个观念仍然存在。对于弘扬中国文化的传媒来说，引和走两条腿都需要灵活互动地融合。

据了解，目前中国期刊走出去的模式主要包括四大类：一是学术性期刊，

用英文出版。这类学术期刊可以直接进入国外的学术机构，为中国学术研究成果走向世界发挥重要的作用。

二是大众类期刊。这类期刊种类更多更丰富，用中文出版。发行到海外华语地区，为在外国留学定居的中国人或者想了解中国现状的外国人服务。

三是侨刊乡讯期刊。是为海外游子提供家乡凝聚力，特别向海外华侨传播特定的信息方面发挥着不可替代的作用。

四是外宣类期刊。这类期刊多是我国外宣部用专门的宣传经费办刊的。

在引进方面注意“国际视野，东方神韵”，主要还是以生活消费、科技教辅为主。在信息、印刷、版权贸易方面可以开展全方位合作。

期刊发行认证将实施，发行量和销售量需要真抓实干

第四个焦点，发行量认证即将实施。中国的媒体的发行量都是和女士们的年龄一样，很神秘。而现在这个状况已经快要改变了。

4 月 30 日，中国第三届都市报经营管理论坛上，新闻出版总署称即将对全国重点城市 40 余家都市报实行认证，在考虑到多种因素后，暂时没有公布报纸发行量。发行量认证在国外已经实行好多年了，让读者和广告主明明白白消费，而在国内却是迟迟未推行。

在此呼吁媒体，在某种程度上来说，渠道是大于品牌的，没有稳定的销售网点和高效的发行，如何让读者从上万种期刊中找出你。

（作者单位：新京报营运中心）

谁在叩门：中国传媒业呼唤商业伦理

□支庭荣

中国媒体的市场化，也许是我们置身其中的1/4世纪里最令人惊叹的奇观之一。譬如，以《南方都市报》、《华商报》为代表的都市媒体，在资源极度匮乏的窘境下，硬是杀出了一条血路，短短数年内，跃升为新主流媒体。《京华时报》及多家财经报纸、电视为代表的新生代，甚至执行完全的市场化运作。因此有人说，不管你什么身世，都要遵循市场化道路。如此一来，才有"拐点"到来之前全行业近乎疯狂的增长。

正如效率与公平的兼容性总是差强人意一样，中国传媒业的高歌猛进的车轮，似乎也刻下了深深的印痕。本次列车一望无际没有终点，本案卷宗字迹清淡没有明白无误的利益受损者。然而，空山新雨后，屐声帆影中，总有一个声音温柔地在心外叩门。我们是不是到了该反躬自问的时候?

义与利：责任决定方向

西方经济学鼻祖亚当·斯密说得好，我们桌上的牛奶和面包，并非来自于农场主和面包商的恩惠，而是他们追求自身利益的结果。的确，拜市场之赐，使我们能够在信息爆炸时代依然耳聪目明。上班族从离家出门开始，经小区、马路、地铁，进入楼宇大厦，几乎在生活圈中的每一个接触点，都被扑面袭来的百十种媒体淹没。没有市场化，这一切无从想象。

然而市场天生就不是完美的。纽约证交所的开盘钟声，只是证券市场嘈杂与喧嚣背景下瞬间跳动的优美音符而已。

大约有很长一段时期——这给了我们从容观察市场嘈杂面的可能——有偿新闻、虚假报道、低俗之风和不良广告并起，被列为我国新闻界"四大公害"，成为上上下下都留意到的普罗大众反映强烈的突出问题。

新闻界的公害其实不止于此。以报业为例，虚报发行量几成痼疾。今年4月，在有关部门强力推动下成立的发行数据调查机构，对全国11个城市都市类报纸发行量启动的核查结果，未能如期公布。该机构成立两年来，接受认证的媒体只有区区几家行业周报和杂志。还原一个行业的真相，与还原一则新闻的真相一样地难！

此前，许多同城报纸围绕发行量的扰嚷，差不多闹得冰冻三尺。从南到北，案例不胜枚举。可以说，报刊行业整体在发行量上陷入信用危机，已非一日之寒。对照《广告法》第三章第三十条的规定，“广告发布者向广告主、广告经营者提供的传媒覆盖、收视率、发行量等资料应当真实”，不过对牛弹琴。一众喉舌，空对着山中高士晶莹雪。

无论假新闻、假广告还是假数据，追究某一个记者某一个媒体的责任没有太多的意义。公害是行业问题。行业的成熟度、行业的责任感，在塑造着每一个个体行动者。譬如部分报社有这样的顾虑：如果原来连篇累牍地在报纸上公布自己的发行量是200万，可经过核查最终发布你的发行量只有100万，那么，你媒体的公信力何在？可能由于这个发布，老百姓及广告主对该媒体的公信力产生质疑，结果核查可能不但没有受益反而会带来伤害。这个顾虑可解读为开弓没有回头箭，仿佛这个行业非得休克疗法不可了。

姑且不谈正义、公理、良知这些大词，诚信二字，如何不敌当下之功？商业伦理，真的是世外仙株寂寞林？

自然，我们确信无法消除市场的弊端。进一步的追问是，媒体运营有没有规范？有没有边界？我们需要如何对待市场规则？应当为市场添加些什么？

德与法：他律不废自律

翻检旧书橱发现，原来反对有偿新闻是1987～2003年中国新闻界的主旋律之一。试举两例：

1987年9月，国家有关部门和记协就原《中国广告报》西北记者站以组团采访之名向企业索取经费，签订“有偿新闻”协议一事，联合召开座谈会，提出纠正不正之风的意见。

2003年9月，记协就11名记者在采访山西繁峙“6·22”特大矿难事故中违纪受到查处一事举行首都新闻界座谈会。与会代表提出要坚决抵制有偿新闻、虚假报道等不正之风，树立新闻队伍的良好形象。

我的纸里无法包住你的火。等到一小部分记者被山西矿主的金元宝再次击倒并东窗事发时，新闻界到了不得不接受再教育的危情时刻。

即使今天，我们也很难说有偿新闻现象已根本扭转。研究商业软文成为新闻学中新兴的学问，连实习生都对车马之资习以为常。以至有人浩叹：20年自律如此委婉成一夜惆怅。

宋人叶绍翁诗中有一句，“应怜屐齿印苍苔，小叩柴扉久不开”。拆解起来，要么是所叩非人，要么是无人应门，要么是蜻蜓点水，要么是柴门已封。这些情形在媒体业中，居然同时存在。

先说所叩非人。新闻界的一些非营利组织大力倡导行业自律，提出“新闻单位与新闻工作者要大力加强职业道德建设”。这一目的完全正当，然而一个“要”字说明，这仍然是不折不扣的他律，而不是真正的自律。既然不是发乎情，如何又能止于礼仪！

再说无人应门。当记者接受采访对象红包的时候，当电台开播“坐台节目”的时候，当卡通频道反复播放妇女用品广告的时候，媒体究竟是谁的共谋？媒体与信息来源、媒体与广告主，一起在烛光之下切割了谁的蛋糕？这时的心猿意马的媒体，如何谈得上自律？

资本并不全然派生出恶魔。在新闻史的教科书中，通常要提到中世纪欧洲的《富格尔新闻信》。这是富格尔家族的官方媒体。当时像富格尔这样的商号、商队，从地中海到中亚和西欧，连绵不绝。维系着这些商业帝国的，不仅仅是资本的欲望，还有强大的基督教伦理和商业诚信传统，使得委托人和股东能够对经理人的行为有所信任。这一套价值体系，同样有助于资本主义在欧洲的成功。因此商业王国完全可以伴生符合大多数人利益的价值系统。

我们认为，媒体应该有自己的坚守。从国外的薪酬体系看，英美的很多媒体，也分职级、年资，却并不实行计件工资制，没有苛刻的绩效考核条款。越是私人的、家族的媒体，反而越介意自己的社会形象，不像公众上市公司那样过于计较市场的得失。

知与行：重温革命精神

再说蜻蜓点水。应该说，我国新闻界具有深厚悠久的工作传统。行于所当行，止于所当止，几乎无人不知，无人不晓。然而，在经济的强大诱因下，不难见到知而不言，言而不尽；知而不行，知行分离的现象。有人有时明知不对，也要伸手。

也许传媒业本身就是一个怪异的市场。从管理学看过来，这是一个独特的“二元市场”，一边吸纳阅听人的注意力，一边吸纳广告主的投放额。分合之间，比例或有分殊，逻辑并无二致。

从精神分析学看过来，媒体的运营模式大概符合典型的精神分裂症候。伺候“两头”、“三老”，应付“五种竞争力量”和数不清的稍不留神可能开罪的“利益攸关者”，天生而有一种“职业病”。那些强势的媒体，也许可以抵御广告商的入侵。弱势的媒体，把持不定之下免不了成为挣扎的玩偶。

因此，当媒体能够从容淡定地在三边四方中周旋的时候，这可能才是真正的病态。譬如，有人不无溢美地指出，我国的都市媒体在采编与广告的互动上没有任何心理障碍。这其实暴露了涉及到生存与毁灭的大是与大非。除了“底线”之外如果再没有底线，则将伊于胡底?

回溯起80年代的“内容为王”，90年代的“经营为王”，新世纪的“品牌为王”，林林总总，可以归结为利益为王。

在风靡全球的《哈利·波特》中，对手嘲笑波特的好友，球赛守门员罗恩·韦斯莱有两句歌词：“韦斯莱是我们的王，他总把球往门里放。”媒体也一样，将竞争胜出奉为圭臬。

德国哲人康德曾说，有两件事物我愈是思考愈觉神奇，心中也愈充满敬畏，那就是我头顶上闪烁的星空与我心中的道德律。不知道在媒体的心中，有没有比利益为王更高的律令？宠辱谁能不动心，明荣知耻近乎勇。

前面提到的商业精神完全不可与革命精神同日而语，但是革命精神却有为公共利益赴汤蹈火的胆识与气质在。中国青年报两位记者将革命前驱熊亨瀚的诗刻于座右：大地春如海，男儿国是家。龙灯花鼓夜，长剑走天涯。重温起来，令人击节起舞。

我们不可能穿过时光隧道重现当年的硝烟。在和平建设时期，文人办报的传统也不应就此废弃。正如《南方周末》所宣示的，她也许不是最赚钱的媒体，但她要做一个最有社会责任的媒体。

省与察：期待职业治理

最后再说所谓的柴门已封。意指当一些现象是个别行为的时候，尚属正常，仅需要个别处理;当它体现为一个众数时，就需要行业和职业范畴的治理。

前述的报纸发行量困局就是如此。当然个中原因是多方面多层次的。有人将电视与报纸进行比较，结论是电视界的收视率调查堪称井然有序，央视索福瑞和 AC 尼尔森共治天下。何以报纸不然?

在我们的观察中，以下是诸多理由中的一条。电视可以零售这一特性很重要。央视新闻联播前后的黄金标版，拍出来的都是天价，但即使央视一套也有垃圾时段。电视媒体在不同时段混合竞争，基本上是田忌赛马，敢输而后敢赢。而报纸不然，一份报纸无法进一步拆零销售，只能“批发”。因此报纸是产品整体价值的比较，是一场滑铁卢遭遇战，谁也不能输，谁也不能退。在报业中，单靠市场的力量，这是无法穿透的硬壳。当然，现实中的报业还有更多的外壳，这些外壳保护着媒体的利益。有时，媒体的利益改进可能是以消费者的利益受损为代价的。

美国时代周刊创办人亨利·卢斯曾经把编辑部门比作教会，经营部门比作国家，奉政教分离，互不干涉为圭臬。施行起来很难，唯其精神可嘉。

媒体不是普通的商品，这句话我们说了 50 年。现在有多少人在较真呢?有人干脆地回答，媒体运作不就相当于生产一只杯子嘛！三拳两脚打开市场是第一位的!

社会生活其实具有巨大的复杂性。媒体不应什么钱都赚，媒体也不要都去赚钱。电视不要全都走商业化的路线，不应听任公共频道的衰亡。这些其实是危险的方向。需要提防将经济效益和社会效益兼顾作为幌子。经济利益应止步于公共利益之前。

先贤孔子倡导，吾日三省吾身。西方的司法讲无罪推定，这是为了制约强权。宗教讲原罪，这是为了制约人的无穷无尽的欲望。媒体对“阳光法”的促进，有助于社会的公正;媒体的自省，其实也是自身价值和意义的防腐剂。

但是这种精神实践不能取代制度建设。西方的媒体业中，有一种新闻外部监察人制度，国内的河南、厦门等地也建立了社会监督员制度，这是在现有行政管理、行业监督和自律并行的制度下一种有益的补充。

在市场经济中，政府、市场和行业组织，都有各自可能失灵的一面。通过多种制度的配合和每一种制度的逐步完善，可以有助于思考这样的问题：有没有其它的声音和利益需要顾及？是否愿意让那些叩门声进来？这也是促进社会和谐的一个起码要求。

（作者为暨南大学新闻与传播学院新闻系主任。本文系国家社科基金项目成果，项目号04CXW001。课题组成员曾祥敏、嵇美云、王菲、阴卫芝对本文亦有贡献）

参考文献：

喻国明《拐点中的传媒抉择》，经济日报出版社2007年版。
周雪光《组织社会学十讲》，社会科学文献出版社2003年版。

品牌管理是报纸长续发展的基石

——兼论我国报纸品牌管理及其现状

□王棱　陈雨

在我国目前竞争激烈的传媒市场，创造出一个报纸品牌实属不易，要打造出一个百年基业的大报品牌就更难。而要突破这重重难关，最重要的就是将管理引入品牌经营，从口号式的引进到行动式的实践。随着报业市场化水平的艰难提升，品牌管理从“自然成长阶段”进入到“强化竞争阶段”，取得了阶段性成就，但也存在诸多需要正视的问题，品牌真正融入报纸战略竞争体系、成为报纸核心战略资源还有一段长路需要夜行。

一、品牌管理：报纸持续发展的核心战略

1. 报纸品牌管理是一项系统工程

品牌管理，就是管理品牌的经营能力，具体指：以品牌为聚焦点，根据品牌发展目标和市场竞争态势，为塑造、维护和巩固、增强品牌，优化和有效运用各种内外部资源，贯穿于品牌成长全过程的计划、组织、协调、领导、控制。这项永无休止的艰苦工作，具体包括：

（1）统一内部对品牌核心价值、定位、愿景和形象、识别等本质性内容的统一认识来提升品牌管理工作，这种战略高度上的品牌认识规划为品牌管理指明了方向，使得品牌管理工作根基牢靠，纵横捭阖、张弛有度。媒体的内容是真正价值的所在，如果没有媒体属性，将无法构成有价值的媒体品牌，以创新为基石的内容就是报纸最大的品牌。读者是品牌建设的核心，只有针对读者定位确立好品牌定位，才谈得上报纸品牌管理。

（2）建立机制来固定品牌管理，保证品牌建设和管理流程和细节不受到人治基因的影响。构建合适的管理组织，并依托最高层的领导、管理意志来

实现自上而下的管理品牌；制定科学的管理制度，实现自下而上的品牌管理，控制因使用品牌而带来的从基础性到根本性的负面影响，毕竟报纸产品质量对品牌的影响有一个滞后效应。

（3）制定整合型营销传播方案，发挥“沟通性传播”（广告、公共关系、直复营销、事件营销、促销）和“非沟通性传播”（产品与服务、价格、销售渠道）等“稻草”、“杂物”的优势，用心血黏起品牌之“巢”，建立起报纸品牌与受众之间的血肉关系，形成面向受众的统一品牌形象与品牌价值实证。

（4）通过权威机构评估品牌资产，把品牌确定为量化的资本财富，这是将品牌资产运用到融资与合作、合资上的必要手段。

2. 内在修为与外围辐射：报纸品牌管理与经营的关系

报纸品牌“管理”与“经营”是报纸品牌化过程的两个重要因素，缺一个轱辘都寸步难行。其中，“管理”，是对内的一个合约，是对“经营”方向性的一种约束，它体现品牌的内在修为，是品牌的内在沉淀和维护的过程，更趋于战略层面。“经营”，是创建和彰显品牌外在属性的过程，它是品牌的外显化，实现品牌在更大目标受众范围内实现附加值，进而运用品牌附加值

延伸品牌，体现品牌的扩张能力，更趋于战术层面。一张好的报纸，如果缺乏品牌经营意识，其品牌价值得不到体现；一张好的报纸，如果缺乏品牌管理意识，其品牌价值得不到体现，品牌对内外部资源的控制力就会消失在无形当中，品牌资产会被不断稀释掉。因此，报纸品牌化过程，也正是体现了这内与外的整合与互动过程，也正是在这一商业整合与互动的过程中，品牌成为产品、受众和报纸创造价值的一种商业行为，一种复杂的关系符号。

二、报纸品牌管理发展的三个阶段

报纸品牌管理不是一蹴而就的，加上报纸媒体自身属性的进化性、复杂性，这是一个持续的、系统的漫长过程。我国报纸品牌管理真正开始于20世纪90年代中期，伴随我国报纸的二次市场化进程，必将经历“自然成长阶段”→“强化竞争阶段”→“战略运用阶段”，品牌的内涵也随之从“报纸行业的代名词”→“一种营销竞争手段”→“一种战略核心资源”。

1．自然成长阶段（20世纪90年代中期——20世纪末）：品牌创建附着于报纸内容和经营战略

品牌是市场竞争的产物，现代意义上的品牌产生于相对成熟的市场环境。我国报纸市场化的第一次尝试（1949—1956年），强调在计划经济体制下开拓报纸发行市场，促使报纸注重从读者那里获得经济效益，从而减少国家财政补贴，而报纸商品属性处于初级开发阶段，因此并不存在严格意义上的报纸媒体品牌概念。直到20世纪80年代，我国报纸的第二次市场化进程开始，报纸产业特性得到确认，尤其到了90年代，报纸传播职能开始转变到“以传播经济信息，宣传与服务并举”上来，报纸媒体进入宣传品与商品并重时代，商业性报纸开始在市场中崭露头角，晚报、都市报和以广告经营为模式的专业生活服务类报纸，在市场的激烈竞争中，开始仿效企业尝试品牌建设。

品牌主要是作为报纸生产和产品区别的一个标志性符号，借以确定提供新闻内容、信息服务的报纸的归属，仅仅作为行业术语来使用，而不是作为一种竞争优势的更深层次意义来使用，品牌的塑造依托于产品来进行。

因此，品牌管理是以一种自然的方式存在，它较多体现在报纸提供内容产品和服务时带给读者和客户的实际利益中，品牌价值和在管理中的作用比

较弱。报纸下属的各个职能部门分别承担品牌管理的职能，品牌管理以一种职能化的形式展开。

2. 强化竞争阶段（21世纪初至今）：品牌管理和内容、经营战略相互推进

随着市场经济的发展，适应城市经济发展的都市报，强调新闻性与实用性，满足了人们对更新资讯的需求，快速成长起来，同时随着“晚报日报化、日报晚报化”形势的加重，网络媒体和高度目标化新媒体的产生，媒体竞争、分化加剧，单纯靠提高报纸本身特性来赢得读者的做法已变得虚弱无助，品牌在市场销售过程中的作用逐步显示，品牌的意义开始大于产品，品牌推动着产品的销售，产品定位紧紧依附于成功的品牌定位，两者并有效结合在一起，品牌形象的差异也正在取代传统的报纸本身的差异，读者和客户看中的不再只是报纸本身，而是购买品牌知名度，购买品牌感受功效。因此主导报业市场的都市类报纸开始大力尝试品牌塑造、发展与延伸经营，取得了不错的效果。

在这种媒体纷争的市场环境中，品牌是一种竞争力；在这种供大于求的媒体生态环境中，品牌是一种吸引力；在这种媒体分化的市场环境中，品牌是一种亲和力。报纸在再生产和

经营管理当中自觉应用品牌管理，将品牌管理作为营销的一种重要手段去推进，开启了组织化、制度化的品牌管理：工作重点从职能型向跨职能型的品牌管理转移，制定《品牌管理手册》、《品牌VI手册》和《品牌推广手册》等品牌管理“宪法”，着力开展品牌营销及形象建立，并且形成了关于报纸品牌建设、管理的一些理论基础，取得了一定的品牌成就。

3. 战略运用阶段——品牌战略驱动报纸内容和经营战略

伴随着报纸品牌化进程，品牌作为报纸的核心资源，其作用和价值对于报纸媒体而言，具有战略性意义，必然成为报纸经营管理的一个战略构成。品牌发展被纳入到报纸竞争力的战略体系，报纸也充分利用品牌优势来培养和提升核心竞争能力（报纸媒体企业所具有不可交易、不可竞争和不可模仿的独特的优势因素，这种能力在每一个阶段有不同的集中表现），通过管理将报纸品牌核心理念渗透在品牌建设的每一个环节，使品牌营销成为竞争力整体战略的一个有机组成部分，品牌成为报纸具有核心竞争力的重要象征，成为报纸增强核心竞争力的有力手段，而核心能力一旦形成，又反过来强力支撑品牌。

报纸将品牌建设、管理作为一项战略去推进报纸的内容、服务和经营战略，品牌处于报纸各经营要素的核心，所有营销活动处于品牌的大概念之下，在推广上追求品牌的完美诠释，在产品和服务质量、内部文化等方面全力配合。这意味着报纸已经超越纯粹的产品和市场管理，将品牌无形资产经营与产品经营融为一体。

三、我国报纸品牌管理现状和成功个案启示

1. 报纸品牌管理现状和问题

我国报纸品牌管理发展不平衡，大部分地区处于低层次的第一阶段，品牌建设刚刚起步，管理意识处于萌芽状态，或者“品牌管理”仅仅是一句口号；而发达地区，尤其是北京、上海、广州的城市主流报纸正由第二阶段过渡到第三阶段，在品牌定位、识别等做到相当水准的基础上，具有从“品牌经营要效益”到侧重于“品牌管理要效益”的意识，品牌管理工作蓄势待发，而不是浅尝辄止。总体而言，我国报纸品牌管理也存在不少问题：

第一，品牌意识差。媒体品牌效益与规模成正比，大部分规模比较小的媒体缺乏品牌建设的动力；媒体品牌概念时日不长，可供借鉴的资料和案例都不多，也不存在成熟的媒体品牌理论，因此局限了媒体的品牌意识。

第二，很少有报纸制定系统而长远的品牌战略，这使得品牌营销成为一种临时性的市场运作行为。

第三，在组织结构安排方面没有考虑到品牌营销的因素，没有安排专门的人员来负责品牌营销。

第四，即使有报纸非常重视品牌发展的战略研究，但普遍缺乏系统观点和真正的战略眼光，头痛医头，脚痛医脚。

第五，缺乏深层次认识自身品牌价值构成分析和价值评估的重要性、科学性。这是由于对品牌价值的讨论、认识需基于充分市场化的媒体生态。

2. 有益的探索：两个成功案例剖析

我国报纸品牌建设虽然时间不长，但发展迅猛，在整个品牌和媒体品牌市场中占据了重要位置，在世界品牌实验室和世界经理人周刊联合发布的2006年度《中国500最具价值品牌》排行榜中，44家媒体品牌上榜，报纸达到31家。[①]优异成绩源于中国多年来的媒体垄断环境，使得部分报纸积累了大量垄断资源，在市场经济中通过短暂的品牌建设得以释放。从报纸品牌建设主体而言，市场化运作水平相对高的经济类报纸和区域内主流大众类报纸品牌管理水平相对高，下面分别以《21世纪经济报道》和《南方都市报》为例进行分析。

《21世纪经济报道》：四轮战略驱动品牌管理

在胡润主持的2006年千万富豪品牌影响力调查中，《21世纪经济报道》依然名列第一位。“推动中国企业成长”为核心的系列活动，获得国际艾非奖，这也是2005年度唯一的一个媒体营销奖项。高品质内容成就《21世纪经济报道》的市场领导地位，以此为基础，其围绕“四轮战略”，开展一系列品牌价值管理运动，为受众提供更多有价值的增值服务，打造出品牌营销增值服务这种核心竞争力，保证其市场领先地位，这种核心能力又反过来成为品牌强有力的支撑。[②]

在《21世纪经济报道》的“四轮战略”中，市场中心的战略定位是除了采编、发行和广告之外的第四个轮子，品牌管理和衍生产品开发是这个轮子的主要职能。随后，从三个方面对品牌管理战略运作模型进行定位：

第一，统一的价值观定位。所有活动首先是为了扩大品牌影响力，其中公信力至上放在利益取舍关系第一位，严格限制对品牌建设带有丝毫损害性质的行为，保证项目的可持续发展。

第二，发展路线定位。以行业会议而不是综合性会议为发展路径，开辟行业会议品牌蓝海。

第三，品牌推广活动的核心定位。切入、围绕中国最优秀的商务人群这个最有价值的资源，开发一系列商务活动，自生出品牌活动的灵魂。

在定位的具体实施上，《21 世纪经济报道》采取了品牌活动与创新模型：

第一，活动品牌化、系列化与可持续发展模式。摆脱行业推广会的性质，用彻底市场化的方式、商业化的手段去操作，形成活动本身的造血功能，使品牌推广变被动为主动；所有活动打上统一的运作理念，强化活动的品牌性质，增强活动的生命力。

第二，项目运作的双中心战略机制。品牌管理属于费用中心，项目运营属于利润中心，通过市场推动项目发展，促进品牌建设。

第三，形成一套完善的标准化运作机制和团队，解决活动创意的落地、执行问题。

南方都市报：组织化、制度化的品牌管理

经历了培育品牌→发展品牌→经营品牌，南方都市报目前步入品牌经营阶段，报纸品牌已经具备相当可资利用的影响力。

第一，确立营运中心・企划部的品牌管理部门功能地位，从部门功能完善上加强品牌管理，确保品牌管理的组织化。

第二，注重从营销活动品牌化角度来形成报纸多点产出的品牌价值链，用活动的高品质成就品牌。一是活动的创新型系列化。缺乏管理的活动，是纸糊的墙，一吹就可能倒，活动的“新”创意和“新”形式，必须“创”造出“新”的价值来。二是活动的系统化操作标准。除了有“景深”——过程，有“轮廓”——结构，还要有丰富细腻的“细节”，体现出活动的美感。三是活动的输出。先做出活动品牌影响力，尽可能将更多的活动打上统一的运作理念，放大活动品牌影响力。

第三，更加重视品牌口号。体现核心使命、品牌核心价值的品牌口号，是南方都市报媒体市场定位的宣言，是迅速建立品牌认知的有效工具。在“办中国最好的报纸”这句南方都市报品牌总口号和品牌愿景宣言的统揽下，随着时间的推移和媒体市场竞争的需要，品牌口号变换与报纸品格提升同步。[③]

（王棱：南方都市报企划总监，陈雨：南方都市报品牌专员）

注释：

① 数据来源：《2006年(第三届)〈中国500最具价值品牌〉排行榜》，载“世界品牌实验室”http://brand.icxo.com.

② 参见梅波：《21世纪经济报道品牌超限战》，载《南方传媒研究》（第六辑）

③ 参见范以锦：《南方报业战略》，南方日报出版社2005年版，第190页

在狂热中保持冷静

——杨丽娟事件媒介间议程设置的思考

□罗彦军

“疯狂粉丝杨丽娟”事件，媒体有过近10天的狂热炒作。事件过后，关于媒体操行、追星狂热、教育制度……与事件有关的各方已作了深刻的反思。笔者以为，该事件的迅速升温，与媒体间议程设置有密切的关系。如何在急剧升温的新闻大战中站稳立场，做好自身的议程设置，是值得我们思考的问题。

八仙过海各显神通

作为研究样本，笔者选取了三家同城媒体：南方都市报、广州日报和新快报。三家媒体的操作手法各不相同，但在议程设置上又相互影响、互相渗透，因此颇具代表性。

三家媒体开始报道该事件的起始日期均为3月29日，但是各自刊登的版次及版面有所区别。南都在A05-A06重点版报道，广日在A3要闻及B1娱乐版两个版面报道，新快则用了A19中国版近半版面。显然，在首日的报道中，南都与广日都是较为重视的。他们不仅派出了记者，而且刊载在主要版面。新快则是根据网上资料进行整理，版面安排上也没有侧重。

3月30日，南都延续首日的报道，用了A16-A17对话版，并派出首席记者专访杨丽娟。广日也派出了记者，并在A6要闻版、B10保健版分别报道，焦点是病态追星心理的救助问题。新快则依然保持之前姿态，仅在A41的娱乐版以较小版面报道。

在随后的3月31日至4月2日，南都每天均以较大版面继续关注此事件，广日突然缩小了报道的篇幅，在31日及4月1日均以小稿报道，2日甚至无消息见报。新快则将其作为普通国内新闻处理。

4月3日，南都已经进入收官阶段，也刊出了本轮报道的高潮，在A13–A15深度版刊发整个事件的回顾、总结。广日在A6要闻版头条刊登消息，但是内容与前日南都相近。新快无消息见报。

之后的4月4日及6日，南都明显弱化了新闻处理，将其“退回”国内新闻或娱乐新闻版块。广日处理手法相似。但新快却罕见地于4月5日在A44–A45的娱乐版对新闻进行回顾、评析，从而最终将此新闻定位为娱乐新闻。

4月10日，广日以报网互动的形式，回顾了与杨丽娟共处7日的采编经历。新快则在A3–A5深读新闻版，对整个事件的媒体操作予以反思、批判，是该报第一次、也是唯一一次较深介入该事件。这也标志着三家媒体10日新闻大战的结束。

A06 重点

杨丽娟：刘德华也有责任

接受本报记者采访时称，“不看僧面看佛面，他也不看我父亲的面子”

香港心理学家：这是病态表现

北师大教授：或有精神偏执遗传

A6

拿什么拯救你 杨家母女

专家建议：杨家尽快做心理咨询 志愿者对其进行开导 社会建立心理救助机制

谁来医治病态追星？

广东省广州市中级人民法院
公告

各有所长互相影响

应该说，三个媒体在这一事件中的议程设置是各有所长的。南都的焦点由始至终都很明确，就是一路追踪事件发展，同时深挖杨丽娟13年追星梦的历程及背后成因，从满足读者对新闻事件求知欲的层面来说，是十分解渴的。而且报道从3月29日到4月3日都没有间断过，从规模到深度都保持了较好的连续性。反观广日，对此事的关注似乎有点“例行公事”，反而是用了较大篇幅重点关注病态追星现象的心理救助机制，形成追星事件的另一焦点，此后便逐渐弱化报道。新快则反其道而行，前期一直是弱化处理，却在事件临近结束之时突然发力，将焦点引向质疑媒体炒作。这一定程度上弥补了因为没有派出记者而造成的“先天不足”。从这个角度来说，三家媒体还是较好地保持了自己的议程设置。

然而，在资讯高度发达的今天，媒介间既存在共生关系又存在竞争关系，因而不可避免地会发生相互渗透。这种渗透不仅是内容上的，更直接干涉到议程设置。大部分记者和编辑都有相互参考报道内容的取向，这使同一事件的报道在方式与内容上都有高度的相似性。我们称这种现象为“媒介间议程设置”效果。这种议程设置并不是单向、一成不变的，而是相互流动、不断上升的。比如三家媒体在事件发生首日刊发杨父跳海的消息，虽然篇幅不同，但消息主体是相近的；广日与南都均于首日刊发了对杨丽娟的采访，剖析其

重点 A05

追星家破人亡

全家赴港追星家破人亡

六旬老父跳海自杀，不满刘德华在生日会上只与女儿拍照，没有好好聊天

老父遗书痛斥刘德华

“女儿的梦，是我们的骄傲”

刘德华公司回应

望母女返家重建新生活

杨丽娟迷恋刘德华事件簿

内心世界；南都于4月2日刊登杨父遗物一稿，广日则在3日刊登类似内容。诸如此类的相互影响，从内容上来说将造成新闻的同质化，从传播效果上来说则意味着新闻的反复强调和加工，使公众关注的热度不断升高，最终形成一个扭曲的"漩涡"。

议程设置临危不乱

由上可见，对于同一新闻事件，媒体自有不同的价值判断及处理手法，但同时也会由于媒介间影响而造成新闻的同质化，以及不自觉地成为炒作的参与者。如何在急剧升温的新闻大战中站稳立场，做好自身的议程设置，是值得我们思考的问题。以上三家媒体的做法，各有可供借鉴之处。首先是及时介入。一个事件如果的确存在新闻价值，就应及时介入，因为读者在某个媒体上看到一个话题后，一般就会有先入为主的概念，希望从该媒体获取进一步的信息。如果太慢介入的话就会很被动，不但无法吸引读者，追踪报道也不知从何开头。这一点南都和广日做得很好，从事件伊始便派出了记者。其次，介入的姿态要适当，可以保持报道的延续性，但不宜过度地介入。一方面，报道的延续性可以明晰事件的脉络，也可以持续吸引读者的注意；另一方面，适时地跳出事件本身，既能保持报道的客观性，也能在相关报道类同化的情况下，做出与众不同的议程设置。在这一点上，广日与南都可谓各有所长。第三，如果由于种种原因未能及时介入，便要尽快设定自己的议程，就算不能做到后发制人，起码也能表明自己在事件中并未缺位。新快在这方面诠释得很好。第四，要适时地刊发评论。评论是一家媒体最鲜明的立场展示，也是其权威性的重要体现。适时刊发评论，可谓议程设置中的点睛之笔。最后，媒体在设置议程的时候应坚持一条底线，就是不操纵新闻事件的发展，这是维护新闻真实客观最基本的原则。

（作者为南方日报编辑）

南方农村报想干什么?

□江华

一段时期以来，农村报人会经常听到一句这样的话："啊，你们农村报想干什么？"。

目前，在报业集团内部，看农村报的人多了。网络上，也在持续不断地转载着来源于农村报的报道和评论，甚至一些中国著名的门户网站长期在显要位置挂着南方农村报的新闻活动，比如天涯社区支持的南方农村报"全国三农问题论坛"，比如网易对南方农村报"关于农村自杀问题"这个敏感话题报道的专题。等等。一些大的门户网站甚至主动和我们联系，要求和我们的某些新闻活动进行独家的互动和转载。

这种新的关注和变化，缘起于2006年11月南方农村报确定战略方向和战术定位的年度业务研讨会。

在这次会议上，报社编委会确定了"改变小作坊式的办报理念和方式，融合现代化的办报理念。拓展新闻报道视野，打造全国影响力"的发展思路。

"农村报想干什么？"，也许是一个值得品味的和具有激励感的赞扬。

南方农村报在报道关乎民生民情新闻领域方面，逐步赢得了人心市场和精神产品的营销市场——以关注农村代课老师、关注农村医疗制度，关注食品安全年度策划、残障人士专题，通信业欺骗调查，南中国自然灾害防护手册等等，让人印象深刻。

做什么?

从中国农村发展的现实，或是从农村类专业媒体的现实来看，我们面临着比以往更多的、也比其他媒体更大的困难，社会结构的复杂化和精神产品消费群体的模糊性，让我们在传统媒体与时代要求的冲突中，感到更多的挑战。

客观地说，农民这种100年发展历史上最艰难的变化，给我们的改变提供了机会——这个庞大的群体，准确地说是被目前大众媒体所遗弃的，它们将他视为新闻的鸡肋，而对农村类媒体，按照农村报主编陈永的概括，这就是我们的金矿。

因此，南方农村报在继承发展已经保持的传统和成就的基础上，在历史赋予的这一个节点上，酝酿改良新闻品质。

南方农村报身处南中国，脚踏在中国农民全方位"培训基地"的珠江三角洲，有南方报业传媒集团强大的品牌背景支持。这给我们以足够的理由：南方农村报可以以独特的品牌推广战略和发言模式，彰显日益细分的、被主流媒体所边缘化的、但具有巨大腾挪空间的农村报的地位。

但是事实是：在南方报业传媒集团以南方日报的"高度决定影响力"，以子报系的时政报道的建设性（南方周末），经济话语权的权威性（21世纪经济报道），中国一流的都市报的深刻性（南方都市报），以及对精英群体，精英人物（名牌杂志、人物周刊）的把握性都处在媒体高端的时候，南方农村报和全国的同类媒体一样，处于普遍弱势的宏观现状下。

但我们仍有不同：我们有以上的优势，这为打造南方报业集团的"这一翼"，为打好南方农村报新闻改良、品牌发力、创立话语独特地位、建树农民问题权威的"这一役"，无论在时间上和空间上，都提供了极大的、可以预期的、较大的社会效益和经济效益双增的可能。

南方农村报业已获得了上下的认可以及可贵的经验。在这个关键时期，我们如何做好新闻，带动双效益的增容，成为前进的关键。

那么，对于农村报来说，是否开阔视野，是尽快、用较高的新闻品质占领已经拥有的阵地？是否将新的人群，纳入视野，扩展新的阵地？是否以品牌效应，带动、扩展新的经济效益源？这是极其重要的。

2006年底，农村报看到广东省政府要求在2007年1月1日前必须让受到洪涝和台风灾害的灾民住进新房的命令后，避开党报主流性的政策报道和政府工程进展报道的强项，填补都市类报纸的缺陷，我们迅速组织人力，以人文关怀为基本新闻价值取向，做出了充满人文和民生情怀的封面特别报道《为了一个不冷的冬天》。真实地记录了在严冬到来的时候，灾民对新房的急切等待和对政府的企盼。我们不用数字表达，我们不用新房完成的百分率表达。哪怕是只有0.1%的房子没有盖起来，他们也值得我们用巨大的篇幅去做。

农民问题关乎大局，城市的吃喝拉撒，都和他们的命运紧密相连。在2006年，当城市媒体为食品安全从检验机构、从政府机构的命令中寻找新闻的时候，我们依靠自己的权威优势和业务优势，推出了关注普遍人群的瘦肉精、多宝鱼、红心蛋等调查，并在年底推出了年度策划《食品安全 人·物链的第一危险》，这期报道，成为很多城市家庭主妇春节购买食品的安全指南。

南方农村报

14

为了一个不冷的冬天

为未来加油

劫后重生

这给我们启示：以强有力的对农民生产服务为基础；强化民生新闻，关注具有普世价值的，纠结各种人群利益的边缘性报道，打造影响力，或是我们努力的方向。

怎么做？

南方农村报

年度策划

食品安全 人·物链的第一危险

食品安全：民意大如天

产业信誉：制度需重建

城市类媒体在农村的缺失，和经营的不经意，对我们是个机会。

农村报确立了民生新闻的基调，占据了农村读者市场，不仅仅靠民生的关怀，更重要的是，从中传递出贴近的，切实的，具有长远用处的服务支持。

经过一段时间的经营，我们发现：农民并不是仅仅关注田边地头的狭隘人群，他们也许比城市人，更关注这个社会的发展，更能在各种社会矛盾的产生和媾和中，成为起决定作用的力量——

这是由他们的弱势地位决定的。

无法否认，广东农村读者市场是我们的“地盘”——不管从市场占有，读者群的忠诚度,还有广告份额的盘子。但是话说回来,这个市场也是脆弱的。如果一个“异教徒”摇身一变，冲进我们的领地，我们是否打得过他们?

这个“异教徒”，举个例子，可能就是南方都市报，可能就是广州日报。

在珠江三角洲的所有城市报纸中，甚至包括南方都市报，他们几乎都放弃了大批的农村市场，从城市里可以有 100 个版面而边缘地区只有几十个版面的实际情况分析，从一些地方根本看不到都市类报纸的情况来分析，他们是主动放弃了农村的“经济市场”。

但是，如果他们要想重新回到这个“读者市场”来呢？进而为霸占农村、城镇、小城市的商业消费群而回来呢？我们怎么办?

我们的报纸是一定要以农民的利益为基础的，这是生命之本。但是农民的品味在变化，媒体也在变化，都市类报纸庞大的网络、效率和财力，是非常容易撕开我们固有阵地的缺口，占领我们的地盘。

在压力之下我们是否还要做行业内一份一流的媒体，在压力之下是否还对得起自己的信念对得起自己的职业？我们并不能因为我们冠之以“农村”二字，就自宫割舍自己的思想，放弃自己想到的可能。任何媒体不存在所谓平台的大小，只存在你的思想够不够大，够不够强。

换个比喻，一个农民是不是可以开宝马？这个宝马我们抓到了，被南方都市报抓到了，而南方周末没有抓到，人们是不是就可以说：哦，这个宝马不是我们的，应该是南方周末的?

我们不断地做尝试，做错了，总比什么都没有做要好得多。

进入 2007 年，我们的编辑记者根据对媒体的分析，发现并没有对南中国地理区域频繁的天灾深刻关注的报道。报社根据服务农民，兼而服务城市，服务对广东不熟悉的外来公民为出发点，以人为本，动用报社近 30 人的采编与经营队伍，赶在台风季节来临之前，策划推出了独到，独家，充满人文关怀的 32 个版面的《南中国自然灾害预警与应对手册》。

事后，本集团里兄弟媒体的同事评价说，这个选题，不管放到都市报或者是其他合适的媒体，都是值得做的选题。

这里举两个例子：防护手册出刊后，丰顺县乡村医生蔡富良说：“天灾一来，生病受伤的人就多，农村人病不起，更伤不起。重要救护群体和急救常识中提到的知识，很有针对性，我把它贴在了我的卫生室里，向人们宣传。”

广州市越秀区东山试验小学的老师看到手册专刊后，决定在课堂上，用《南方农村报》来给同学们讲解广东灾害的种类和怎么预防。

为什么而做?

南方农村报事实上是为发展和转型而战。这是时代的要求，市场的要求，选择渠道越来越多的读者的要求。是迎合农民，或者是引导农民?是扩展新的读者群，以新的办报方式，固定老读者，扩展新读者，展现自己在农村独特的杀伤力?

在内部，也有对为什么为谁而做的业务探讨的声音。的确，对扩展新闻报道视野阵地，比如新闻涉及到流动公民或者其它非主流读者人群，会失去固定传统读者群的担忧的想法，我也赞同，事实上，这些内容，可能是和广东真正的农民关系不大。

但我还赞同这样的观点：农村报不仅仅是办给农民看的，也是办给关心农村发展和农业文明怎么进步和改变的人看的。这是不能以阶层划分的。

从 2006 年开始，南方农村报开始承担举办“南方农村报·中国农村发展论坛”的活动，这个已经在全国产生巨大影响力的活动说明，关注农民，做三农新闻，应该具备的宽广、前瞻的视野和胸怀。

进而，农村报和一些组织合作，进行了中国媒体中独一无二的“南农试验”，试图通过对几个村庄的新闻观察和社会观察，研究中国农民的需求和走向；我们还结合农村教育问题，推出了有我们特点的“小草助学计划”等等。

我们影响农民，是影响他们的生存和发展、信息的获得，是一种现实状态下的理性指引和感性激励。而一旦我们能够影响更多的人群，能够影响决策层，那么我们可能为农民带来的东西更多更伟大。

而这些，必须从我们日益提高的新闻质量和提供新闻的智能上来体现。需要踏踏实实地为决策者提供有用而且不可替代的论据和事实。农民总是被忽略和被忽视，他们日益积攒的力量，他们的苦衷、希望和挤压许久的怨恨，需要一个渠道来释放，而不是割掉喉咙或者将声音用石头压着。

农民的声音就是石头下一个绿色种子，一旦条件合适，它就会将石头掀翻在地——我们为什么不把石头搬开，让他们正常地自由地健康地生长呢？

（作者为南方农村报新闻策划室主任）

南方都市报报料新闻的运作

□谢冰　林丽霞

今天引起现代媒体广泛重视的“新闻报料”，其实是在传统媒体早期“读者来信”基础上，随着电信时代、电子时代的到来而演化发展起来的一种新闻线索的提供和收集方式，传统的“读者来信”随着电话通讯、电子网络的普及，逐步演化为现在的“新闻报料”，不同的只是“新闻报料”比传统的“读者来信”涉及的范围更加广泛，内容更加丰富，时效性更强，新闻价值更加多元。

南方都市报 1997 年 1 月 1 日正式出版日报，最初为方便与读者及社会各界的沟通，设立了公开的热线电话，由公务人员与记者分班值守，主要是接受读者的咨询、投诉以及对报道的反馈等等，随着报纸影响力的不断扩大和读者对媒体的信赖，除了大量的读者来信、来电投诉、咨询、报道反馈等等之外，也有一部分读者来信、来电开始向报社提供一些新闻线索，希望媒体就这些线索反映的问题进行采访报道，同时，也有一些读者将发生在身边的事情、目击的一些突发事件通过热线电话第一时间反映给报社。

随着业务的不断增加，南方都市报在 2001 年 8 月专门成立了呼叫中心，使用统一热线电话号码 87388888，配备专职工作人员，专门受理读者来电。呼叫中心在业务管理上隶属报社行政系统，基本功能包括：受理新闻线索、接受读者咨询、接受电话投诉、受理征订发行事务、受理广告业务、进行总机转接等，其中，受理和上报新闻报料为呼叫中心的重要工作内容之一，新闻报料的方式也基本上以电话报料为主导。

南方都市报与所有的媒体一样，将新闻报料作为新闻线索的重要来源之一，认真对待并慎重处理每一个新闻报料。按照目前的运作程序，隶属行政系统的呼叫中心在接到新闻报料之后，突发类及重大线索第一时间上报新闻部门主管负责人，新闻部门主管负责人在做一些必要的核实判断之后，安排记者进一步核实和采访，并跟进采访调查情况，对经过采访调查属实的新闻报料，确定采写方向并落实稿件，稿件最后交由编辑、部门负责人、值班编委层层审核把关。

南方都市报一直致力于“办中国最好的报纸”，“做负责任的主流大报”，在恪守新闻的真实、客观、公正的同时，强调“三贴近”原则，更加关注社会热点，关注公共空间，注重公民意识，因此，在对新闻报料的判断使用上，除突发事件外，更多的还是对民生类报料的重视。

南方都市报始终只是将新闻报料作为新闻线索，要求每一个线索必须经过认真核实，并由本报记者实地采访调查，才能确定是否成稿。每一个报料基本上都会经过呼叫中心受理并初步判断——新闻部门负责人核实判断并安排采访（重大报料同时上报分管编委乃至总编辑等）——记者进一步核实和采访调查——新闻部门负责人根据采访情况确定（重大报料同时由分管编委乃至总编辑等定夺）是否成稿——编辑审核并处理稿件（重大报料新闻稿件同时由分管编委乃至总编辑审阅）——值班编委审核确定是否见报等程序的层层把关。到目前为止，还没有直接刊发过一篇由报料人提供的“报料新闻”。对于选用并经过记者实际采访调查，属实的有效报料，在稿件处理上，一般是在根据报料线索采写的新闻稿件后面注明：“线索提供：某某某”，线索提供人可以在见报当天，自己到报社领取一定数额的报酬。报酬根据其所提供的线索的新闻价值大小，分为几个固定的等级，一般常用的等级是 50 元到 200 元不等。

南方都市报呼叫中心统计数据显示，南方都市报 2005 年 1 月至 2007 年 1 月期间的各类报料总体情况为：2005 年共接到 49307 条报料，平均每天接收 137 条，平均每天根据报料线索采写的大小见报稿件在 7 篇左右；2006 年共接到 61863 例报料，平均每天接收 172 条新闻报料，平均每天见报 5 篇左右。根据报料线索采写的新闻，在整个报纸的新闻报道中，所占比例很小。

根据南方都市报目前掌握的情况看，报料人为媒体提供新闻报料基本上属于个人行为，报料内容一般是自身经历或所见所闻，大都是兼职报料，也有极少数的专职报料人，目前尚未发现有专门组织。专职与兼职的比例一般是 1：100。报料人的年龄结构为：25-45 岁的占 60%，45-60 岁的占 30%；身份结构为：白领占 40%，农民工占 20%，一般人员占 20%，退休人员占 10%。

从目前的实际情况来看，非职业化的新闻报料人，能够将自己在社会经济生活中的经历、自己正在目击的突发事件、自己乃至周遍群众关心的热点、自己通过不同渠道获悉的社会问题等等，第一时间知会媒体，并希望通过媒体的报道让更多的读者获得知情权，或者使一些民生问题、社会问题得到关注乃至解决，这本身就说明公众的公民意识正在逐步形成，公民的社会参与程度在逐步提高，公民对大众传播媒体的社会功能和其在推动社会进步中的作用越来越重视，越来越抱有期望。因此，新闻报料人的出现，是社会进步的一种体现，也成为媒体自身获取新闻线索的重要渠道之一。他们的出现，在很大程度上弥补了社会信息不对称、一些资本与权利机构在一些新闻事件中封锁消息、时政新闻消息来源单一单边等问题，使媒体的新闻内容更加丰富，时效性更强，新闻产品更加多元化。

A44 广州新闻·社会

打工妹捡一万美金还失主

家里只有一间房，年迈双亲靠种地为生，18岁少女义举遭旁人数落

数百工人食物中毒

沙湾水厂不明气体泄漏

工地土堆坍塌截断河道

迎春节 疯狂送大礼

庆祝邦太乳增生贴膜成功推广二周年

020-87334798

试举两个效果良好的典型事例。

2006年1月18日上午10时30分左右，南方都市报呼叫中心接到一电话报料，一餐馆女服务员雷志红在厕所内捡到10000元美金，是两个在该店吃饭的外国人丢失的，那个女服务员家里很穷但还是拾金不昧把钱交出来，后来通过寻找终于把钱还给那两个外国人。

广州新闻·人物 A39

人物

捡万元美金还失主，清贫打工妹爱读书梦想做白领

"我不会计较不该得的"

回访

张平清：渴望好好打场篮球

还记得那个调皮男生的贺卡吗

南方都市报新闻部在接到这一报料线索之后，当即派出记者第一时间赶到报料人所说的餐馆调查采访，大量走访餐馆老板、员工、顾客、街道及派出所等相关人员，核实了报料人所讲的情况之后，对当事的打工妹雷志红及其家人进行了详细采访。1月19

日、1月20日，南方都市报在广州新闻版以《打工妹捡一万美金还失主》、《"我不会计较不该得的"》为题，连续两天用显著和大篇幅版面报道了这个故事。一名贫穷的打工者身上所展现的高尚情操和人生境界引发强烈社会反响，报道也得到省委宣传部新闻阅评的好评。

2006年3月初，有细心的广州市民向南方都市报反映，在广州的一些城乡结合部，一些在城市化进程中被废弃的边角地、以及被工业企业包围污染的小块耕地，仍然被用来种植蔬菜，而这些长期浸泡在生活垃圾和工业污水中的蔬菜，正在流向周边地区的酒楼食肆和居民家庭的餐桌。

南方都市报对此高度关注，派出多名记者，深入广州的荔湾、白云、天河、海珠、增城等多个区进行详细调查采访，先后走访10多个村的几十处菜地，了解这些菜地的蔬菜种植情况、灌溉水源、污染状况及污水来源等，在摸清楚这些菜地所受到的生活垃圾和工业污水的污染状况之后，又多次昼夜跟踪，明查暗访这些污水菜的流向，以及可能造成的危害，并将现场取得的蔬菜和土壤、水送到广州农科所进行了检验。

在经过一个月全面详实的采访调查之后，南方都市报从4月11日起，在"南都质量调查"栏目先后以《大量污水菜流入羊城百姓家》、《助长剂"粉饰"工业污水菜卖相》、《"明知污水菜，自己也得吃"》等为题，对广州市天河区棠东工业区、荔湾区芳村客运站附近、海珠区后窖村、增城市新塘工业区、白云区雄丰村等地的工业污水菜地污染状况及这些污水菜的流向进行了详细

大量污水菜流入羊 城百姓家
青菜漂在臭水田中
百亩污水菜影响数万人
污水菜严重时可致癌
咽部肿痛干痒，警惕慢性咽炎

助长剂"粉饰"工业污水菜卖相

报道，并将记者调查的情况及时反馈给了广州市农业局。

南方都市报工业污水菜的报道持续一周，社会影响广泛，报道的问题和建议得到政府部门的重视，广州农业部门积极回应，表示将对城区万亩菜地进行普查，全面检测菜地的水质、土壤等，不符合种植蔬菜条件的菜地将改种其他作物，广州蔬菜地调整规划也由此提上议事日程，逐步推行“蔬菜种植外移”战略，确保广州菜篮子工程的安全。这一报道最终推动了广州污水菜地问题的良性解决进程。

在这几年的实际运作中，包括南方都市报在内的不少媒体，在新闻报料方面可能都面临相同的问题：大量的虚假报料、夸大事实的报料、利益纠葛中的一方片面的报料、为达成某种目的或者解决某种问题试图利用媒体的报料、琐碎的纠纷及投诉等，占用了媒体报料平台很大的空间和人力，报料人的素质和新闻常识普遍较低，对媒体的依赖过强等等，都使报料新闻的运作存在很多的问题：一是新闻报料的核实需要花费很大的人力物力，能够真正成为见报新闻的并不多；二是一旦一些缺乏新闻价值的琐碎纠纷投诉无法采写成稿，与读者的期望值产生差距的情况下，往往会造成读者对媒体，乃至社会公平、正义的质疑等；三是有些报料人的确是冲着报料费而报料，有时候不管所提供线索是否有报道价值，开口就问给多少钱等等。

第二重点 A09 南方都市报

副市长勒令查污水菜

苏泽群针对本报报道作出批示，广州市农业和环保部门介入调查

南都质量调查

栏目线索征集电话 020-87388888

本周报告

污水菜调查（第3期）

A09—A11版

统筹：本报记者 刘荣

采写：本报记者 陈永进 单小尧 严慧芳 王卫国 实习生 吴旦颖 刘卓毅

摄影：本报记者 范舟波 陈伟斌 实习生 于海洋

制图：吴山

【菜农】迫不得已用污水浇菜

【排污工厂】工业区附近不适合种菜

【主管部门】早已安装污水收集管道

为规范新闻线索提供行为，强化新闻线索的判断和处理，一是可以考虑对报料人进行建档登记，并建立诚信制度，对报料人提供的新闻线索进行汇总统计，对真实有效的新闻报料比例过低，甚至提供假报料的，采取禁入制度，拒绝采用其提供的任何新闻线索；二是可以对新闻报料人进行必要的新闻知识培训和报料引导，让他们掌握更多的新闻基本知识，同时了解媒体对于新闻线索的需求原则、方向、要求等等；三是媒体自身要加强对新闻线索的管理、核实、调查采访、稿件把关等等。

（作者单位：南方都市报）

落地·发展·创新

——小析《南方日报·江门观察》汽车周刊成长过程

□詹雨鑫　邝妙萍

《南方日报·江门观察》倾力打造的汽车周刊，从零开始直至成为江门地区汽车消费潮流风向标，仅仅用了1年6个月的时间。《江门观察·汽车周刊》在五六个竞争者同台竞技的江门传媒市场上，汽车行业广告2006年实际刊发量几近江门车市半壁江山！广大目标读者十分认同汽车周刊，将其作为买车、用车、养车甚至"玩车"的权威指南；几乎当地所有汽车经销商（以及经销商背后遍布全国各地的汽车厂商），都乐意在《南方日报·江门观察》投放广告、发布资讯。

省级党报地方版的汽车周刊竟有如此活力，其品牌影响力、号召力如何而来？在当前各大报纸想方设法精简成本的背景下，培育行业专刊是否加重了成本消耗而影响投入产出比？我们的经验是，行业专刊的着眼点始终应该放回到最基本的问题上来，即行业专刊的新闻采编是否切合了目标读者诉求、营销策划是否顺应了市场需求或把握了市场趋势，是否集中发挥了报纸本身优势去挖掘并培育属于自己的消费市场。概述起来，新闻产品的有效供给与营销策划的市场化运作两者并重，正是《南方日报·江门观察》汽车周刊欣欣向荣之原因所在。

新闻产品有效供给：
版面意识，广度与深度并重

近几年，汽车热浪虽然汹涌来袭，但一般消费者的购车行为却并不随意。一个重要原因是消费者的实际需求与汽车信息之间存在着"不对称"，他们在购车之前普遍经受着"冲动"与"理性"的双重考验。如何将消费者的"购

车冲动”转化为“理性购车”？如何去引导这个转化过程，就给了《江门观察》汽车行业周刊一个突破口：新闻信息要对味儿，既有新闻性，又有实用性，甚至针对性，使读者一看便身心舒畅、爱不释手。

2006年年初，《江门观察》一家家走访经销商，收集意见、数据和资料，同时广泛听取车主、准车主们“曾经”或“现在”的需求所在，收集“兴奋点”。经过扎实的市场调研，在强调“版面意识”（成本控制）的大前提下，我们要求新闻信息产品要在有限的版面内实现最大程度的“有效供给”，要以“不容错过的看点”吸引消费者，逐步培育起属于《江门观察》自己的汽车消费群体。通过实践，我们总结出了新闻信息有效供给的三个实操方法：

其一、对于市场焦点、热点问题的报道，要求结合江门当地实际，观点要落地，语言通俗易懂——讲求“深度”，让读者把握江门汽车市场“大势”。

如《新车命名乱　市民挑花眼》（2006/03/07）一文，反映了汽车市场各品牌以“新车命名”为宣传战略，上百款新车、改款车统统冠以各种新名字，导致消费者“摸不着头脑”，甚至“专业人士也头痛”的现象。虽然全国汽车市场皆如此，但记者走访的却是江门本地各汽车4S店、经销商和消费者，按照他们反映的实际情况“开

3.15国际消费者权益日　车市　C05

恒志汽贸4S店：

给车主家的感觉

江沙日产3·15晚会回赠客户

1090台吉奥汽车出口伊拉克

现代雅绅特祥车现身侨乡

福美来运动款、06款普力马同步上市

C04 3.15国际消费者权益日·车市

去年汽车消费投诉仅占消委会所接投诉量0.3%左右，是没有问题还是消费者不懂维权？

有车族维权正觅新途

"举证太花时间"

"自己跟经销商沟通"

事前预防胜过事后维权

用咱自己的自动变速箱

C04 江门观察·车市

国家"限折令"下月实施，保险公司携手应对

车险协调价能走多远？

有业内人士称，小公司生存压力将增大

养车账单预测

雨中凯旋

药"，给出对应的及时提示，引导了本地读者消费。

又如《有车族维权正觅新途》(2006/03/14)一文，报道了2005年江门12315消费者投诉热线共接到投诉4250条，其中仅13条属于汽车消费投诉，记者提出"是没有问题还是车主不懂维权"的疑问。通过进一步调查记者发现，原来是"投诉手续繁琐，举证太花时间"导致投诉少，车主权益很难得到保障。由此记者广泛走访本地车主、专家，提出了"事前预防"从而省时省心的详尽攻略，引导本地读者维权。

类似的新闻报道还有《首批汽车服务维修店摸查》、《交强险露面有点寂寞》等等，报道的时效性以及深度往往令同城媒体措手不及。

总之，汽车专刊相对于日常版面来说，有专属的空间可以深入浅出地把新闻做透彻，以微观的生活化视角贴近本地读者，填补了日常版面要求时效而难以兼顾深度的遗憾。

其二、汽车周刊避免不了各类具体车型，但对于车型资讯，改变过去只注重车型参数、性能的说明介绍，要求突出资讯的指导性，真正帮助读者合理购车、用车、养车，严禁"吹水"误导读者或者"卖广告"讨好商家——讲求"广度"，让读者把握汽车市场"细节"。

我们的经验是，资讯所涉及的内容越客观、服务越到位，越能引起消费者好感。包括商家在内，喜欢的还是诚恳的文章，你光说他卖的车型如何如何好，往往商家自己都会怀疑读者会不会相信。真实性越强，读者阅读率就越高，市场关注度就越高，商品就越好卖，这就是良性循环。资讯是相当有吸引力的指导类文字，汽车周刊必不可少，但绝对不能“吹水”。

其三、版面设置上，根据市场热点和读者口味适时推出或调整拳头栏目，为本地汽车消费提供及时、全面、贴身且分门别类的服务，将汽车周刊的版面内容发挥到淋漓尽致。

《江门观察》对栏目的梳理工作尤其细致。2006 年 3 月，《江门观察》“车市版”首度扩版，一改过去只关注“汽车信息”为着力挖掘“汽车文化”。全新推出的“售后服务之窗”，包含了“车人车语”、“驾驶一点通”、“售后快讯”、“交警连线”等栏目，主打“售后”，以全新版面，为读者推介一种“因汽车而生动”的生活模式。

2007 年 3 月，《江门观察》以敏锐的市场意识，强势推出“升级版”子品牌《汽车周刊》，在保留“业界聚焦”、“新车速递”、“本周导购”等名牌栏目的同时，全面整合推出更多的服务类栏目“车主讲堂”、“驾驶一点通”、“车市特搜”、“改亦有道”等等，主打“玩车”，更贴近市民生活需要。它也让更多的读者走进汽车世界，了解汽车文化，体验汽车生活，凸显了《汽车周刊》专业权威的优势，进一步巩固了读者忠诚度。

以上三个实操方法，讲究广度、深度，讲究思想性、前瞻性，在版面上兼顾行业动向、市场动态、汽车文化、汽车服务等内容，形式上求新、求变，给人耳目一新的感觉，在业界内外产生了广泛影响。

营销策划市场化运作：
讲求创新，以互动活动带出影响

汽车周刊新闻产品的“有效供给”，可谓强势发力，凝聚了大批高素质读者，这也是汽车周刊继续发展、产生效益的最主要的基础。如何激发汽车周刊前期笼络起来的强大“注意力”和“消费力”以切实转化为“多赢”的效益?

现代办报理念重视市场化运作，用战略发展的眼光办报才有出路。这就要求汽车周刊必须把读者的诉求和周刊本身的发展目标结合起来，整合江门当地的汽车行业资源，尝试串联市场，把目标读者群和汽车经销商、汽车生产厂商与周刊联合起来，实现汽车周刊的“产业化运作”。为了这一目标，我们利用先期建立起来的新闻周刊品牌，在营销上大做文章，以激荡着无限创意的各类策划，去顺应市场需求，扩大影响力，进入了社会效益和经济效益并重的市场化运作实质阶段。

策划先行，这是报业市场细分的必然结果。我们发现，策划是汽车周刊灵活运作的催化剂、强心针，“没有策划，不成版面”、“没有策划，营销不济”，汽车专刊已然进入了“策划制胜”时代。结合各阶段市场特点，《江门观察》进行了一系列大胆新颖的策划介入市场：

热辣卖点层出不穷以撬动市场。2005年9月开始，为激活当时相对沉闷的江门车市，《江门观察》连续推出数期“五邑永不落幕的车展”，其新颖独到，令业界为之振奋；随后陆续推出“名车名盘摄影比赛”、“汽车模特摄影大赛”、“最省油车型评选”、“‘团结就是力量’购车团”等一系列活动。2006年，精心推出“豪门盛宴——2006年江门最具影响力品牌车商”特别活动，2007年3月，首届“春之韵”试驾节成功推出。

举办大型车展营造消费氛围以迎合市场。特别是在2005年12月至2007年3月间，《江门观察》连续以“冬之火大型品车会”等为主题，结合江门汽车市场的特点，推出四次大型车展，现场文娱活动和现场购车优惠活动频出，消费者购车欲望被充分激发出来，汽车总成交超过600辆，总参观人次超过20万。

纵观《汽车周刊》的策划思路，总体上大胆突破求创新，以长远发展战略打造品牌、以富有创意的活动提升美誉度与影响力，使《江门观察·汽车周刊》成为展现汽车文化的个性化舞台，成为业界与读者沟通的重要渠道。

此外，团队建设、团队合作也是《江门观察·汽车周刊》核心竞争力之一。在营销策划的方方面面，凝聚了所有策划人员和工作人员的心血。制度先行、责任分明，分工到人、落实到位，流程管理、细节把控，保证了《江门观察》能在最短时间内找准方向，顺利完成目标任务。

（作者单位：南方日报）

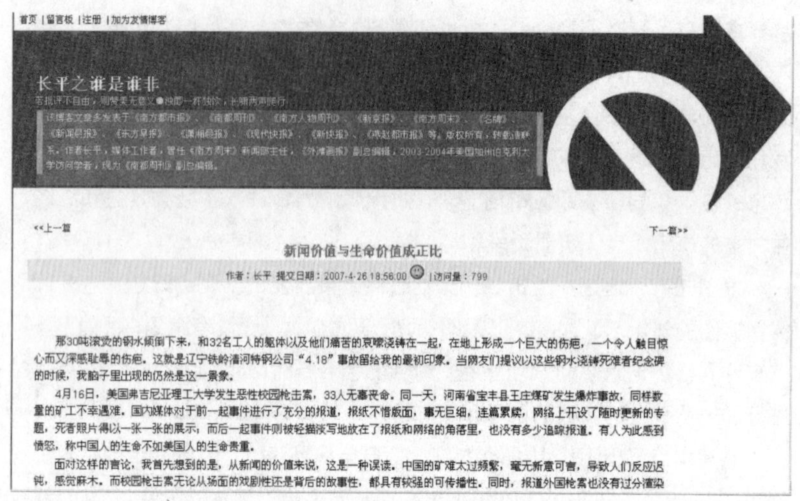

首页 | 留言板 | 注册 | 加为友情博客

长平之谁是谁非

若批评不自由，则赞美无意义●浊酒一杯独饮，长啸两声独行

该博客文章多发表于《南方都市报》、《南都周刊》、《南方人物周刊》、《新京报》、《南方周末》、《名牌》、《新闻晨报》、《东方早报》、《潇湘晨报》、《现代快报》、《新快报》、《燕赵都市报》等。版权所有，转载请联系。作者长平，媒体工作者，曾任《南方周末》新闻部主任，《外滩画报》副总编辑，2003-2004年美国加州伯克利大学访问学者，现为《南都周刊》副总编辑。

<<上一篇　　下一篇>>

新闻价值与生命价值成正比

作者：长平 提交日期：2007-4-26 18:56:00 | 访问量：799

那30吨滚烫的钢水倾倒下来，和32名工人的躯体以及他们痛苦的哀嚎浇铸在一起，在地上形成一个巨大的伤疤，一个令人触目惊心而又深感耻辱的伤疤。这就是辽宁铁岭清河特钢公司“4.18”事故留给我的最初印象。当网友们提议以这些钢水浇铸死难者纪念碑的时候，我脑子里出现的仍然是这一景象。

4月16日，美国弗吉尼亚理工大学发生恶性校园枪击案，33人无辜丧命。同一天，河南省宝丰县王庄煤矿发生爆炸事故，同样数量的矿工不幸遇难。国内媒体对于前一起事件进行了充分的报道，报纸不惜版面，事无巨细，连篇累牍，网络上开设了随时更新的专题，死者照片得以一张一张的展示；而后一起事件则被轻描淡写地放在了报纸和网络的角落里，也没有多少追踪报道。有人为此感到愤怒，称中国人的生命不如美国人的生命贵重。

面对这样的言论，我首先想到的是，从新闻的价值来说，这是一种误读。中国的矿难太过频繁，毫无新意可言，导致人们反应迟钝，感觉麻木。而校园枪击案无论从场面的戏剧性还是背后的故事性，都具有较强的可传播性。同时，报道外国枪案也没有过分渲染

http://zcping.tianyablog.com

新闻价值与生命价值成正比

□长平

那30吨滚烫的钢水倾倒下来，和32名工人的躯体以及他们痛苦的哀嚎浇铸在一起，在地上形成一个巨大的伤疤，一个令人触目惊心而又深感耻辱的伤疤。这就是辽宁铁岭清河特钢公司“4·18”事故留给我的最初印象。当网友们提议以这些钢水浇铸死难者纪念碑的时候，我脑子里出现的仍然是这一景象。

4月16日，美国弗吉尼亚理工大学发生恶性校园枪击案，33人无辜丧命。同一天，河南省宝丰县王庄煤矿发生

爆炸事故，同样数量的矿工不幸遇难。国内媒体对于前一起事件进行了充分的报道，报纸不惜版面，事无巨细，连篇累牍，网络上开设了随时更新的专题，死者照片得以一张一张地展示；而后一起事件则被轻描淡写地放在了报纸和网络的角落里，也没有多少追踪报道。有人为此感到愤怒，称中国人的生命不如美国人的生命贵重。

面对这样的言论，我首先想到的是，从新闻的价值来说，这是一种误读。中国的矿难太过频繁，毫无新意可言，导致人们反应迟钝，感觉麻木。而校园枪击案无论从场面的戏剧性还是背后的故事性，都具有较强的可传播性。同时，报道外国枪案也没有过分渲染和炒作之虞。因此，媒体的报道规模无关乎生命价值，仅关乎新闻价值。

仿佛是给予这种分析一记重重的耳光，两天之后，辽宁铁岭清河特钢公司发生了钢水浇人事故，32名工人在1500度高温的钢水中遇难。从新闻的新奇性上说，这是一场闻所未闻的惨剧；从新闻的重要性上说，这是钢铁企业发生的最严重的恶性事件；从新闻的贴近性上说，如此怪异的严重事件就发生在我们身边。然而，你在报纸上依然看不到长篇报道，你在网络上依然无法向死者的照片致哀。

当然我们仍然可以辩解说，钢水浇人的新闻价值仍然比不上校园枪案，因为后者的故事性仍然大于前者，而且其死难者均为风华正茂的青年学生，更容易引发人们的痛惜和哀悼之情。尽管这些分析也不无道理，但是我再也无法理直气壮地用新闻价值来回避对生命价值的追问。

矿难频发真的是视觉疲劳和感觉麻木的原因吗？就其发生的频率和纠正的难度而言，美国枪案的确堪比中国矿难——只不过一个是为自由理念付出的代价，一个是制度缺陷的陪葬品——但是，有谁能够想象，假如美国枪案以更加频繁的次数发生，民众会听得疲倦、漠不关心吗？也许相反，那会激发他们更大的兴趣——到底为什么会这样？甚至会激发他们的抗议行动，要求有关方面必须拿出新的应对措施。

仍然从新闻价值上看，我发现一个现象，那就是美国校园枪案发生之后，新闻源总是在不断地扩大和增加。以此次枪案为例，扩大和增加的新闻包括总统讲话、校方声明、万人哀悼、降半旗、遗照上网、摆石块作纪念、祈祷与献花等等。每一次扩大和增加新闻，媒体都会跟进报道。而国内发生矿难时，地方政府对新闻资源显然是在做减法，巴不得谁也不知道，新闻媒体往往无更多信息可以报道。

我不得不承认，在这些兴奋与麻木的背后，在这些新闻增减的背后，是人们面对生命价值的理念和态度，是在生命遭受威胁与损害时的情感与行动。

有人说，中国重大伤亡事故太多了，如果每一次都隆重悼念，领导们还忙得过来吗？如果每一次都充分报道，新闻媒体还有空间刊载别的内容吗？对这种疑问的回答是：如果每一次都隆重纪念了，如果每一次都充分报道了，那就不会有那么多重大伤亡事故发生了。

一些网友们正在讨论，辽宁铁岭“4·18”事故中的钢水应该用来浇铸成什么样的纪念碑。有人提议铸成一个方碑竖立在工厂外面，有人提议分割成32块交给死者家属。这些意见都很有价值，而我的脑子里始终挥之不去的是那块烙在地上的惊悚而耻辱的伤疤——由此我明白了：更加重要的是，要从文化上，从观念上，从制度上，在我们心中竖起一座生命纪念碑。

（作者为南都周刊副主编）

http://blog.sina.com.cn/yangfeifei

记者是报社最大的财富

——看《纽约时报》获普利策奖

□杨瑞春

终于开始收到自家订的《纽约时报》。

今日（4月18日）格外繁忙，下午将近三点上完英文课之后才有时间到Tresidder Union，类似食堂的地方去吃饭，也才有时间打开《纽约时报》，首先看昨日发生的美国枪击案的报道。时报上没有一早打开多维新闻网时看到的关于枪犯身份的最新消息——好在不是中国人。纸媒对比网络确实有无法即时更新的劣势。

枪击案的报道从一版转23版，看完之后向左一看，A23整版广告，是祝贺纽约时报记者Andrea Elliott 获得今年的普利策特稿奖，这让我想起来昨日乃普利策奖颁布日，本是一件大事，但因为枪击案被夺去了媒体的注意力。

大黑体字的贺词非常简洁："《纽约时报》的Andrea Elliott获得了2007年普利策特稿奖"。Elliott撰写的特稿题目是"一个在美国的阿訇"，这个系列报道描述了一个在美国穆斯林社区的阿訇的生活和工作，勾勒了很多生活在后9·11时代的美国穆斯林的生活状态。

本版放了记者的一张彩色照片，年轻的女记者侧视左方微笑，可能有人会忽略掉虚化的背景，那是几位穆斯林阿訇白色的身影。是一张地道的工作照片。

已经很奢侈了，我想，再往前翻两页，A18版，却又是一个整版的广告，黑体字上这次写的是"《纽约时报》公司向来自《纽约时报》和《波士顿环球报》的2007年普利策获奖者致敬"。这次下面除了Andrea和波士顿环球报获得全国性报道奖的记者Charlie Savage的照片——《波士顿环球报》若干年前被《纽约时报》收购——除了这两位现在《纽约时报》公司旗下工作的记者，这版广告还祝贺曾任时报副总编的Gene Rovers和他的合作者获得历史图书奖，这本书的名字是《The Race Beat：The Press,the Civil Rights Struggle,and the Awakening of a Nation》。

前一个广告是《纽约时报》自己的，而后一个是时报公司的，大概是时报公司要兼顾公平吧。

我还是对Andrea Elliot比较感兴趣，因为是特稿的关系吧。照片旁的介绍说，当安吉拉（Andrea），一位都市报道记者准备去报道后9·11时代生活在美国的穆斯林的时候，她的工作看起来极度困难：很多美国穆斯林不愿意在那个时候对记者说话，因为他们总会被一种负面的方式去刻画，几乎在9·11袭击四年多以后纽约的（这种负面）情绪依然非常浓厚。而且，很多穆斯林不习惯去跟一位女记者说话。

但是Andrea没有放弃，她一直在研究伊斯兰和阿拉伯，时间长了之后，她终于可以探索一个在布鲁克林区的清真寺的内部生活和他们的阿訇。而成果就是一个分为三部分的报道。这组报道被这座清真寺的一位主持者称为"开辟了穆斯林在这个国家的新时代"。

两个感慨：

第一，普利策奖在美国传媒界的荣耀如此，近于神圣。这是一个真正新闻专业主义的奖项，是美国新闻的最高标准。我去参观《旧金山纪事报》的时候，朋友专门把我带到一面挂满了普利策获奖证书的墙前面。

在我周围的传媒圈，我不知道谁特别把国内业界的某些奖项当真，有些评奖与其说是新闻奖，不如说是宣传奖。所以，不说过多的限制使记者的能力无法充分发挥，即使真的做了好稿子，现有的评奖体系又怎可能把这样的稿件评为好稿？便有真能侥幸进入的，看到自己到底跻身于怎样的一批获奖名单之中，大概即使欢喜，也是有限。而没有一个专业标准的评奖激励记者，我认为对于中国传媒确实是个重大的缺憾。

第二，一个媒体要不遗余力地尊重、爱护自己的优秀记者和编辑。记者和编辑是一家媒体真正的财富。时报两个整版广告，一彩色一黑白的价值是多少？但我想在《纽约时报》的心目中，也许这都无法衡量拥有最出色记者对一家报纸带来的价值。南方周末在这方面应该是做得相当好的，尤其体现在对高级记者和编辑的作品研讨会方面，但自己为自己做广告的勇气，看来还是不及《纽约时报》。

在Subway的三明治味道环绕下写到这会儿了。今年普利策的大赢家其实是《华尔街日报》，一个公共服务，一个国际报道，国际报道这次又是报道中国的。报道中国的报道连续两年获奖说明了中国题材确实在日渐重要。

还不知道《华尔街日报》怎么庆祝这次胜利的，一会儿去办公室翻翻去。

美国枪击案和“高露洁”牙膏

——也看媒体的责任

今晨打开新闻看到韩国留学生是枪手的报道，还是有种如释重负的感觉。昨天帮报社的同事搜集一些资料，就已经觉得有些问题。因为多维新闻网编译美联社的报道说凶手疑为中国人，而且连从上海获得签证，8月飞到旧金山的细节都有，更觉得是板上钉钉的事情，可是其它所有的美国主要新闻网站上都没有这个消息，我没有看到这篇报道，所有的报道都还是保持亚裔的说法。何以中文新闻网站多维网的消息比美国新闻网站的还要快，难道真的是因为凶手是中国人的关系？这确实让我有些困惑。

本来今日想要理清脉络，弄清楚到底哪里出错，出错的媒体是否应该为此负责？奈何今日太忙，刚才察看网络，闾邱露薇已经把这个话题做得非常好了。她的勤奋实在是让人佩服。

我赞同闾邱的说法，犯了错误的是中国媒体自己。根据她的查证，问题似乎归于在一个问题上的选择，美联社编发了《芝加哥太阳报》的一个专栏作家披露了一个所谓的“独家消息”，神经绷得正紧的中国媒体是不是应该转发呢？

是不是美国的主流媒体没有发，中国的媒体就不应该发呢（而且美联当然算是主流了）？这确是一个非常难把握的问题，今日如果我们谴责媒体，是因为我们已经了然于真实的信息，这种上一当的感觉让人不舒服。我倒是不觉得答案就是肯定的，因为在这个问题上，中国媒体和美国媒体的兴奋点不同。

中国媒体在这个问题上的过于敏感是因为有一个强大的共同语境，就是以前发生过卢刚枪击事件，我记得这个事件在我们高考以及刚刚上大学的时候经常作为政治学习或者思想品德教育的材料反复宣讲，告知其在美国校园造成的对中国学生形象的巨大伤害，所以这次案件的发生，直接刺激起中国人的集体记忆。

而在美国，多年来各种校园枪击案的发生，卢刚的事件早已相对模糊了，确定“亚裔人”的身份当然重要，但是否中国人的问题，他们的关切和中国人的关切程度无法相提并论。

而且，刚刚在中新网看到，这名韩裔学生的一些特征确实容易让人混淆，他去年曾持韩国护照经中国上海飞往美国入境，再加之名字的拼音很像中国人，导致了误解的产生。

因此，我认为在那种神经高度紧张，迫切等待各种消息来源的情况下，假如真是美联的消息，中国媒体迅速转载是无可厚非的，即使是小报《芝加哥太阳报》，这个专栏作家的说法也并不是不可以转摘。但问题是，用了什么样的方式转摘，正如闾邱所说，那种采用自己电头，不署名消息来源，力图给读者制造自己记者一手消息的媒体，是混乱的信息被制造出来的根源之一。

这次媒体事件让我想起来以前的“高露洁牙膏致癌”事件，《南方周末》科学记者李虎军是第一个把这件从海外到中国以讹传讹的媒体事件披露出来的记者。当时虎军给我打电话报题，我们确定报道方向不仅关注事实的澄清，而且应该关注媒体在其中的角色和责任。刚才查这篇谁制造了“高露洁”牙膏信任危机的稿子的时候，我发现简直是巧合，当时虎军采访的那次事件中的教授就是弗吉尼亚理工大学的。

“高露洁”牙膏的问题也是因为一篇英国《旗帜晚报》的有问题的报道，导致中国媒体不正常的连锁热炒。

我觉得类似事件确实给了媒体一个反思的机会，在新闻竞争中，如何能够保持稳健和理性。怀疑凶手为中国人的报道不是说不转，但一定要精确交待来源，并且能够告知读者相关信息，比如就这篇报道来说，假如在转摘凶手疑为中国人的消息之后，能够讲一句“美国各大主流传媒并未有类似消息披露”，或者尝试跟文章作者联系以证实其消息来源——李虎军就直接找到了《旗帜晚报》的报道的主人公，包括对出处有一两句的交待，比如《芝加哥太阳报》在美国报业中的位置，公信力如何等等，将会更有利于读者作出理性的判断。

(作者为南方周末前新闻板块执行总监，现美国斯坦福大学奈特学者)

http://blog.sina.com.cn/m/yangxuetao

媒体根本没有“商业模式”之说

□杨学涛

有这样一种“商业模式”：因为路口有红灯，所以开车的人都会在红灯的时候停下来（不要命的人除外）；因为开车的人一般都是有钱人（开消防车的人除外），所以一两块钱对于他们来说微不足道。综合以上两个因素，可以得出一个结论：乞丐在红灯亮的时候向司机要钱，要比在天桥上高效得多。

你我可以看到的现状是：在红灯车

流中要钱的乞丐的确是越来越多，只要是腿没瘸、眼没瞎的人，都会勇敢地走到“红灯区”里来碰碰运气。但是，他们的收入果真如“商业模式”所料上升了吗?

我当然不知道。但就我个人的经验而言，我倒是宁可把钱施舍给在天桥上睡觉的人，他们的痛苦状保持得比较长久，能够让人近距离、长时间地体味，如果有人还写得一手漂亮的书法或英语，那我给钱的机率就会成倍增加，倘若还有人拉得一手声音惨厉的二胡、唱得一句《我的未来不是梦》（不知道乞丐为什么要唱这首伤心之歌），那我就“宁可错给三千，不能放过一个”了。

对于站在“红灯区”的人，我反倒有一种被压迫之感，他们能做的，要么是点头哈腰，或者用鸡毛掸随便刷一下你的车玻璃（让你担心会被刮花），更恶劣的是，他们会不停地敲你的车窗，用“你不给，老子就咒你撞车”的眼神盯着你，不仅不能激起你的任何恻隐之心，反而害得你浑身发痒，只能无奈扭头看看旁边车上的司机朋友，对乞丐不见为净。

言之成理的“商业模式”失效了。看来，即便城市日新月异，但丐帮却没有什么新的商业模式可言。在满地都号称创意的城市里，乞丐们原本就不需要什么创意，低调才意味着一切。

媒体亦然。在自主经营、自负盈亏之后，媒体成了一个普通的商业主体，于是，便有人总结出了很多的“商业模式”：就收入结构而言，有的靠发行挣钱，有的靠广告挣钱，有的靠举办活动、论坛挣钱（也有的靠勒索企业挣钱）；就广告吸引力而言，有的靠优质的渠道，有的靠过硬的内容，有的靠国际版权的影响；就挣钱路径而言，有的是先拼内容后挣钱，有的是先挣钱后拼内容，有的是边拼内容边挣钱（也有的是拼红头文件的级别）；就广告档次而言，有的是先抢大牌后拉拢小牌，有的是先抢小牌后拉拢大牌，有的是大小通吃（也有的是睡觉等着政府公告）；在融资渠道方面，有的是张嘴要饭，有的是一身骨气、自找投资，有的甚至能玩弄资本、上市圈钱……

但媒体最特殊的地方，正在于它与“生意”相对又相生的个性：苹果与梨再高级（它们有高低贵贱之分吗？），不过能满足人的口腹之需，只需半小时，其对人的影响便荡然无存（吃了坏肚子的苹果和梨除外），但一张报纸、一本杂志却不一样，它们或多或少能更新人的思想、促成人的转变，哪怕只是一个标题，也有可能让某个人的人生从此走向康庄大道（或者是不归路），比如说“云南农民广州摸彩中了一千万”，就有可能促使人走上买彩票之路，并有可能因此而一夜暴富，或是倾家荡产。

因此，任何忽视了媒体特殊性的所谓“商业模式”都是不可能成立的，虽然有些烂报纸、烂杂志能红火一时，但长远来看，它终究逃不脱一句咒语：你可以在某个时间欺骗所有人，也可以在所有时间欺骗一部分人，但你不能在所有时间里欺骗所有人。

另一个逃不脱的咒语是：只要是能长时间存活的媒体，一定有独到的内容。

说来说去，其实是个再简单不过的、废话般的道理。但奇怪的是，我们总是能听到有主编、社长成天挖空了心思做经营、拉广告，对于媒体内容，却是从来不闻不问——那是只有中央电视台才有的权利，你千万别跟它比；有的媒体不务正业，在广告客户要求下大搞论坛经济、活动经济，不仅分散了采编精力，影响了采编质量，而且抢了会务公司、公关公司的饭碗，破坏社会安定团结；还有的媒体在硬广告环境还未成熟的情况下就开始搞多元经营，以硬广以外的业务充当广告的遮羞布，实在是目光短浅之鼠辈之举。

更多的时候，我们缺少的只是自信：经营遇到困难的时候，为了自救，我们拼命压缩采编的成本；我们拼了老命、削尖了脑袋寻找广告对策，甚至不惜放弃新闻原则，卖了版面写软文；更为可怕的是，我们还会出卖媒体的公信力，用原本应该刊登的负面报道换回了不光彩的金钱……

正如你我了解的一样，这样的事例并不少见，因解一时之困而堕落的媒体比比皆是，让人喟叹“英雄难过金钱关，除非利润翻三番”。不过，也正因为能在困难之时挺住的人不多，方显得英雄之难能可贵。

在全民皆商、人人羡慕李嘉诚的年代，诺大的媒体办公室里，已经放不下一张安静的书桌了。这时候，请你走到采编部门的办公室里，看看谁还在兢兢业业地写稿、排版、讨论选题，请代我向他们致以崇高的问候，并代我请他们吃饭（酒水需自带），因为他们，才是一个媒体最硬的脊梁。

如果他们的腰椎、颈椎、尾椎出了问题，请把你罪恶的钱多分一些给他们，脊柱都倒了，庞大的身躯将何以堪？

（作者为《mangazine·名牌》副主编）

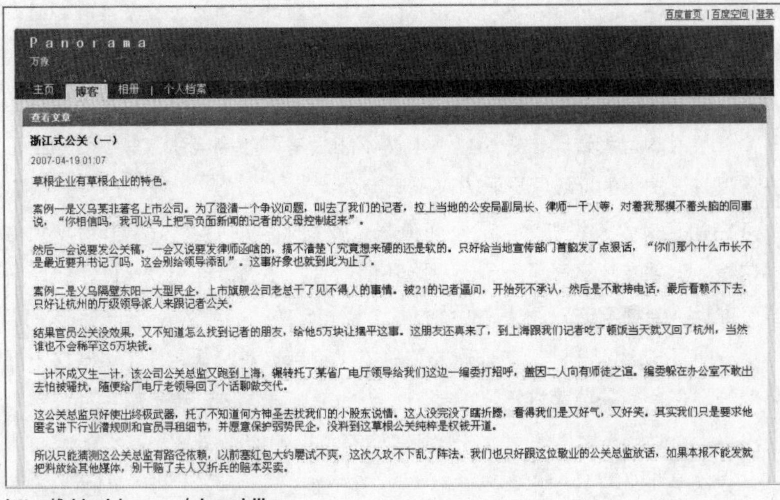

百度首页 | 百度空间 | 登录

Panorama

万象

主页 博客 相册 | 个人档案

查看文章

浙江式公关（一）

2007-04-19 01:07

草根企业有草根企业的特色。

案例一是义乌某非著名上市公司。为了澄清一个争议问题，叫去了我们的记者，拉上当地的公安局副局长、律师一干人等，对着我那摸不着头脑的同事说，“你相信吗，我可以马上把写负面新闻的记者的父母控制起来”。

然后一会说要发公关稿，一会又说要发律师函啥的，搞不清楚丫究竟想来硬的还是软的。只好给当地宣传部门首脑发了点狠话，“你们那个什么市长不是最近要升书记了吗，这会别给领导添乱”。这事好象也就到此为止了。

案例二是义乌隔壁东阳一大型民企，上市旗舰公司老总干了见不得人的事情。被21的记者逼问，开始死不承认，然后是不敢接电话，最后看赖不下去，只好让杭州的厅级领导派人来跟记者公关。

结果官员公关没效果，又不知道怎么找到记者的朋友，给他5万块让摆平这事。这朋友还真来了，到上海跟我们记者吃了顿饭当天就又回了杭州，当然谁也不会稀罕这5万块钱。

一计不成又生一计，该公司公关总监又跑到上海，辗转托了某省广电厅领导给我们这边一编委打招呼，盖因二人向有师徒之谊。编委躲在办公室不敢出去怕被骚扰，随便给广电厅老领导回了个话聊做交代。

这公关总监只好使出终极武器，托了不知道何方神圣去找我们的小股东说情。这人没完没了瞎折腾，看得我们是又好气，又好笑。其实我们只是要求他匿名讲下行业潜规则和官员寻租细节，并愿意保护弱势民企，没料到这草根公关纯粹是权钱开道。

所以只能猜测这公关总监有路径依赖，以前塞红包大约屡试不爽，这次久攻不下乱了阵法。我们也只好跟这位敬业的公关总监放话，如果本报不能发就把料放给其他媒体，别干赔了夫人又折兵的赔本买卖。

http://hi.baidu.com/pippakiller

浙江式公关

□左志坚

（一）

草根企业有草根企业的特色。

案例一是义乌某非著名上市公司。为了澄清一个争议问题，叫去了我们的记者，拉上当地的公安局副局长、律师一干人等，对着我那摸不着头脑的同事说：“你相信吗，我可以马上把写负面新闻的记者的父母控制起来。”

然后一会说要发公关稿，一会又说要发律师函啥的，搞不清楚丫究竟想来硬的还是软的。只好给当地宣传部门首脑发了点狠话，“你们那个什么市长不是最近要升书记了吗，这会儿别给领导添乱”。这事好象也就到此为止了。

案例二是义乌隔壁东阳一大型民企，上市旗舰公司老总干了见不得人的事情。被21的记者逼问，开始死不承认，然后是不敢接电话，最后看赖不下去，只好让杭州的厅级领导派人来跟记者公关。

结果官员公关没效果，又不知道怎么找到记者的朋友，给他5万块让摆平这事。这朋友还真来了，到上海跟我们记者吃了顿饭当天就又回了杭州，当然谁也不会稀罕这5万块钱。

一计不成又生一计，该公司公关总监又跑到上海，辗转托了某省广电厅领导给我们这边一编委打招呼，盖因二人向有师徒之谊。编委躲在办公室不敢出去怕被骚扰，随便给广电厅老领导回了个话聊做交代。

这公关总监只好使出终极武器，托了不知道何方神圣去找我们的小股东说情。这人没完没了瞎折腾，看得我们是又好气，又好笑。其实我们只是要求他匿名讲下行业潜规则和官员寻租细节，并愿意保护弱势民企，没料到这草根公关纯粹是权钱开道。

所以只能猜测这公关总监有路径依赖，以前塞红包大约屡试不爽，这次久攻不下乱了阵法。我们也只好跟这位敬业的公关总监放话，如果本报不能发就把料放给其他媒体，别干赔了夫人又折兵的赔本买卖。

（二）

案例三是最近的达能娃哈哈风波。

这事在我们看来极其简单。创业者宗庆后在红帽子和洋帽子之间辗转腾挪，力图在娃哈哈趟过产权改革的暗礁之后，为自己的子孙后代谋取最大化的利益。

其实和其他民营实业家一样，宗庆后也是值得同情，因为他需要付出更多的努力去维护原本属于自己的劳动果实。但娃哈哈的公关智囊显然一直在给宗庆后出馊主意。

宗从一开始就试图掩盖自己的利益诉求，把维护民族品牌粉饰成自己挺身造势的原因。这在2007年的中国商界不啻是一个天大的笑话，连他多年的老朋友吴晓波同志也看不下去，拍了他两砖。网络上虽有许多声援的声音，但大多是被煽动的匿名愤青乌合之众，稍微有点商业常识的人都在数落宗庆后不厚道。一个红顶商人的形象已是呼之欲出，宗总大有晚节不保之势。

接下来，娃哈哈再接再厉，又搞了一些员工、经销商、乃至地方政府的声明，重心不是在说商业利害，而几乎是在大呼宗庆后万岁万岁万万岁。要知道现如今，牟其中之类的毛派企业家大多都已身陷囹圄或归隐江湖，宗庆后本人已是为数不多的尚在一线的奇葩。这些淡化市场规则的口号无疑加重了主流商界人士的集体反感，一时间宗有引火烧身之忧。

宗更没想到的是，21的报道直接抄了他的后花园，直奔他产权改革的隐秘幽径。这一来宗的真实意图为更多人所见，一下子没那么理直气壮。跟娃哈哈的公关联系采访，一副快要哭出来的样子，说是你们怎么不支持民族品牌啊，我说你们10年前不就卖给外资了吗?

愚弄大众还不够，还要愚弄记者。我说宗总出来说个话吧，这公关说，娃哈哈很低调的云云。我说这事不是你们挑起来的吗？公关说了句，我们一直很低调的呀，这个事情都是你们媒体在炒作。

我真想骂人。你宗庆后在西方复活节外电全放假的前夕突然跑到中国报纸头版骂达能，然后又跑到新浪去聊天，接下来再马不停蹄地一下子搞了那么多员工、经销商、地方政府的标语跟口号出来，现在却突然跟我说，都是你们媒体挑起来的，娃哈哈是被动的。这不仅侮辱了我的人格，也明显在侮辱我的智商嘛。

我冷冷地对公关说，我知道，经济参考报（发表了宗最初挑战达能的第一篇报道）、新华社浙江分社（比其他网媒多发一些图片内容）是你们的股东，有你们的原始股——但是——全国的媒体好象也不是只有这两家啊。

丫又开始装傻，说“不可能的，他们怎么可能有娃哈哈的股份？”

我说要不要打个赌，赌什么都可以。她没话说了……又扯了半天淡，总算反应过来：“哦，对的，你们可以查工商资料的。”

结果娃哈哈还是不以商业逻辑来解释这个事情，还是继续以忽悠广大愤青为己任。先是说娃哈哈不打口水战了，然后继续在《经济参考报》上炮轰达能。

我觉得，事情做到这个份上，娃哈哈就已经不是公关失策的问题了，而是完全一副不想讲道理的架势。

娃哈哈不讲道理，可我们还得讲道理。新闻讲究中立，因此就延迟发表对娃哈哈的调查报道。其实这会连宗的后手都已经调查在手，等他是给他面子，给足他说话的机会。可人家宗庆后似乎未必会领情。

那天上午，我一直在跟娃哈哈的人说，你们的公关策略有问题。他们还装没公关，还装被动应战。我这中立的第三方又不好给娃哈哈支招拉偏架。

其实我想给他支的招很简单，改变一下那些公开信的语气，不要煽动愤青，而是装被骗装楚楚可怜，把自己说成是当年想娶个如花达能，结果一不小心被达能给强奸了，现如今为了这民族品牌不得不求助于媒体，呼吁媒体和大众把自己救出这火坑呐。

（作者为21世纪经济报道上海特稿部主任）

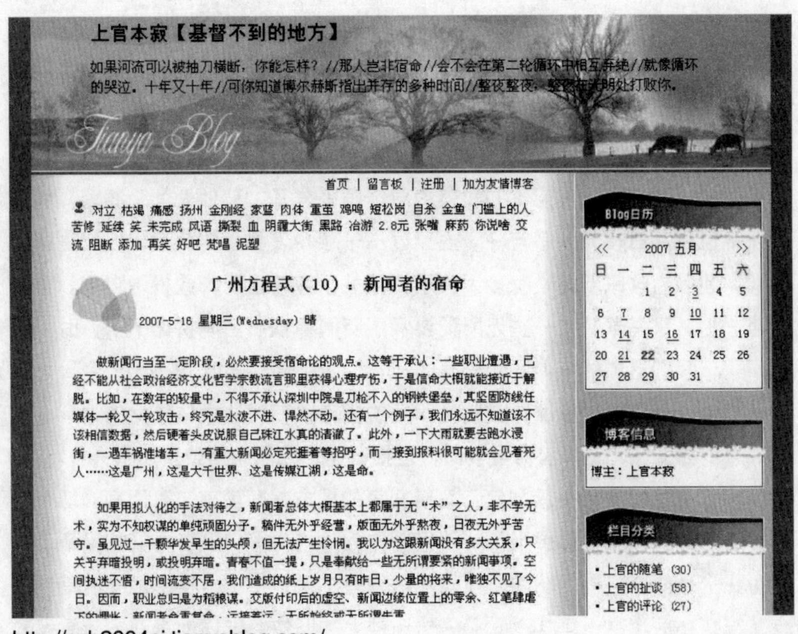

上官本寂【基督不到的地方】

如果河流可以被抽刀横断，你能怎样？//那人岂非宿命//会不会在第二轮循环中相互弃绝//就像循环的哭泣。十年又十年//可你知道博尔赫斯指出并存的多种时间//整夜整夜，整夜在光明处打败你。

Tianya Blog

首页 | 留言板 | 注册 | 加为友情博客

对立 枯竭 痛感 扬州 金刚经 家蓝 肉体 重茧 鸡鸣 短松岗 自杀 金鱼 门槛上的人 苦修 延续 笑 未完成 风语 撕裂 血 阴霾大街 黑路 冶游 2.8元 张嘴 麻药 你说啥 交流 阻断 添加 再笑 好吧 梵唱 泥塑

广州方程式（10）：新闻者的宿命

2007-5-16 星期三(Wednesday) 晴

做新闻行当至一定阶段，必然要接受宿命论的观点。这等于承认：一些职业遭遇，已经不能从社会政治经济文化哲学宗教流言那里获得心理疗伤，于是信命大概就能接近于解脱。比如，在数年的较量中，不得不承认深圳中院是刀枪不入的钢铁堡垒，其坚固防线任媒体一轮又一轮攻击，终究是水泼不进、悍然不动。还有一个例子，我们永远不知道该不该相信数据，然后硬着头皮说服自己珠江水真的清澈了。此外，一下大雨就要去跑水浸街，一遇车祸准堵车，一有重大新闻必定死捱着等招呼，而一接到报料很可能就会见着死人……这是广州，这是大千世界、这是传媒江湖，这是命。

如果用拟人化的手法对待之，新闻者总体大概基本上都属于无“术”之人，非不学无术，实为不知权谋的单纯顽固分子。稿件无外乎经营，版面无外乎熬夜，日夜无外乎苦守。虽见过一千颗华发早生的头颅，但无法产生怜悯。我以为这跟新闻没有多大关系，只关乎弃暗投明，或投明弃暗。青春不值一提，只是奉献给一些无所谓要紧的新闻事项。空间执迷不悟，时间流变不居，我们造成的纸上岁月只有昨日，少量的将来，唯独不见了今日。因而，职业总归是为稻粱谋。交版付印后的虚空、新闻边缘位置上的零余、红笔肆虐

Blog日历

<< 2007 五月 >>

日	一	二	三	四	五	六
		1	2	3	4	5
6	7	8	9	10	11	12
13	14	15	16	17	18	19
20	21	22	23	24	25	26
27	28	29	30	31		

博客信息

博主：上官本寂

栏目分类

- 上官的随笔 (30)
- 上官的扯谈 (58)
- 上官的评论 (27)

http://szb2004nj.tianyablog.com/

新闻者的宿命

□宋志标

做新闻行当至一定阶段，必然要接受宿命论的观点。这等于承认：一些职业遭遇，已经不能从社会政治经济文化哲学宗教流言那里获得心理疗伤，于是信命大概就能接近于解脱。比如，在数年的较量中，不得不承认深圳中院是刀枪不入的钢铁堡垒，其坚固防线任媒体一轮又一轮攻击，终究是水泼不进、悍然不动。还有一个例子，我们永远不知道该不该相信数据，然后硬着头皮说服自己珠江水真的清澈了。此外，一下大

雨就要去跑水浸街，一遇车祸准堵车，一有重大新闻必定死捱着等招呼，而一接到报料很可能就会见着死人……这是广州，这是大千世界、这是传媒江湖，这是命。

如果用拟人化的手法对待之，新闻者总体大概基本上都属于无“术”之人，非不学无术，实为不知权谋的单纯顽固分子。稿件无外乎经营，版面无外乎熬夜，日夜无外乎苦守。虽见过一千颗华发早生的头颅，但无法产生怜悯。我以为这跟新闻没有多大关系，只关乎弃暗投明，或投明弃暗。青春不值一提，只是奉献给一些无所谓要紧的新闻事项。空间执迷不悟，时间流变不居，我们造成的纸上岁月只有昨日，少量的将来，唯独不见了今日。因而，职业总归是为稻粮谋。交版付印后的虚空、新闻边缘位置上的零余、红笔肆虐下的惆怅，新闻者命重复命，运接着运，无所始终或无所谓失重。

有江湖的地方就有新闻者，有新闻者的地方就有谎言，有谎言的地方就有琢磨不透的笑脸。遥想当年，邸报制作大师就为了句流言，就被皇帝老儿砍了头；可如今，再无坊间风险与埋伏，有的只是楼宇与楼宇之间的暗渡陈仓、推杯换盏。从一座楼上看着另一座楼上的旧位，玻璃上镌刻着新闻者散布的灰尘，谁的灯亮谁的灯熄谁的灯黯然，可也全都是机缘。版间乾坤大，新闻日月长。道一声后会有期，或者沉默着等待恰当的时机，也可能永远等不到。外面是新闻的集散地，原生态的蜚短流长。任凭新闻流离失所，花样少年舞翩翩。给你奖牌吧，给你青春期的荣誉称号，给你剪不断理还乱的短稿长稿优良稿劣质稿。尤其殷勤地盯望着，反问句一声声婉转：“不如写个手记？记者，记下也。”

批量化的新闻写作影射着既定的程式。书，广州方程式；描，南方养殖场；绘，岭南流放所。各种报纸犹如六祖惠能从森林里裁剪出的柴火，捆装本伟岸，恁高大着呢，一旦上了肩头就绝对不能歇息，只顾硬着脚踝骨，顺着伟岸的纸浆纸张将重心倾斜，顶着五花布衫的靠背一溜烟往人家怀里钻，擎都擎不住，门都没有，撒开俩腿只要奔命就可以了。自然，也就有评论如狼烟四起，胜过A1—A11一起焚烧的壮景。没人会把这些当回事。新闻纸无学？新闻者无学？新闻无学？抑或新闻学无学？叹儿郎志嫩，梦想着让新闻者生起老茧的光荣；就有例行的60桌酒席，辽阔地摆设在浩瀚的灯的北斗星阵下。还来不及，来不及抒情新闻者的憋屈呢，就有伟男子俏巾帼向头顶举起夜光杯。射天狼呢？祭祀其实是新闻者代表的天问天不问。还记得那座高塔么？曹溪水自流，户枢不蠹。

搞不清楚流向，满以为全城尽是江山。无聊时就在新闻边角料上组词造句：洞庭，洞庭土菜馆；姓刘的？刘姥姥；什么楼？金盈楼；哪个右最新？寺右新。天女散花的光明境中，以院子为中心，施展吸星吐纳之大法。新闻寡淡时如处子、暴烈时似惊涛，一回回卷来又吹走。我们一直以为新闻者的宿命就是这些人间的俗务，让我们的命去冲击18铜人、36阵仗、72护法、144衙门。但世道如今，科学成了伪科学，谏士成了院士，统计局几乎要和房产局掐架。几个简答题：你买得起房吗？买得起房那你买得起星光大道吗？你买得起星光大道那买得起万亩果园豪宅如斯吗？倔犟在城中，陷入薄如蝉翼的命里。哦，乖，新闻者应该听话。问题是听谁的是谁的不是？

套用上帝的腔调：如果必定要创造世界，那请在星期二赶早；如果必定有一些新闻者迷路，我嘛，希望是在托斯卡纳。阿门！

（作者为南方都市报评论员）

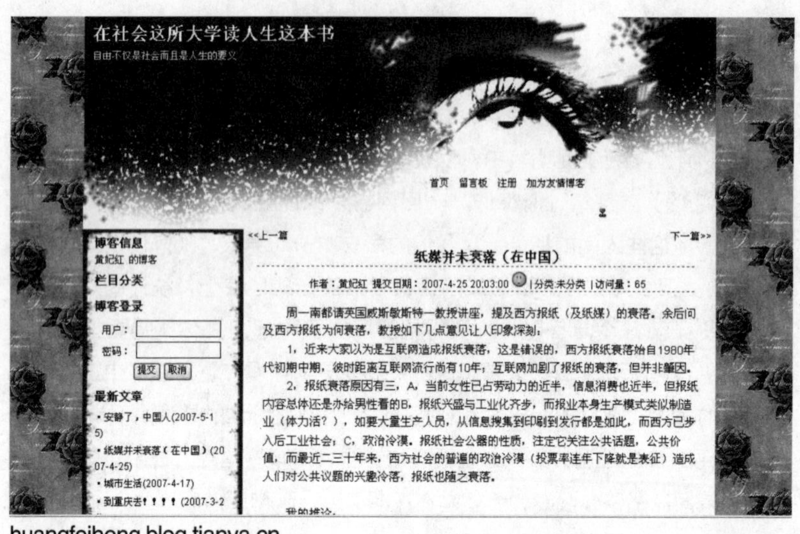
在社会这所大学读人生这本书

自由不仅是社会而且是人生的要义

首页 留言板 注册 加为友情博客

博客信息

黄妃红 的博客

栏目分类

博客登录

用户：

密码：

提交 取消

最新文章

· 安静了，中国人(2007-5-15)

· 纸媒并未衰落（在中国）(2007-4-25)

· 城市生活(2007-4-17)

· 到重庆去！！！！(2007-3-2

<<上一篇 下一篇>>

纸媒并未衰落（在中国）

作者：黄妃红 提交日期：2007-4-25 20:03:00 |分类:未分类 |访问量：65

周一南都请英国威斯敏斯特一教授讲座，提及西方报纸（及纸媒）的衰落。余后问及西方报纸为何衰落，教授如下几点意见让人印象深刻：

1，近来大家以为是互联网造成报纸衰落，这是错误的，西方报纸衰落始自1980年代初期中期，彼时距离互联网流行尚有10年；互联网加剧了报纸的衰落，但并非肇因。

2，报纸衰落原因有三，A，当前女性已占劳动力的近半，信息消费也近半，但报纸内容总体还是办给男性看的B，报纸兴盛与工业化齐步，而报业本身生产模式类似制造业（体力活？），如要大量生产人员，从信息搜集到印刷到发行都是如此，而西方已步入后工业社会；C，政治冷漠。报纸社会公器的性质，注定它关注公共话题，公共价值，而最近二三十年来，西方社会的普遍的政治冷漠（投票率逐年下降就是表征）造成人们对公共议题的兴趣冷落，报纸也随之衰落。

huangfeihong.blog.tianya.cn

纸媒并未衰落（在中国）

□黄广明

周一南都请英国威斯敏斯特大学一教授讲座，提及西方报纸（及纸媒）的衰落。余后问及西方报纸为何衰落，教授如下几点意见让人印象深刻：

1.近来大家以为是互联网造成报纸衰落，这是错误的，西方报纸衰落始自1980年代初期中期，彼时距离互联网流行尚有10年；互联网加剧了报纸的衰落，但并非肇因。

2.报纸衰落原因有三：A、当前女性已占劳动力的近半，信息消费也近半，但报纸内容总体还是办给男性看的；B、从历史上看，报纸兴盛与社会工业化齐步，而报业本身生产模式类似制造业（体力活？），如要大量生产人员，从信息搜集到印刷到发行都是如此，而西方已步入后工业社会；C、政治冷漠。报纸社会公器的性质，注定它关注公共话题、公共价值，而最近二三十年来，西方社会的普遍的政治冷漠（投票率连年下降就是表征）造成人们对公共议题的兴趣冷落，报纸也随之衰落。

3.面对报纸衰落的趋势，纸媒从业者很伤感，也想尽办法延缓之，如大报改小报，引吸青少年等，但这个趋势终究不可阻挡。年轻一代看报纸的比重越来越小，等到从小不看报的一代成为社会中坚，也许最后一份报纸的停刊日就会到来。

我的推论：

若教授之说成立（很有道理），像中国这样的国家发展阶段与西方不同，中国处于工业化时期，另外，当下不是政治冷漠，而是政治热情高涨，近年时评的繁荣和阅读的兴盛就是明证。故而，在中国（以及非洲）等地区，报纸的繁荣还会持续相当长时间。互联网与报纸将共同繁荣，而非你死我活关系。二者的潜力在中国都远未能得到开掘，不像西方，纸媒经过百多年发展，几乎熟透（现在要烂掉了）。

这个相当长的时间也许是十几年，也许是几十年，有志于从事纸媒的人士不可不居安思危，但也不必过于悲观——人生能有几个十年？

（作者为南方人物周刊主笔）

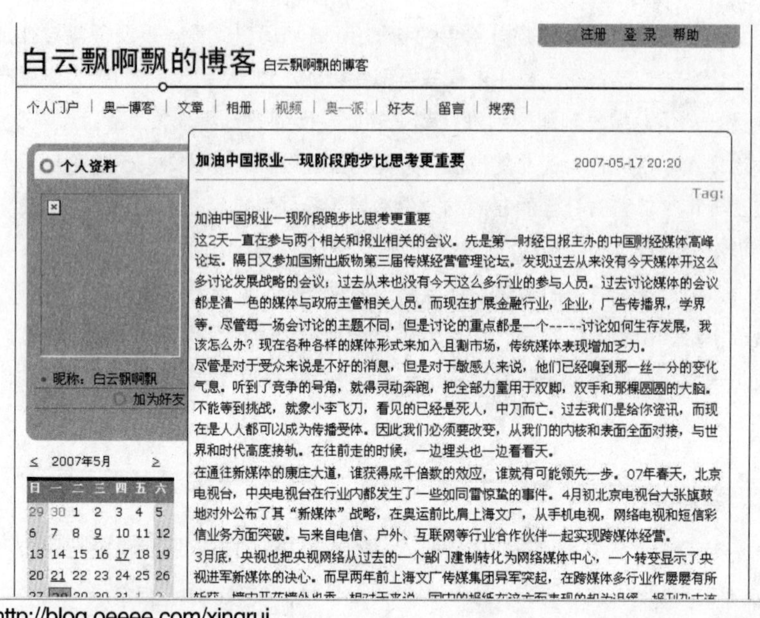

注册 登录 帮助

白云飘啊飘的博客 白云飘啊飘的博客

个人门户 | 奥一博客 | 文章 | 相册 | 视频 | 奥一派 | 好友 | 留言 | 搜索 |

个人资料

昵称：白云飘啊飘

加为好友

≤ 2007年5月 ≥

加油中国报业—现阶段跑步比思考更重要 2007-05-17 20:20

Tag:

加油中国报业—现阶段跑步比思考更重要

这2天一直在参与两个相关和报业相关的会议。先是第一财经日报主办的中国财经媒体高峰论坛。隔日又参加国新出版物第三届传媒经营管理论坛。发现过去从来没有今天媒体开这么多讨论发展战略的会议；过去从来也没有今天这么多行业的参与人员。过去讨论媒体的会议都是清一色的媒体与政府主管相关人员。而现在扩展金融行业，企业，广告传播界，学界等。尽管每一场会讨论的主题不同，但是讨论的重点都是一个-----讨论如何生存发展，我该怎么办？现在各种各样的媒体形式来加入且劏市场，传统媒体表现增加乏力。

尽管是对于受众来说是不好的消息，但是对于敏感人来说，他们已经嗅到那一丝一分的变化气息。听到了竞争的号角，就得灵动奔跑，把全部力量用于双脚，双手和那棵圆圆的大脑。不能等到挑战，就象小李飞刀，看见的已经是死人，中刀而亡。过去我们是给你资讯，而现在是人人都可以成为传播受体。因此我们必须要改变，从我们的内核和表面全面对接，与世界和时代高度接轨。在往前走的时候，一边埋头也一边看看天。

在通往新媒体的康庄大道，谁获得成千倍数的效应，谁就有可能领先一步。07年春天，北京电视台，中央电视台在行业内都发生了一些如同雷惊蛰的事件。4月初北京电视台大张旗鼓地对外公布了其“新媒体”战略，在奥运前比肩上海文广，从手机电视，网络电视和短信彩信业务方面突破。与来自电信、户外、互联网等行业合作伙伴一起实现跨媒体经营。

3月底，央视也把央视网络从过去的一个部门建制转化为网络媒体中心，一个转变显示了央视进军新媒体的决心。而早两年前上海文广传媒集团异军突起，在跨媒体多行业作屡屡有所

http://blog.oeeee.com/xingrui

现阶段跑步比思考更重要

□邢瑞

这两天一直在参与两个和报业相关的会议。先是第一财经日报主办的中国财经媒体高峰论坛。隔日又参加国新出版物第三届传媒经营管理论坛。发现过去从来没有像现在那样开这么多讨论发展战略的会议；也从来没有这么多行业的参与人员，过去讨论媒体的会议都是清一色的媒体与政府主管相关人员。而现在扩展至金融行业，企业，广告传播界，学界等。尽管每一场会议讨论的主

题不同，但是讨论的重点都是一个——媒体业如何生存发展？现在各种各样的媒体形式来加入切割市场，传统媒体表现增长乏力。

敏感的人已经嗅到那一丝一分的变化气息。听到了竞争的号角，就得灵动奔跑，把全部力量用于双脚，双手和自己的大脑。

不能等到挑战，就像小李飞刀，看见的已经是死人，中刀而亡。过去我们是给你资讯，而现在是人人都可以成为传播受体。因此我们必须要改变，从我们的内核和表面全面对接，与世界和时代高度接轨。在往前走的时候，一边埋头也一边看看天。

在通往新媒体的康庄大道，谁获得成千倍数的效应，谁就有可能领先一步。4月初，北京电视台大张旗鼓地对外公布了其“新媒体”战略，在奥运前比肩上海文广，从手机电视，网络电视和短信彩信业务方面突破。与来自电信、户外、互联网等行业合作伙伴一起实现跨媒体经营。

3月底，央视也把央视网络从过去的一个部门建制转化为网络媒体中心，一个转变显示了央视进军新媒体的决心。而早两年前上海文广传媒集团异军突起，在跨媒体多行业中屡屡有所斩获，墙内开花墙外也香。相对来说，国内的报纸在这方面表现得却较为迟缓，报刊杂志该如何雄起？尽管已经有一些纸媒开始实行数字化，想尽力向数字转型。但是旧瓶装新酒，只是把报纸新闻搬到自己的网站上。没有从战略上寻思传统纸媒和新媒体之间的利益契合点，也没有从工具，战略，原料上和过去做一个清算和集纳。

报纸领导为什么不太重视在网站上投入和招兵买马呢？是意识滞后？还是掌握新技术的手段缺乏，显然都不完全是。有人在说网络媒体的赢利模式问题，事实上，新浪网的广告模式，TOM网的无线增值、网易的游戏和阿里巴巴的会员模式等都有可以借鉴的范本。还有一些正在探索路上或即将走上赢利模式的路上等待我们去发现观察。我们报纸赢利模式呢？90%以上靠的是广告，尽管也有些其他的实业补充，但是相对于广告来说，都是微不足道的。究竟是那种媒体形态赢利方式多，一比较结果就出来了。相对来说，报纸的竞争对手是区域性的，而网站的竞争对手在一定程度上来说，是与区域以外的媒体竞争。

在信息爆炸时代，人们希望关注一些唯一的消息，做到这一点何其难！做不到唯一，只有想办法做到行业第一。从服务和便利性上面着手实现个性化信息提供，媒体要思考的是如何把信息打好包，有效传播到受众。获取受众的信息和需求，进一步往前思考媒体的新发展道路。不要把自己的资源留在封闭的园子里，需要随时随地方便提供，且时时更新，从“文字（看）+图片（看）+视频（听说）+互动（手嘴和身体的结合）社区（写）”，让读者随时随地体面地获取信息。内容+多元化产品综合平台已经是传媒发展的大势所趋。

各种特征表明，“三网融合”雏形显现，很有意思的是，关于“三网融合”并没有明确的政策规定，无形的手却自动推动着融合的雏形，不管是出身报刊还是电信抑或互联网都应该主动地加入战局，市场反应很快，落后的只是成型的行规。所以对于纸媒来说行动比一切都重要，中国报业该开始快快起跑了，不要总是想着学着该如何跑得快，当一切都明白的时候，已成为昨日飘飘洒洒的黄花片。

（作者单位：新京报市场部）

美国大学枪击案挑起媒体道德之争

□徐琳

发生在美国弗吉尼亚州理工大学的枪击凶杀案受到美国主流媒体铺天盖地式的广泛报道，不仅是枪手自白惹来批评，对枪手国籍的不当揣测和频繁讨论也挑起公众对美国媒体的报道尺度拿捏和公正性的质疑。

火上浇油的凶手自白

美国国家广播公司（NBC）在4月18日收到枪手赵承辉于枪杀案发生前拍摄的自白录像带和亲笔信，即刻通知弗州警方进行处理。但是对这个天外飞来的大独家新闻，NBC新闻部高层在再三斟酌后，还是于当日晚间新闻的黄金时段播放了部分画面、照片和赵犯的独白，并将更多的影像和照片刊登在其网站上。NBC当家主播布莱恩·威廉斯直言，他们认为赵犯的自白有助于公众和警方了解他行凶的动机，因此选择公开一小部分赵犯寄来的信息，而这的确是个困难的决定。

对于NBC面对的两难处境，乔治·华盛顿大学媒体和公众事务教授卡尔·斯德恩认为，媒体还是有最佳的应对方案，但是NBC的处理方式却欠妥。

“NBC声称他们每一小时只会播出6分钟的赵承辉自白画面，认为自己的自律行为是公民美德的一大胜利，我怀疑我们甚至连2分钟的画面都不需要。”斯德恩对《华盛顿观察》周刊说道，“关键不在于播出时间多寡，而是在于名声。你不会希望播出这些画面之后，进一步满足枪手的自恋倾向和成名渴望，这么做可能鼓动其他有类似犯罪倾向的人起而效法。”

NBC的报道经过美国和全球主流媒体的传播，很快地霸占了美国媒体的头条版面。但在24小时后却也招来不少严厉批评。尤其对受害者家属来说，亲眼看到赵承辉手拿着枪指向镜头，或是拿把刀架在自己脖子上的画面，都犹如遭受第二次打击，万分难受。在指责声浪如潮水般涌入后，福克斯新闻网即宣布不会再播出赵犯的自白画面，美国有线电视新闻网和三大无线电视网也跟着表明，会严格限制对这些画面的使用。

美国雪城大学大众传播学院研究生院副院长乔尔·开普蓝认为，NBC 不可能完全不播出赵犯的影像信息。毕竟，新闻媒体这个行业本来就是在向公众提供新闻信息，解释这个事件为何会发生。

“NBC 对赵犯影像的处理已经是很不错、很小心了。他们也拿掉了比较令人生厌的画面。”开普蓝对《华盛顿观察》周刊说道，“我可以理解为何许多观众对此感到不满，但是媒体的决定并不是建立在这条新闻是不是惹人反感之上的。有些人指责新闻台不停地播放赵犯的画面，但是新闻台的考虑是多数人一天只看几分钟的新闻，那些觉得播得太频繁的人或许看了太多电视了！”

曾经在 CNN 工作过的费尔德斯坦直言，对于新闻频道来说，收视率重于一切，尤其像有线新闻网必须绞尽脑汁填满 24 小时的播放窗口，平时的收视率都很低，只有大事件发生时才会冲高。毫无疑问的是，新闻台选择不断地播放有关弗州理工大学枪击案的新闻，为的不是别的，就是为了赢利。

根据雪城大学传播专业助理教授布莱德 · 葛莱姆的观点，虽然相信赵承辉的自白有新闻价值，尤其是在人们对赵犯的下手动机还不明了时，这些第一手资料更加珍贵，但是 NBC 等媒体播放赵犯的自白影像却是跨越了媒体的自律底线了。

“媒体虽然意在通过这些自白向观众表示，赵犯是多么疯狂的一个人，但是播放赵犯自白的同时却也美化了他的行为。”葛莱姆对《华盛顿观察》周刊说：“已经有研究表明，有关这种枪击事件的报道和事发后 2 到 5 天内引起的抄袭事件是有关联的。例如弗州理工大学枪击案发生后，美国就有多所学校接到恐吓电话而不得不关闭校园。像 NBC 那样在接获赵犯的包裹当天便大幅度地将其中的信息曝光，实属不妥。”

斯德恩则强调，媒体还是能在不鼓动潜在凶手的前提下，满足公众知的权利，“NBC 一开始应该做的是，仅使用凶手的一张照片，但附注他的自白文字，或是以记者旁白的方式重新叙述凶手的自白。如此既能让大众了解赵承辉的犯罪心态，也剥夺了凶手意图一举成名的满足感”。

误报枪手为中国人，美媒应道歉？

在弗州理工大学枪击案爆发后，由于警方还在确认已死枪手的身份，案发后24小时内都没有公布枪手的姓名和背景，引发了美国媒体热烈的揣测，小道消息也跟着散播。《芝加哥太阳报》专栏作家麦克·斯尼德抢先在其专栏中“揭发”凶手为“25岁、从中国来的留学生”，其他新闻媒体，包括微软国家新闻网（MSNBC）及美国广播公司都曾采用这则传闻。福克斯新闻电视台记者吉拉尔德·李维拉也在4月16日的福克斯晚间新闻节目中引述他在“警界的消息来源”的话指称凶手是“从中国来的交换学生”。种种未经证实的传言引起在美国的中国留学生及华人社群的广泛骚动，冲击波甚至远达太平洋的另一边。

4月17日上午，弗州理工大学的警方终于公开表示凶手为“23岁的、居住在美国的外侨、韩国人赵承辉”。再查询《芝加哥太阳报》的网站，斯尼德那篇引发轩然大波的专栏文章已经不复存在。对于凶手身份的满天流言虽然就此打住，但美国媒体针对凶嫌国籍的报道却引发后续效应。美国各界的首要质疑是，那些“抢跑”的新闻媒体误报凶手为中国留学生，该不该为其不当的指控做出道歉？

“我认为（错报凶犯为中国人的美国媒体）应该要道歉。”普雷特对《华盛顿观察》周刊直截了当地说：“这就像当年俄克拉荷马市发生爆炸案时，（美国）媒体指称凶手是‘中东人模样’一样。至少，CNN当年有这个雅量，为错误报道做出道歉。”

开普蓝也表示，在未经证实的情况下公布枪手国籍，无疑是“不负责任到了极点”。更糟糕的是，《芝加哥太阳报》的编辑在事后竟然为斯尼德做出辩护，更是让人摇头。葛莱姆也强调，媒体应当公开赔不是。

“我认为媒体应该道歉，尤其是这样的报道有可能带来严重后果。若是有些不负责任的人对中国移民或中国餐馆做出报复举动，后果不堪设想。但是你若是想要福克斯等主流媒体致歉，我只能祝你好运了，”葛莱姆有点无奈地对《华盛顿观察》周刊说，暗示美国媒体对中国人致歉的可能性很小。

然而，费尔德斯坦则不把事情看得如此严重。“‘凶手是中国人’这个描述本身并不令人激愤，只能说这和事实不符，不像‘凶手是个恋童癖’这样本身就有负面意义的说法。因此，《芝加哥太阳报》等媒体应该出面更正他们的错误，但无需道歉。”费尔德斯坦如此说道。

追根究底，美国媒体为了抢收视率而“抢跑”新闻，是导致这次集体误报的罪魁祸首。葛莱姆就说，今日的媒体行业竞争激烈，新闻制作人辛苦地扛着收视压力，他们拼了命想成为发出抢先报道的新闻台，同时也不能漏报别人已经先一步发布的消息，因此出现了许多媒体不经独立核实，便引述别家媒体报道的现象。

“我认为报道别家新闻台已经抢先报道过的新闻并不是好的新闻从业心态。”葛莱姆说，“我知道新闻记者有报得正确又报得快的压力，但是我很担心现在的记者只注重后者了。”

报道凶手国籍涉种族歧视？

当凶犯为赵承辉的消息被警方确认并公布后，各大媒体对赵犯的家世背景展开了深入的追踪报道，不仅赵犯在弗吉尼亚州靠近华盛顿近郊的家被媒体记者盯上，在他家门外徘徊的国际媒体一度高达50余人，连赵承辉小时候在韩国的住所都成了记者的报道焦点。媒体时不时提到赵承辉的韩国背景，不少韩国移民更是忧心赵犯的作为将带来暴力反应。普雷特就认为，媒体提及赵承辉为韩国人不但同案情无关，更是带有种族歧视的做法。

“试图将一个人的行为完全建立在他/她的种族背景上，就是种族歧视的根本表现。”普雷特指出，“凶手最后结束了自己的生命，显然他本人有很严重的心理问题。但是他在韩国出生、在美国长大的这个事实，与本案的案情并不是十分相关。”

普雷特也进一步说：“我相信美国媒体并不是在大敲‘反韩’战鼓，好像希望能借此启动种族迫害的运动一般。只是很多人毫无顾忌地假设韩国因素和疯狂的谋杀两者之间有显著的关联，”这显然是很让普雷特感到不以为然的。他接连在加大洛杉矶分校的个人专栏上以“潘基文也是韩国人”和“我所知道的不愤怒的韩国人”为题，提醒媒体强调赵承辉的韩国血统是和枪击案毫无关联的。

亚裔美国新闻工作者协会（AAJA）在4月16日和17日接连发出对媒体的咨询告示，声明“部分新闻媒体对赵承辉是韩国移民的显著报道对案情并没有提供任何深入了解，也毫无相关。”AAJA的副执行长珍妮斯·李表示，他们对媒体发布建言的目的在于敦促媒体慎重地考虑在何时、以何种方式提到赵承辉的种族背景。

针对美国媒体对赵承辉的韩国背景的报道，《华盛顿观察》周刊走访的多数专家还是表示肯定之意。他们一致强调，赵承辉是韩国移民是事实，多数媒体也都仅局限于在他个人背景的描述中提及这个事实，而没有将他枪杀32名同窗的极端行为与他的韩国血统画上等号。

“要知道，我们美国人都是从其它国家来的移民。当这样的事件发生后，我们都会想尽可能地知道凶犯的背景，但是没有任何人暗示他在亚洲出生导致他最后犯下此案。”斯德恩对《华盛顿观察》周刊表示道，“就算赵承辉是在美国出生，他的父母同样也会是故事的主角。他们脱离韩国的贫困生活移民到美国，经营自己的小生意，其中一个小孩表现十分优异，从普林斯顿大学毕业。他们家庭本身就是美国梦的缩影，不幸的是故事最后有个恶梦般的结局。”

（摘自《华盛顿观察》周刊）

从三起“问题报道”看“和谐传播”

□罗建华

优秀的媒体人尊崇媒体的社会价值和作用，并以自身的职业表现为之添誉增彩。他们知道，传播一旦缺失了公信力，媒体就什么也没有了。

构建和谐社会，从新的角度对媒体公信力提出了要求，同时也为媒体价值的进一步实现提供了空间。“和谐传播”旨在以更加公正、准确、客观、全面的传播，服务于广大受众，引导人际协调相处，维系社会健康运行，促进文明繁荣昌盛。今年，武汉市新闻界开展“和谐媒体建设年”活动，其内容之一是媒体与社会的和谐。

这里，不妨以三起有关食品安全的“问题报道”为案例，看“和谐传播”对构建和谐社会的重要性。

案例：西瓜、香蕉和啤酒

“民以食为天”。伴随生活水准的提高和健康意识的强化，公众对食品安全问题越来越敏感，媒体这方面的报道也越来越多，以丰富的资讯和有效的监督，满足了人们的信息需求。但是，不少信息各执一词、相互矛盾，也使公众无所适从；更为严重的是，不时出现一些“问题报道”，引起公众的误解或恐慌，并给生产者、销售者造成重大损失。

——2007 年 3 月 13 日，广州《信息时报》刊发《广州香蕉染“蕉癌”濒临灭绝》报道，经网络等媒体转载后，导致公众误读为“香蕉致癌”，传言纷纭，满城风雨。拥有 69 万亩蕉园的海南产区因之苦不堪言，香蕉由每公斤 3 元暴跌至 0.2 元，有的种植户面临破产，产区出现不稳定因素。这一事态成了“新闻界的新闻”，4 月 7 日央视“焦点访谈”作了《蕉癌之惑》的报道，蕉农焦急地说“香蕉挂在树上烂了，如果卖不出去我们饭都没得吃了”。

Times 信息时报 星期二

广州香蕉染“蕉癌”濒临灭绝

曾获信息时报《爱心档案》资助的广州妈妈龚建明——

如今当选全国百名优秀母亲

徐闻16人吃毒鱼一人死亡

专家称云斑裸颊虾虎鱼鱼身含河豚毒素 详见A17

希拉克感性别政坛

详见A27–A29

爆料有奖 (020)34323111

大都会 | 民生热线

广州市面出现注水西瓜

有市民投诉买到汁多子白冒酸馊味的西瓜，请人化验方知被注红药水根本不能吃

香蕉种植户何汉任的妻子叹息道“我们两个人打了几年工，赚了一点钱，种了一点香蕉，今年全部都没有了”。海南省澄迈县农业局副局长王春天称“像这样下去，可能很多农民要面临破产，很多种植户要破产”。

——2006 年 7 月 19 日，广州《信息时报》刊发《广州市面出现注水西瓜》报道，文中还说注了“红药水”，一时西瓜摊前门可罗雀，西瓜田头无人问津。香港食品环境卫生署、香港消费者委员会发布信息，提醒市民注意“食瓜中毒”，连享有“绿色食品”之誉的名牌“黑美人”西瓜，也被紧急中止 1000 吨订购计划，而价格较贵的马来西亚西瓜受到青睐大量进口。一纸荒唐言，多少辛酸泪，海南瓜农首遭重创，许多瓜农血本无归，整个损失达 3000 万余元。广东、湖北、河南、山东瓜农也受到波及。

——2005 年 7 月 5 日，一家全国发行的日报周刊（《环球时报·生命周刊》）刊发《啤酒业早该禁用甲醛》报道，引起消费者不安，并严重损害国产啤酒的声誉，在国外造成负面影响。啤酒厂商措手不及，经济损失自不待言。事实上，157 种国产啤酒和 64 种进口啤酒中的甲醛含量，经国家有关部门组织检测，既低于国家强制性标准，也低于世界卫生组织标准。7 月 17 日，国家质检总局举行新闻发布会，以正视听。

三起报道尽管事后作了更正，社会有关方面采取了补救措施，但由于信息“先入为主”的传播效应，一些影响业已造成，一些损失难以挽回。公众、社会、媒体都为之付出了成本。

近年，虚假、渲染、炒作的报道屡屡出现，“五胞胎”、“东阳富姐”等都鼓噪一时。比“失误”更可怕的是“故意”。对此，清华大学新闻与传播学院全球新闻研究室主任董关鹏说得一针见血——商业化背景下的中国媒体陷入了一个值得警惕的怪圈：一些媒体为了吸引眼球，姑息、纵容记者转载甚至报道一些可能不真实的消息。经过一轮炒作后，媒体再出面道歉。这样，媒体发行和广告上去了，记者的知名度提高了。

教训：失实、渲染和炒作

三起报道，危害一样，但各有其症，值得引以为戒。

1．严重失实

《广州市面出现注水西瓜》称有广州市民向记者投诉，怀疑西瓜注入了红药水，某医科大学的“杨女士”还让同事对西瓜进行了化验。事后，央视《经济半小时》采访该报道作者，问及“杨女士”在哪儿时，作者先是沉默，后称“事情过得太久，忘记怎么联系了”。在回答怎么想做这么一篇报道时，作者称“我买到一个西瓜，发现不那么好吃，就想做这方面的文章”。

作者的搪塞，明眼人都该知道问题出在哪里，报道可说是“三无产品”——无信息源、无事实、无核实，缺乏一些新闻的基本要素，如投诉者除“杨女士”外，就是“刘阿姨”、“李先生”。看来，作者忽略了基本的职业操守，报道一开始便孕育着风险。因此，这起报道被上海《新闻记者》杂志列入“2006年十大假新闻”。

2．过度渲染

《广州香蕉染“蕉癌”濒临灭绝》似乎属于客观报道，说的是香蕉患了“巴拿马病”，不利香蕉生产。但“巴拿马病”的严重性被夸大了，被比喻为“香蕉世界的癌症，无药可医”，并进而说“不但是癌症，也是香蕉世界的SARS”。“蕉癌”、“死亡”的字眼突出在标题上，无非为了赚取“眼球”。 有人指出，这类现象是把报道中非本质的东西故意拎出来哗众取宠。接受过采访的农业生产专家后来也强调：这么报道并不准确，他只是说“巴拿马病”是潜在危险。

一个关键在于，这起报道没有从公众的利益出发，极容易产生歧义，并果然使受众在媒体的渲染下，把“香蕉患癌”与“吃香蕉患癌”混同起来，产生严重误解。要知道，媒体的重要功能是消除歧义和误解的，它的责任更应该是避免任何可能引起歧义和误解的因素。出现歧义和误解，是媒体的可悲；利用或制造歧义和误解，则是媒体的可耻。

3．刻意炒作

《啤酒业早该禁用甲醛》依据的是“一个啤酒工作者的来信”，记者打了几个电话，并未到啤酒企业了解，也未求证权威监管部门，一组“特别报道”就发了出来。这样一起事关庞大消费者健康和整整一个啤酒行业的报道，是否确信无疑？媒体没有关注这一点，有的媒体高兴的只是其中的“轰动性”因素，接下来的转载仿佛一场“炒作”比赛。

《成都商报》首先转载，但标题耸人听闻，主题《啤酒界人士揭内幕，甲醛作稳定剂》，长长的副题更不厌其烦——《企业明知道可能致癌却因成本原因继续使用，绝大多数消费者对此毫不知情》。次日，《重庆商报》再转载，标题化繁为简颇具“爆炸力”——《国产啤酒 95% 含甲醛？》，后面一个问号，是表示质疑还是制造悬念？

反思：公正、平衡和理性

案例中的三起报道，是有利于消除社会中的不和谐因素，还是容易引发社会中的不和谐因素？答案是显而易见的，“和谐传播”的要领即是题中之义。

“和谐传播”从媒体的社会功用出发，要求媒体忠实于新闻职业规范和职业操守，围绕公众利益，担当社会责任，进行公正、平衡、理性的传播。

其一，公众利益至上

设想一下，三起报道面世之前，采、编、审各个环节如果有人自问——“这样报道对公众会有什么害处”，报道还会见报吗？恐怕，不少人头脑里有一种潜意识在作怪——“这样报道会提升我们的影响力”，报道见报就没有什么奇怪的了。这里，媒体利益高于了公众利益，势必影响传播态度。

都说媒体乃社会公器，着眼点在于促进社会和谐与进步，香蕉、西瓜、啤酒一类问题即使事实不虚，也应当从“公众利益最大化”角度考虑，把握分寸，选择合适的报道时机、形式和规模，并采取一系列跟进、配套措施。所谓“大局观”，说到底不就是充分考虑公众利益及国家利益吗？而公众利益与国家利益，在根本上是一致的。有了公众利益或国家利益这把标尺，媒体才可能是公正的。

媒体人不可或缺的品质之一是悲天悯人，对社会负责、对人负责天经地义，来不得半点游戏心态。传播信息旨在造福于公众，绝不是让公众恐怖不安。只有充满人文关怀，传播才会与公众产生共鸣，引导也就在其中了。

其二，报道客观平衡

任何时候，事实是第一位的，失实是新闻的天敌。记者不能造假，同时要防止信息提供者造假或片面、偏颇。如果记者没有亲见，信息源一定要可靠，不得采用无信息发布资质部门或个人发布的信息。并且，要对信息源进行甄别，包括对信息的上下游链条都要核实——特别是食品安全一类有风险性的报道。

同时，并非“有闻必录”，也并非事实准确就行，孤立的事实无法反映整体的真实，往往是不客观的。要客观地分析事物的内外部联系，从各个相关方面保证信息的完整，使之客观平衡地传播。“蕉癌”报道如果对“巴拿马病”多作客观评估，搜寻有关防治信息，稳妥把握基调语气，就不会弄得“危言耸听”了。农业专家接受央视“焦点访谈”采访时认为：“蕉癌”是媒体说得太恐怖了，而且有解决的办法，早在11年前国内有关专家就开始重视它了，相关政府部门采取措施后，在一些地方已经得到了有效控制。

报道的客观平衡是与炒作相对应的，需要正确的态度、良好的认知、全面的采访、严谨的表达，以保证传播不至失衡。而炒作是容易的，择其一点，一哄而上，推波助澜，曾有的“高露洁牙膏致癌”就是如此。媒体好不快哉，受众虚惊一场，背后是商家难以弥合的痛。

其三，态度理性平实

食品安全关乎百姓生命健康和生活质量，迫切需要有效的舆论监督，及时发出警示信号，成功的有“苏丹红”、“多宝鱼”等报道，显示了媒体的引导力。

食品安全报道大多为揭露性、批评性报道，尤其要注意“度”的掂量，不能逞一时之快，刻意渲染乃至“恶搞”。近几年，“毒”字充斥版面荧屏，动辄“毒面粉”、“毒饮料”、“毒香肠”不一而足，颇为吓人。实际上，这些提法并不准确，一些“毒”只是某些添加剂超标或质量低劣，具有一定危害性，称之为“问题面粉”等较为贴切，以避免引起不必要的恐慌，并伤及有关厂商的合法利益。2004年，新华社对阜阳“劣质奶粉”的报道，既问题揭露有力，又分寸把握到位，引起全社会对“大头娃娃”的关注。倒是有的都市类媒体，把“劣质奶粉”称之为“毒奶粉”、“婴儿杀手”，不免流于噱头，效果适得其反。

总之，食品安全报道属于公共安全范畴，具有一定风险性，可视之为“风险新闻报道”。有鉴于此，清华大学新闻传播学者李希光为之列出一个公式——“公开+谨慎+准确”。由于存在传播误导引发公共危机的可能性，媒体人必须高度重视，慎之又慎，自觉防患于未然。

公信力的建造非一日之功。媒体是社会舆论的把关人，有责任对信息进行过滤，摒弃那些片面、偏颇、错误的信息，把风险性降到最低状态，以确保最广大公众的利益不受损害、社会的舆论安全不受损害，同时也维护媒体自身的形象和声誉不受损害。这在“和谐社会”建设的宏大主题下，意义显得尤其突出了。

（作者为长江日报报业集团办公室主任）

浮躁危害媒体公信力

□吴伟光

浮躁，即轻浮急躁，虽说浮躁心理在变革年代难以避免，但它毕竟是一种病态心理。媒体的浮躁表现为主观臆断，记者把自己的观点、看法通过炒作或放大，“牵着受众鼻子走”，其带来的弊端屡见不鲜。天池怪兽，媒体炒作了好多年，至今都无任何定论；水变油，媒体连续炒作半月，最终被戳穿是骗局……面对媒体的众说纷纭，观众、读者感到的不仅是混乱，更有不满：我们该相信谁？我们还能相信谁？这是一个令媒体恐怖的问题，因为它质问的恰恰是媒体立身之本的公信力。

一、假新闻是媒体浮躁最主要表现

在所有的媒体当中，电视扮演着非常独特而富有魅力的角色，但电视又是一个容易使人浮躁的媒体。

近年来，社会的浮躁使电视媒体的浮躁日渐膨胀起来。过去被视为难以造假的电视新闻，造假的手段不断推陈出新：一条反映房屋质量问题的电视新闻，业主的表达没有达到记者的要求，认为不够分量，为了突出房屋质量问题的严重性，记者在后期制作时，竟然以打马赛克遮挡被采访者的手法，采访了自己的一位同事，通过其对质量问题的“愤慨”，弥补了前期采访不足的缺陷，可谓费尽心思。

有人戏言“中国记者进入表演时代”，一些记者喜欢乐此不疲地站在群众已经撤离的台风中，表演虚伪的“现场感”。这些本是记者幕后的故事，而非新闻素材，不足以成为新闻关注的焦点，却被一个浮躁的媒体平台推波助澜，大肆传播，以至盖过那些抗击台风的真正勇士。

假新闻中，完全失实或者说根本就不存在的新闻比较少见，揣测式、道听途说式因而导致失实的比较多见。从娱乐新闻开始，捕风捉影的多了，今天他与她恋爱，明天她和他分手，演变到婚外恋、私生子，说得煞有介事，写得有鼻子有眼，但常常是今天“是”，明天“非”，姑妄言之，姑妄听之，反正能够吸引读者、观众的眼球，什么都可以编出来。

有媒体人将国内外对假新闻的处理作比较：如果发生在西方新闻界，这个记者极有可能吃官司。即便法官饶过了他，他的饭碗肯定是砸了，而且这辈子也别想再在新闻圈混了，而发表假新闻的媒体总编和相关的一串“新闻官”，多半也不得不引咎辞职，弄不好恐怕媒体都会破产关门。如果发生在中国，最有可能的情况是：记者受到“警告”或“记过”处分，严重一点的吊销记者证三个月，之后换个部门重新上岗；媒体的相关领导向上级宣传部门作“深刻”的自我检讨，事情了结。

但这并不是说，中国对于新闻行业的管制比西方松。相反，中国对于传媒业管理之严格是有目共睹的。然而，就像人们经常说的，在中国，大的方面——比如关于国家法律、政策的制定，普通公民的民主权利还没有得到充分体现；而在社会层面，个人的自由度几乎大到了你爱干什么就可以干什么，完全不受任何约束的地步。

自由的前提是法治。同样，新闻自由的前提是新闻规范。没有一套完备的新闻规范，即使政府放手不“管”，新闻也不可能有真正的自由。

二、浮躁是新闻恶性竞争的结果

中国今天的媒体之发达是过去任何时候都无法相比的。据新闻出版总署2006年的统计数字，我国目前有报纸近2000家、期刊9000多种。加之上百个的电视频道、数不清的网站，每一个人每天几乎都生活在媒体的包围中。

在如此众多的媒体竞争中寻找新的突破点，确实不容易。为争抢收视率、读者群，媒体的喉舌功能在削弱，商业化和娱乐味越来越浓。媒体和其他企业的差别在于，媒体是一个饥肠辘辘的商业企业。媒体每天要工作24小时，每周工作7天，每时每刻要寻觅猎物，喂饱肚皮。在竞争的压力下，疲于采访挣工分的媒体记者无不心浮气躁。

与西方的媒体记者干到70岁，满头白发仍然冲杀在伊拉克和阿富汗前线相比，我们的俊男靓女记者，驾驭社会复杂事件的能力可谓天壤之别，相当的年轻记者只会采写浅薄的社会新闻，有的只是盲目地“翻炒”其他媒体的“社会热点”，有时不加核实，结果别人造谣自己也跟着造谣。

不少老新闻人发出这样的感叹：如今中国新闻界愿意踏踏实实做调查的记者似乎越来越少，随随便便做“轰动式新闻”的却越来越多。一个小事，炒成大事，或者有意忽略新闻的主要方面，着力炒作其有“卖点”的次要方面，以吸引眼球。

如今年3月31日举行的2006年影响世界华人盛典的颁奖典礼，被主办媒体机构一致推举的名人有著名科学家杨振宁、芬兰某公司首席技术官张霞昌、墨尔本市市长苏震西，著名导演李安、演员章子怡、运动员刘翔、以及17岁的少年发明家陈易希等10人。但次日的媒体，在报道中却几乎只突出章子怡一个。难怪英国广播公司在中国报道中惊呼，“除了章子怡，他们是谁？”科学家，发明家，政治家不被重视，实在令人汗颜！传媒的媚俗加剧了这个时代的浮躁，其结果是孕育出杨丽娟那种扭曲人格的病态群体。

当今，一个莫名的猜测，一个捕风捉影的传言，都会被一些媒体无限放大。甚至在事实已非常明晰后，还依然有媒体在用错误信息锲而不舍地忽悠观众和读者。

浮躁也凸显追求收视的困惑。在热捧“眼球效应”的年代，“记者只可以报道事实不可以发表观点”的新闻理念正在改写。有的电视新闻不以事实引导观众，而靠“名嘴”发表极端化的观点，追求那种不负责任的煽情效果，换来更多的关注，从而获得高收视的回报和广告的支持。现今的新闻编辑部实际已经成为广告部门的一部分，新闻的内容必须迎合受众，追求收视，争取广告。没有广告的支持，新闻栏目就难以生存。

故此，媒体提供给公众的信息不是以公众需要看为标准，而是以公众想要看为标准。媒体忠于的不再是事实真相，而是公众的情绪。如果公众对某一件事情愤怒，那么，策划的言论和观点就让公众情绪火上浇油。如果事实真相是违背公众情绪的并与公众的期望相悖的，那么，媒体就不报道事实，只发表符合公众情绪的观点。

在日甚一日的异化中，媒体的庄重被越来越商业化的氛围所取代；媒体的可信度被嬉笑怒骂皆成节目的非主题性轻松所消磨。

今天的媒体，新闻、事实、传言、个人言论甚至虚伪的故事混杂一块，真真假假，公众难辨真伪。传统的公共新闻学，在让位于公共商业化的新闻学，这种商业化的新闻学正在改变公众的行为，改变公众对新闻界定的意识判断。

三、媒体的浮躁危害自身的公信力

所谓媒体公信力，指的是新闻媒体以社会责任为己任，通过大众传播的渠道提供客观、全面、及时、权威的资讯而获得的凝聚在媒体上的普遍认同。是媒介为公众信任的程度，是媒介在长期发展过程中形成的在社会和受众中的信誉度、权威性和影响力。

“狼来了”，一个人尽皆知的寓言故事，说了一个简单的道理。一个小孩屡屡呼叫“狼来了”，实际是狼并没有出现。假使狼来了并不可怕，可怕的是一再失去信誉。

故事里的小孩，就其职责和功能而言，在某种程度上是与当今记者相同的，他负责为广大受众提供信息，其信息的真实性关乎公众的切身利益。在瞬息万变的今天，人们对信息的需求空前强烈，对媒体的依赖程度日益加深。因此，新闻媒体的公信力和权威性最终决定了其自身的发展前途和命运。若记者总是以浮躁的心态做新闻，那么不忠于事实的假新闻会被人随心所欲地炮制出来，又轻而易举地通过传媒向受众传播，这对传媒的公信力是一种严重的伤害。

以前，白纸黑字，人们对于写下来的东西，会觉得很神圣。尤其是媒体，报纸上登了，电视、广播里说了，这就是定论。至今，在贫困的山区，朴实的农村群众仍然认定媒体说的话，绝对就是政府的声音。可惜，我们的媒体并不珍惜，浮躁带来的大量新闻泡沫和新闻垃圾，在相当程度上淹没了新闻媒体作为社会公正和社会进步推动者角色的光辉。

“良心”、“责任”一向被视为媒体公信力的底线。令人忧虑的是，公信力一旦可以成为某些媒体人换取个人政治私利和经济私利的潜规则的时候，公信力实际上已成为媒体腐败的最常见的途径。

传媒是社会公器，负有传播真实、客观信息的公共责任，高度的公信力是媒体的第一生命。新闻媒体存在的价值，就是充分满足人民群众的知情权。没有真实客观的新闻是难以获得公众信任的，没有公众或社会的信任，媒体的公信力就不堪一击，这样的媒体也没有存在的必要。

新闻媒体只有义不容辞地承担主持社会正义；坚持事实客观公正；尊崇

公众共有道德，才能重树媒体的公信力。

新闻记者应以强烈的责任心对待各类新闻事件，不应被个人感情色彩左右新闻事实；更不应夹带个人私利歪曲新闻事实。新闻人要有勇气独立于公众情绪、独立于媒体的商业压力、独立于收视率与发行量的压力。

新闻道德法制化是约束新闻浮躁和虚假新闻一个强有力的手段。没有相关的机构，没有严厉可行的制度和监督机制，光靠记者自律遵守新闻职业道德规范是不太可能的。

媒体的公信力能否持久强大，记者的社会地位和功能能否得以肯定，最终取决于记者诚信与否。人们期望，媒体在反思浮躁的“病因”时，能够找回影响其长久生存的根本——公信力。

（作者单位：广东电视台）

南方传媒研究特邀媒体顾问简介

[按姓氏笔划排序]

姓　名	单　　位	职　　务
王昭琴	云浮日报社	社长、总编辑
王万然	汕尾日报社	总编辑
朱英中	西江日报社	社长、总编辑
许焕平	揭阳日报社	社长
刘照丁	韶关日报社	总编辑
李　幸	华南理工大学新闻与传播学院	院长
陆世强	东莞日报社	社长、总编辑
陈映怀	潮州日报社	总编辑、党组书记
陈　新	湛江日报社	总编辑、党组副书记
陈国章	梅州日报社	总编辑
陈真泉	珠江商报社	社长、总编辑
张　玲	河源日报社	社长、总编辑
范以锦	暨南大学新闻与传播学院	院长
胡仲初	惠州日报社	社长
侯六一	茂名日报社	社长、总编辑
高德民	珠海特区报社	总编辑
谭乐生	江门日报社	社长、党组书记
潘　伟	清远日报社	社长、总编辑
薛桂荣	阳江日报社	总编辑
戴晓军	佛山日报社	总编辑

业界新闻回顾

□ [2007.4–2007.5]

●动向

南方报业连续6年荣膺中国最受尊敬企业

备受关注的“2006年度中国最受尊敬企业”评选结果4月27日在北京大学百年讲堂揭晓。南方报业传媒集团、中国惠普、IBM、微软（中国）、西门子（中国）、三星（中国）、诺基亚（中国）、联想、上海通用汽车、珠海格力电器等25家著名企业获此项殊荣。

据介绍，6年来只有6家企业一直在此榜单上“守住了营盘”，南方报业传媒集团便是其中之一。

广州深圳两大报业集团战略结盟

深圳报业集团与广州日报报业集团5月17日正式签署了战略合作框架协议。两家报业集团今后将在采编、经营、培训、新媒体拓展及举办社会活动等5方面联手合作，在平等互利互惠的基础上，取得共赢，实现产业优化升级和报业做强做大。双方约定，在适当时机共同创办覆盖珠三角及影响港澳台的报刊。

佛山传媒集团有望明年上市

5月16日，佛山市长陈云贤会见招商证券董事长宫少林时指出，佛山传媒集团有很多的优势，力争在2008年下半年上市。他希望佛山传媒集团通过上市，在获得资金的同时，扩大佛山传媒集团在国内国际的影响力和品牌；通过资本市场，用现代企业制度管理，立足佛山，做强主业，在大传媒概念下，与传媒相关的产业互动发展，如传媒与旅游业互动发展等，这样佛山传媒发展的天地将更宽广。

广州日报数字报纸开创微波“发行”时代

4月24日，《广州日报移动数字报纸》通过微波传输试验发行。目前面向30位参与体验的读者。

无线微波传输发行，即通过数字广播方式实现自动发送《广州日报移动数字报纸》的“空中邮局直递系统”，自动把内容主动发送给用户。这将使《广州日报》成为全球第一份通过广播微波发射方式“发行”的报纸。

文汇新民联合报业集团正式进军户外媒体

5月16日，全上海千余个新型公交电子站牌的公共交通电视频道上，出现由上海文新传媒网提供的实时滚动新闻播报，这标志着文汇新民联合报业集团继2006年开通“News365——上海手机传媒”移动媒体后，又正式进军上海户外媒体。

上海文广进军动漫品牌授权市场

解放日报5月8日报道，日前在杭州举办的2007中国国际动漫节上，上海文广新闻传媒集团（SMG）宣布将全面进军动漫品牌授权市场，并已与5家国内企业签订了总额超过千万元的战略合作协议。据炫动卡通卫视副总裁王磊透露，SMG旗下的《虫虫》、《海贝贝》等大批原创动画片即将完成制作并陆续播出。

上海文广开通第一个高清IPTV频道

上海文广联合上海电信于5月17日率先在国内开通第一个高清IPTV频道。目前上海IPTV高清频道主要定位于高端用户（宽带接入最低8Mbps），上海IPTV服务已经能够提供包括直播、点播、时移、信息浏览、电子商务等多种互动业务。据了解，目前上海IPTV用户已突破15万大关，成为中国内地IPTV用户规模最大的城市。

湖南网通与湖南卫视签订合作协议

湖南网通与湖南卫视5月初签订了新媒体业务合作协议，协议明确双方结成战略合作伙伴，共同培育新媒体品牌，拓展电信增值业务市场。湖南电视台将通过卫星频道、卫视网站、本省地面频道，对双方合作业务进行报道与宣传，中国网通互动参与热线、10060客户服务品牌将通过电视媒体走入千家万户。

官方网站将试水资本市场

南方都市报5月14日报道，国内传媒业资

本运作再度传来新动作。据知情人士透露，上海最大的新闻网站东方网目前已启动首次公开发行（IPO）的辅导工作，并计划于明年初在上海证券交易所挂牌上市。若果真如此，东方网将成为首个登陆A股市场的新闻网站。此外，人民网与新华网等两大政府新闻网站均传出打算上市的消息。有投资界人士表示，内地传媒企业负责人商业触觉非常灵敏，此次三大政府新闻门户网站上市计划若实现，将起到风向标和示范的作用。

新浪网与《足球报》结成战略联盟关系

4月3日中国青年报报道，新浪网与国内专业体育类媒体足球报社，日前在京正式结为战略合作伙伴关系，将在资源共享、市场推广等多方面进行深度合作，共同打造一个全新的体育类媒体平台。足球报社的专业记者群将为新浪提供体育新闻，并开设体育记者博客群；双方共同启动“奥运全球行”活动。

柳斌杰接替龙新民出任新闻出版总署署长

4月24日新华网消息，日前，党中央、国务院决定：柳斌杰同志任新闻出版总署署长（国家版权局局长）、党组书记；龙新民同志任中央党史研究室副主任（正部长级），不再担任新闻出版总署署长（国家版权局局长）、党组书记职务。

《上海彩经》报发刊

由上海市福利彩票发行中心、上海市体育彩票管理中心、上海新华传媒新媒体有限公司联合发行的上海第一份旨在全面及时提供全国及本市彩票市场各类信息的综合性读物《公益时报·中华彩票——上海彩经》报，4月13日在上海市发行；该报每周一、三、五出版；每期发行4至16版，定价2元。

京报网推出“奥运北京”数字报纸

北京商报5月16日报道，北京日报报业集团所属京报网日前运用最新技术推出全新形态的“奥运北京”数字报纸。“奥运北京”内容涉及奥运新闻、各大场馆介绍、参赛队及队员名单等方面。“奥运北京”暂定为周刊，每期4个版面，每周四刊出。

《体育新报》在京创刊

由北京奥组委官方授权，国家体育总局、中国奥委会支持，中国体育报业总社主办的《体育新报》3月29日在京正式创刊。该报面向全国发行，每周二出版。

体育新报 创刊号
SPORTS TIMES
500天
A10
5800万
与12秒88
之间的平衡
B10
A11
B12
B6

●声音

李毅中：不能要求媒体每句话都说得对

《人民日报》4月9日报道，国家安监总局局长李毅中在接受该报记者采访时说：“媒体不是中央纪委，媒体不是审计署，媒体不是调查组，你不能要求他们每句话都说得对。”

李毅中说，只要有事实依据，就要高度重视媒体监督。李毅中指出，接受监督要主动。

要看到社会是透明的，要分清是非，不能稀里糊涂。错就是错了，要深刻检查、认真整改。查清后要追究责任，举一反三，自查自改。李毅中强调,要把位置摆正。没有不受监督的部门，也没有不受监督的个人，欢迎媒体监督，欢迎社会监督。

公安部发言人武和平：让媒体说话天塌不下来

公安部发言人武和平在《中国青年报》4月20日上发表题为《让媒体说话天塌不下来》的文章说，有一种说法，媒体专给政府找茬儿，哪壶不开提哪壶，索性“防火防盗防记者”。还有一种说法，记者以寻觅社会丑闻秘闻为职业，“哪里有记者，哪里就有新闻”，好像媒体和政府天然对抗。这些看法的偏颇在于：在媒介化时代来临的今天，奉行“只做不说”不仅不合时宜，而且有违政府政务公开的基本要求。作为责任政府和服务政府，只有和媒体建立一种和谐互动的良性关系，通过媒体多说早说主动说，才能最大限度地满足公众的知情权、参与权、表达权和监督权，才能推进民主法治社会的进程。

舆论监督也是正面报道

中国新闻出版报5月8日载茅震宇文，称以批评和揭露问题为主的新闻报道理应被列入正面报道的范畴，或者说是一种特殊形式的正面报道。

●新媒体

微软全球推出新版 Hotmail

微软 5 月 7 日宣布以 36 种语言在全球推出 Hotmail 的最新版“Windows Live Hotmail”，这是 Hotmail 自 1996 年以来最大规模的升级活动。

人民网推出国内首家网络宽频

4 月 18 日，由人民网推出的“人民宽频”正式开播，这是中国第一家网络宽频。据了解，“人民宽频”是在人民网已有的视频嘉宾访谈、合作电视节目资源基础上，整合上海文广新闻传媒集团的节目资源，全新改版而成的全新频道，以直播和点播形式向广大网民提供内容丰富、更新及时、短小精悍、互动性强的网络视频服务。

雅虎中国正式更名为中国雅虎

雅虎中国 5 月 16 日宣布，正式更名为中国雅虎。搜索和社区成为中国雅虎主要业务，中国雅虎总裁曾鸣表示：“名正言顺很重要，这也表明中国雅虎是一家很纯粹的中国企业。”

百度启动网站认证评级计划

5 月 8 日，百度内部正式启动大规模的网站评级计划，将陆续为 11 万家合作网站进行认证评级，这也被外界视为从 Google 阵营“抢食”的重要动作。

百度联盟会员网站在过去一年里迅速突破 10 万大关，成为互联网最大的中文广告联盟。从公开的财报看，2006 年全年与百度合作的网站从联盟获得了超过7000万元的收入。百度推出大联盟认证计划后，通过认证的合作伙伴将会得到百度更多的收入分成。

视频搜索可能将成为百度的新奶酪

4月4日，百度正式公布视频源收录标准《互联网视频开放协议》。此协议简而言之，是百度做一个便于自己识别的目录，视频网站加入这个目录后，会使其上线的节目在最短的时间内被搜到，这与百度去年面向新闻媒体推出的《新闻开放协议》如出一辙。这标志着，视频搜索可能将成为百度的新奶酪。

全球博客突破7000万

中国青年报4月24日报道，世界上最大的博客搜索引擎Technorati日前公布的一份有关博客的报告显示，全球目前共有博客7000万；平均每天新增博客12万个，即每秒新增1.4个；博客上每天新增文章150万篇，即每秒17篇；全球最受欢迎的100家网站中有22家为博客网站，这种新兴网络文化正以强劲势头挺进人们的现代生活。

《开啦》首年广告收入预计2000万

4月16日徐静蕾的电子杂志《开啦》正式上线，日前业内人士流传，作为双周刊杂志《开啦》在广告收入上预计第一年可以达到2000万元左右。此杂志赚钱有两个人气因素。一是娱乐圈人缘带来的人气，二是全球“博客王”“老徐博客”的人气，这个人气带动发行量再变成广告收入。

●政策

一个刊号只能对应出版一种期刊

中国新闻出版报5月9日报道，从2007年7月起，新闻出版总署将对全国9000多种期刊的出版形式进行全面检查。检查内容包括：一个刊号只能对应出版一种期刊，不得用同一刊号出版不同版本的期刊；期刊封面其他文字标识不得明显于刊名；期刊版权页记录的各个项目应完整等。

被核查报刊须提供真实凭证

4月28日上午，在第三届中国媒体经营管理论坛上，国新出版物发行数据调查中心主任张友元就发行量核查相关情况作出重要通报，他指出，只要被核查单位提供的凭证是真实的、完整的，调查中心对调查的公正性负法律责任。如因申请人提交的文件事后被证明为虚假，国新中心有权撤销由国新中心出具的任何与之相关的任何文件、报告，并不承担由此带来的任何法律责任。申请单位应诚实填写所有的项目，因申请单位虚假填写并导致错误，国新中心将不承担任何责任。原定当天公布11个城市都市报发行量数据，亦临时取消。

中国的日报消费量已居世界第一

据中国新闻网报道，中国新闻出版总署副署长李东东，4月27日在北京举行的第三届中国媒体经营管理论坛上说，目前，中国的日报消费量已位居世界第一。

哈尔滨班子成员不上头条

光明日报5月16日报道，哈尔滨市委、市政府近日做出决定：除市党代会、市委全会、市人代会、市政协全会及其他全市性重大会议和重大活动的集中报道外，《哈尔滨日报》一版、哈尔滨电视台《哈尔滨新闻》节目等对市级领导机关会议和市级班子成员活动的日常报道，原则上不上头条。

●世界

汤姆森集团87亿英镑并购路透

加拿大世界级媒体巨头汤姆森集团和路透集团5月15日透露，汤姆森已经同意斥资87亿英镑（172.3亿美元）并购路透集团，以缔造一个强大的全球财经信息和时事新闻“帝国”。

据报道，这项并购协议已经获得路透创办人股份公司的支持。有数据显示，汤姆森收购路透之后，两家公司将合并成为全球最大的金融新闻和数据提供商，其所占的市场份额将升至34%，比目前居第一位的美国彭博社高出1个百分点。

默多克开价50亿强购道琼斯

国际传媒大亨默多克旗下的新闻集团5月1日宣布愿以50亿美元的价格收购道琼斯公司。

按照新闻集团的计划，收购将以现金或换

股方式进行，新闻集团将为每股支付60美元，这一价格比道琼斯公司股票前一天收盘价高出65％。收购案公布后，代表道琼斯公司雇员的工会发表声明激烈反对收购计划，称“公司雇员从上到下都反对”。道琼斯公司大股东班克罗夫特家族当天晚些时候也宣布反对这一计划。

微软500亿美元向雅虎“求婚”

微软已加大了寻求收购雅虎公司的力度，要求与雅虎重启正式谈判，《纽约邮报》5月6日报道称，微软打算以500亿美元收购雅虎。这是两年内微软第二次向雅虎“求婚”。

虽然微软与雅虎已在过去数年中举行过非正式谈判，但消息人士认为最新举措暗示出微软最终开始感到达成收购交易的迫切性。

雅虎成为维亚康姆独家搜索广告服务提供商

雅虎公司与维亚康姆公司4月10日宣布达成一项多年合作伙伴协议，雅虎将成为维亚康姆旗下33家网站的独家搜索广告服务提供商。

《华尔街日报》提出“报纸互联网融合”改版理念

面对来势汹汹的网络新媒体，报业等传统媒体也在思考对策。包括《华尔街日报》在内的众多报纸早就提出了“融合报纸与网络”的改版核心理念，认为面对无处不在的网络新闻，报纸必须提供增值服务。